想像
兩岸統合研究
統獨

劉文斌／著

自　序

　　兩岸在 2008 年馬英九政府就任後，加速各方面的交流，而緊密的交流是否造成兩岸的「統合」始終是各方熱議的話題，甚至有部分主張台灣獨立人士拒絕進一步與大陸交往，以免臺灣因交往而與大陸統合為一。但主張臺獨的前總統陳水扁，於 2000 年 12 月 31 日在〈跨世紀談話〉中，提出「超越目前的爭執和僵局，從兩岸經貿與文化的統合開始著手，逐步建立兩岸之間的信任，進而共同尋求兩岸永久和平、政治統合的新架構」，凸顯「統合」並不專屬於贊成兩岸統一者的論述，縱使「統合」有表達兩岸可能統一的意義，但在現實條件上是否等同於兩岸必然會統一，仍有待事實加以證明。因此，「統合」在兩岸關係的研究中充其量也只能算是一種狀態的描述，是中性的名詞與工具。兩岸不一定因為經貿、文化、社會、安全等各層次的緊密交流，就最終演變成政治上結合為一的統合，更何況依據筆者的研究認為，所謂「統合」尚可以區分為「實質統合」與「法理統合」兩種概念，各有其特殊意義。兩岸緊密交流是否真會引發兩岸統一的法理統合，本就是研究兩岸關係者所關注的問題。詳細研究兩岸「統合」問題，已成為當前兩岸關係健康發展所必須從事的重要工程，因此，更凸顯本書的價值。

　　本書得以完成並付梓，必須感謝郭崇武先生、葉雅嫻小姐、蔡顯吉先生、廖劍峰先生、吳天雲先生、張佩琦小姐，或提供寫作意見或熱情校稿或協助完成資料彙整，更感謝秀威出版社提供出版機會。當然，所有文責由本人負責。

　　將本書獻給筆者的博士論文指導老師，政治大學國家發展研究所趙建民教授。趙老師在指導學生過程中，會不斷的要求學生反思所做研究結果「對學術有何貢獻？」以做為釐定研究方向與內容的尺規，此書就在戰戰兢兢於是否對學術有所貢獻的心情下完成。希望因本書的出版真能為學術研究做出貢獻。

　　更將此書獻給最賢慧與最親愛的內助惠鈴，及就讀於大學近日不畏勞苦戮力追求夢想的小犬承啟，與不論品學都自動自發自我完善的小女承歡，願全家隨著歲月在各方面一起成長。

劉文斌　2012.12.20　於新店

目　次

表目次

圖目次

第壹章　緒論

第一節　研究動機、文獻回顧

一、研究動機

　　馬英九總統在 2008 年就職演說中表示：「兩岸問題最終解決的關鍵不在主權爭議，而在生活方式與核心價值」，[1]2010 年在開國紀念典禮上演說稱：「主張在中華民國憲法的架構下，維持『不統、不獨、不武』的狀態，並在『九二共識』的基礎上，推動兩岸交流與合作」。[2]2011 年在開國紀念典禮上主張：「希望有一天，所有炎黃子孫都能和臺灣人民一樣，享有自由、民主與法治的多元生活方式，我們深信，這樣的夢想並不遙遠，因為這些價值在臺灣都已經實現，不是西方人的專利，臺灣經驗應可作為中國大陸未來發展的借鏡」、「兩岸間……應努力在自由、民主、人權、法治等核心價值上，彼此激勵，相互提升」；[3]2011

---

[1]　〈中華民國第 12 任總統馬英九先生就職演說〉（2008 年 5 月 20 日），2011 年 2 月 17 日下載，《中華民國總統府》，http://www.president.gov.tw/Default.aspx?tabid=131&itemid=13752&rmid=514&sd=2008/05/20&ed=2008/05/20。

[2]　〈總統主持中華民國 99 年開國紀念典禮暨元旦團拜〉（2010 年 1 月 1 日），2012 年 6 月 11 日下載，《中華民國總統府》，http://www.president.gov.tw/Default.aspx?tabid=131&itemid=19510&rmid=514&sd=2010/01/01&ed=2010/01/01。

[3]　〈總統主持中華民國 100 年開國紀念典禮暨元旦團拜〉（2011 年 1 月 1 日），2012 年 6 月 11 日下載，《中華民國總統府》，http://www.president.gov.tw/Default.aspx?tabid=131&itemid=23185&rmid=514&sd=2011/01/01&ed=2011/01/01。

年主持「黃金十年」系列記者會時表示:「發揚臺灣的核心價值,即『自由、民主、人權與法治』。換言之,在與大陸互動時,不論是兩岸當局或人民的互動,我們都希望這些核心價值能夠逐漸變成雙方的共識」;[4]2012年就任中華民國第十三任總統時昌言:「臺灣實施民主的經驗,證明中華民族的土壤,毫不排斥外來的民主制度。英九衷心期盼中國大陸的政治參與逐步開放,人權與法治日漸完善,公民社會自主成長,以進一步縮短兩岸人民的心理距離」。[5]其重要的軸心包含要求兩岸和平共處,並對大陸政治制度發展寄予厚望,其後兩岸關係發展,則寄託於兩岸政治制度的競逐與因競逐結果所得出的適切安排。

　　總體而論,臺灣在國民黨執政下,以穩扎穩打方式,由相對容易解決的經濟議題著手有效化解兩岸關係的緊張,但在經濟議題逐步完成協商後,更敏感的政治議題接觸與談判似乎也逐步接近。

　　因臺灣民意短期內無接受兩岸統一的事實,使得臺灣任何政黨主政都不可能與中國大陸迅速統一,[6]當然有關臺灣宣布獨立,在經過民進黨執政的八年實驗後,也證明不可能迅速達成;[7]現實是,兩岸關係的可能發展,各種說法併陳幾難定論。[8]但是,對於兩岸

---

[4] 〈總統主持『黃金十年』系列第五場記者會〉(2011 年 10 月 17 日),2012年 6 月 11 日下載,《中華民國總統府》,http://www.president.gov.tw/Default.aspx?tabid=131&itemid=25592&rmid=514&word1=%e9%bb%83%e9%87%91%e5%8d%81%e5%b9%b4。

[5] 〈中華民國第 13 任總統、副總統宣誓就職典禮〉(2012 年 5 月 20 日),2012年 6 月 11 日下載,《中華民國總統府》,http://www.president.gov.tw/Default.aspx?tabid=131&itemid=27200&rmid=514&sd=2008/05/20&ed=2012/05/20。

[6] Roger Cliff and David A. Shlapak, *U.S.- China Relations After Resolution of Taiwan's Status*(Santa Monica: RAND, 2007),p.2.

[7] 2005 年 2 月 24 日,時任總統的陳水扁與親民黨主席宋楚瑜會面後記者會稱,正名制憲做不到就是做不到,臺獨是自欺欺人等語。在其執政的 8 年期間,不僅沒有宣布臺灣獨立,甚至在 2000 年就職典禮演說中,以「保證在任期之內,不會宣布獨立,不會更改國號,不會推動兩國論入憲,不會推動改變現狀的統獨公投,也沒有廢除國統綱領與國統會的問題」的「四不一沒有」宣示,臺灣不會宣布獨立。

[8] 兩岸關係至今並無定於一尊的理論架構,過去有學者甚至為此出版相關書籍將

因為關係日益緊密，認為可能促成兩岸統合（integration）的問題，在兩岸關係的研究中，始終是重要的一環。兩岸是否因交流的提升而統合，雖常為兩岸關係學者的研究重點，但兩岸是否會因持續加深加廣的相互交流，最終統合，至今無人敢提出保證，但也有諸多學者認為此種結果可能發生，並著書立說。[9]甚至成立多個有關兩岸統合研究單位。[10]

就在學界爭論是否因兩岸關係緊密而將導致兩岸統合的過程中，兩岸關係進一步拓展出過去所難以想像的面貌，如海基會與海協會營造制度性協商讓兩岸所面臨問題得以協商解決，並陸續達成共識而簽訂十數項解決問題的協議。更有甚者，中共甚至進一步提出福建平潭綜合實驗區構想，在某一程度上讓臺兩岸共同治理平潭，作為兩岸進一步統合的實驗區，其概略內容如下：

2012 年 2 月 14 日，福建省長蘇樹林在北京公開宣示，平潭綜合實驗區今年正式起跑，實驗區管委會將招聘臺灣人出任副主任等要職，並開放臺胞參加人大政協等參政議政活動，以實現共同治理，打造適合臺灣人生活的環境。預計 2012 年將推出四百多個高

各種理論或研究途徑併陳，以凸顯其中的龐雜及方便研究者查考與精進。請參閱：包宗和、吳玉山主編，《爭辯中的兩岸關係》（臺北：五南，1999）一書。

[9] 〈臺灣成立「兩岸統合學會」張亞中談相關情況〉（2009 年 2 月 9 日），2011 年 10 月 14 日下載，《中國評論新聞網》，http://www.chinareviewnews.com/doc/1008/8/1/4/100881400.html?coluid=7&kindid=0&docid=100881400&mdate=0209171201。及 http://www.chinareviewnews.com/doc/1008/8/1/4/100881400_2.html?coluid=7&kindid=0&docid=100881400&mdate=0209171201。

[10] 國立政治大學甚至於 2010 年 3 月，整合包括臺灣大學兩岸暨區域統合研究中心、政治大學歐盟暨兩岸統合研究中心、成功大學兩岸統合研究中心、中興大學兩岸統合研究中心、私立中國文化大學兩岸統合研究中心、私立佛光大學兩岸文化統合研究中心等單位，成立「歐盟暨兩岸統合研究中心」。〈台灣政大歐盟暨兩岸統合研究中心揭牌〉（2010 年 3 月 27 日），2012 年 10 月 25 日下載，《中國評論新聞網》，http://www.chinareviewnews.com/doc/1012/7/1/2/101271286.html?coluid=7&kindid=0&docid=101271286。

級職務，向臺招才納賢，同時考慮臺灣電視臺、報刊與書籍在平潭落地。管委會有七名成員，初期延攬一名臺灣人擔任副主任，為正式編制，之後逐步增加人選。同時管委會經濟發展局等部門有四個副局長職務，也規劃由臺灣人出任；加上十五名管委會傳媒中心等國有企業單位的高管職位，預計共招聘二十位臺灣人。期待遇約年薪人民幣二十萬至六十萬元及其他附帶利益。此舉被外界誇大視為臺灣式民主實驗區，但遭中國大陸相關官員否認。[11]但 2012 年 3 月初在北京召開的第十一屆全國政協第五次會議，卻有臺盟提案，建議在福建省平潭設立「法定機構」，在兩岸交流中擁有法定事權，不受國家機關或其他機構的干涉，[12]目的在加強與臺灣的統合。

　　若平潭綜合實驗區依據中共的規劃順利推動，那麼在某一個角度看，平潭將成為大陸境內一國兩制實踐的特區，其深層意義是將一國兩制的精神更加具體化，或說平潭在兩岸交流中更加兼顧引進臺灣的需求。合理的推斷，或可認為平潭實驗區若成功順利，從中吸取教訓，並將其經驗轉化成兩岸一國兩制的典範，成為促成兩岸進一步統合的助力。換言之，中國大陸迄今對以「一國兩制」為基本架構的兩岸統合，始終積極推動，不曾稍歇。而「一國兩制」本就是中國大陸現階段所設定的統合目標。

　　兩岸可能統合的各種力量始終存在，加以分類說明如下：

---

[11] 亓樂義，〈平潭實驗區　延攬臺籍副主任　福建省長宣示今年起跑　借鑒臺灣社會管理模式　推動兩岸共治　考慮臺灣媒體與書籍在平潭落地〉，《中國時報》，2012 年 2 月 15 日，第 A13 版。汪莉絹，〈福建平潭　要聘臺灣人出任「領導」〉，《聯合報》，2012 年 2 月 15 日，第 A13 版。

[12] 汪莉絹，〈促兩岸實驗區升格　臺盟提案　平潭享獨立立法權〉，《聯合報》，2012 年 3 月 5 日，第 A13 版。

（一）全球化力量同時約制兩岸

學者魏元（Wei Yung）曾提出看法認為，過去美國克林頓政府的對中國大陸的政策，約略可以彙整如下：[13]

1、吸納中國大陸進入世界體系而不是圍困。

2、持續鼓勵中國大陸開放市場。

3、防止中國大陸散播傳統與核子武器。

4、吸納中國大陸進入世界貿易組織（WTO）並要求其遵守國際經貿規則。

5、美國與中國大陸共同防止北韓核武與戰略武器發展。

6、要求中國大陸保護智慧財產。

7、歡迎中共參加太平洋經濟合作理事會（APEC）、東南亞國協（ASEAN）等地區論壇或地區經濟組織。

這種將中國大陸不斷吸納入國際體系的作為，至今看來似乎沒有改變。美國甚至更要求中國大陸在提升國力的同時，應該在國際事務上扮演「負責任的利害關係者」（responsible stakeholder）角色，要求中國大陸更加有效的承擔國際責任；[14]魏元認為，當中華民國面對中華人民共和國的壓力時，中華民國應該講求兩岸「制度」的對抗，而不是「兩國」的對抗，以延緩中共對兩岸問題攤牌的時點，讓美國設計的以時間化解兩岸的差異戰略，更容易獲得應有的成果。[15]不僅中共被美國有意的融入，在國際化的當下，亦被國際社會有意無意的吸納進入世界體系之中。

---

[13] Wei Yung, "USA - ROC Relations and the Partition of China Parameters and Variables", in Marie-Luise Näth ed., *The Republic of China on Taiwan in International Politics* (Germany：Peter Lane, 1998), p. 78.

[14] Robert Zoellick，"United States Urges China To Be Responsible World Citizen", (22 September 2005), last visited 2011/3/17, *America.gov*,http://usinfo.state.gov/eap/Archive/2005/Sep/22-290478.html。

[15] Yung, "USA - ROC Relations and the Partition of China Parameters and Variables", p. 79.

　　若中國大陸無法抵擋國際社會的吸納力量，國際化遠比中國大陸深邃的臺灣，又如何能夠避開國際化的影響，若兩岸都無法避開國際化的影響，則兩岸相互吸納，甚至相互牽連，則當然無法避免。

（二）兩岸的理性選擇

　　在中國大陸「以商圍政、以民促官」的對臺政策思維中，中國大陸亟需與臺灣發展進一步經濟密切關係，以成就其政治目的的企圖；中共為達政治目的，甚至將兩岸政治衝突與兩岸經貿交流區隔對待，[16]以便達到以經濟事務促進兩岸統合之目的。當然，除以經濟作為兩岸政治統合的中界外，中國大陸亦不忽視文化、軍事、安全、社會……等等的交流與統合，以促成最終的政治統合目的，那麼兩岸真的會因緊密的經貿、文化、軍事、安全、社會……等等的各層面關係與交流而促成政治統合？

　　若從當前大陸對臺工作的重要指示性文件：胡錦濤 2008 年提出的《攜手推動兩岸關係和平發展，同心實現中華民族偉大復興》（簡稱「胡六點」），卻可看出中國大陸利用各類統合促成兩岸政治的明顯企圖。「胡六點」的主要內容包含：1、一中原則是兩岸政治互信基石；2、兩岸可以簽定綜合性經濟合作協定；3、加強兩岸文化教育交流；4、繼續推動國共兩黨交流，只要民進黨改變臺獨立場，大陸願做出正面回應；5、避免涉外事務不必要內耗，臺灣參與國際組織活動可協商；6、兩岸可探討未統一情況下政治關係，也可探討建立軍事互信機制。[17]在現實層面國際空間與軍事兩項領域不易推動的狀況下，其他文化、經濟、黨際交流相對較易執行。如在 2012 年臺灣總統大選，馬英九總統

---

[16] Scott L. Kastner, *Political Conflict and Economic Interdependence Across the Taiwan Strait and Beyond* (California: Standford University Press, 2009), p. 78.

[17] 中共於 2008 年 12 月 31 日在北京人民大會堂，舉行紀念 1979 年元旦全國人大常委會〈告臺灣同胞書〉發表 30 週年座談會，中共國家主席胡錦濤以「攜手推動兩岸關係和平發展，同心實現中華民族偉大復興」為題發表演說，重要內容可歸納為六點（外界簡稱為「胡六點」）。

獲得連任後，坊間就盛傳中國大陸內部初步確定新的對臺政策三方向：除將擴大與臺灣各黨派各階層人士交往，其次要加強對臺灣媒體的影響力和宣傳工作，第三是協助臺商轉型升級，解決臺商糾紛，以進一步加強與臺灣關係。[18]目的就在爭取民心，以協助兩岸快速達成統一的目標。

另一方面，中共在大陸的統治，面臨統治合法性不足問題已眾所周知，中共為維持其統治地位，一方面加強愛國主義（外部常將中共所提振的愛國主義誤稱為民族主義，事實上中共現行憲法序言及第二十四條中早已言明不可提倡民族主義，尤其大漢沙文主義，以免刺激各少數民族），[19]一方面加強提振人民經濟生活水平，[20]讓被統治的人民一方面基於愛國主義，以追求中國的團結並抵抗國際列強侵略，作為中共鞏固統治合法的基礎，[21]讓人民為中國的富強容忍中共統治能力不足，一方面為生活水平不斷上升而接受中共的統治。因此，中共

---

[18] 賴錦宏，〈臺灣選後　大陸確定新對臺3方向〉，《聯合報》，2012年2月24日，第A23版。

[19] 孟德聲，《中國民族主義之理論與實際》（上冊）（臺北：海峽出版社，2002），頁82～83。另中國大陸是由56個民族組成的國家，除漢族外，其他55個少數民族雖僅占總人口的8.41%，但卻居住在64%的國土面積上，中共現行憲法「序言」中表明：「中華人民共和國是全國各族人民共同締造的統一的多民族國家」、「在維護民族團結的鬥爭中，要反對大民族主義，主要是大漢族主義，也要反對地方民族主義。國家盡一切努力，促進全國各民族的共同繁榮」，因此，中共不敢隨意提倡民族主義，以免被冠上不尊重少數民族，或以大漢民族主義強壓少數民族的問題，讓內部政情更加複雜難以處理，甚至在現行憲法第24條中明確規定：「國家提倡愛祖國……，在人民中進行愛國主義、集體主義和國際主義、共產主義的教育……」，讓中共的愛國主義教育得到了確保。請參閱：「中共的少數民族政策」，法務部調查局展望與探索雜誌社編印，《中國大陸綜覽》（97年版）（臺北：展望與探索雜誌社，2008），頁185。

[20] Peter C.Y. Chow, "The Shifting paradigm in US, China and Taiwan relations: causes and implications for US economic, security and strategic interests", in Peter C.Y. Chow ed., *Economic Integration, Democratization and National Security in East Asia*（Massachusetts: Edward Elgar Publishing, 2007）, p. 4.

[21] Christopher R. Hughes, *Chinese Nationalism in the Global Era*（New York: Routledge, 2006）, p. 152.

在愛國主義的作祟下，對於臺灣問題的解決有其無法退讓的堅持，因為若在愛國主義陣線中退讓，讓臺灣獨立於中國大陸之外，則愛國主義基石的全面崩解，將無法避免。若愛國主義的崩解，則代表著大陸人民對於中共統治合法性的質疑。另一方面，當前因為經濟建設的持續獲得成果，也讓中國大陸人民為享受更好的經濟生活容忍中國共產黨的統治，而經濟發展與中共統治合法性的關係，可簡化成中共用「鈔票買統治」的公式，那麼若經濟建設失敗，則代表著中國大陸人民將興起對中共統治的不滿。

基於此，中國大陸對臺灣問題的解決，當然必須堅持絕不退讓，以滿足愛國主義的訴求；同時基於兩岸經濟的互助與合作，不僅有助於維繫兩岸不中斷關係，進而防止臺灣獨立，而兩岸經濟的互助與合作，也有利於中國大陸經濟的持續發展，對於中共的統治合法性當然有所助益，故必須加強與臺灣的經濟交流。面對中共這種政策選擇，從臺灣的角度看，則不論何種政治立場的政治人物或政黨主政，與中國大陸維持和平關係，並逐步的經濟統合，似乎也別無選擇。[22]更何況，兩岸的和平交流、經貿互惠，對臺灣的經濟發展與生存保障都具有無法抵抗的誘惑力量，致使臺灣對兩岸的統合力量也難以抗拒。

中共增強與臺灣經濟關係，同時輔以文化、教育等交流，將是對臺的重要工作內涵。而經濟、交流、教育……等各層面的更加密切交流，是否將引發兩岸的全面統合，自然成為當前兩岸關係研究所必須關注的焦點。

二、文獻回顧

（一）當前臺灣對兩岸統合研究最負盛名者，首推臺灣大學教授張亞
　　　中。依據張氏近年有關兩岸統合的著作，約略呈現如下脈絡：

---

[22] Chow, "The Shifting paradigm in US, China and Taiwan relations: causes and implications for US economic, security and strategic interests", p. 6.

1、因交流，尤其是經濟事務的密切交流而「外溢」（spill over）衍生出統合。

2、兩岸必須簽訂各方都能接受的，具法律效果的協議。

3、兩岸簽署相關協議後，成為大陸、臺灣及更高一層架構的「第三主體」。（近期張亞中教授稱為「一中三憲」）

　　張亞中教授的論述透露出，用歐盟經驗為參考，以檢討兩岸統合現實，並提出兩岸統合的可能構想途徑。但未提出檢驗現有統合程度，與檢驗發展狀況程度的指標問題，也未明確分別法理統合（de jure）與實質統合（de facto）的不同，這使得本書研究具有填補空間的功能。

（二）近十年國內博士論文內容

　　至 2012 年 9 月前的十年間，國內博士論文涉及兩岸統合研究者僅四篇：分別為《臺海兩岸統合關係研究－以歐洲聯盟經驗為例》；[23]《歐盟『共同外交暨安全政策』之整合談判過程與臺海兩岸協商經驗之比較》；[24]《臺海兩岸和平整合模式之建構》；[25]《兩岸法治整合策略的研擬及其在營造業的應用》；[26]分別從外交、經濟發展、民主和平、法治與法制面向研究兩岸統合為一的可能，這些論文有下列幾個特點：

---

[23] 童慧鈴，《臺海兩岸統合關係研究——以歐洲聯盟經驗為例》，國立臺灣師範大學政治學研究所 2003 年博士論文，2012 年 4 月 30 日下載，《臺灣博碩士論文知識加值系統》，http://ndltd.ncl.edu.tw/cgi-bin/gs32/gsweb.cgi/ccd=eXmmjp/record?r1=1&h1=4。

[24] 張惠玲，《歐盟『共同外交暨安全政策』之整合談判過程與臺海兩岸協商經驗之比較》，國立中山大學大陸研究所博士 2012 論文，2012 年 5 月 1 日下載，《臺灣博碩士論文知識加值系統》，http://ndltd.ncl.edu.tw/cgi-bin/gs32/gsweb.cgi/ccd=eXmmjp/record?r1=1&h1=2。

[25] 邱垂正，《臺海兩岸和平整合模式之建構》；國立臺灣師範大學政治學研究所 2006 年博士論文，2012 年 5 月 1 日下載，《臺灣博碩士論文知識加值系統》，http://ndltd.ncl.edu.tw/cgi-bin/gs32/gsweb.cgi/ccd=eXmmjp/record?r1=1&h1=1。

[26] 蘇詔勤，《兩岸法治整合策略的研擬及其在營造業的應用》，國立臺灣科技大學營建工程系 2010 年博士論文，2012 年 5 月 1 日下載，《臺灣博碩士論文知識加值系統》，http://ndltd.ncl.edu.tw/cgi-bin/gs32/gsweb.cgi/ccd=eXmmjp/record?r1=1&h1=3。

1、認為兩岸在經過和平交往；關係日益密切及經濟關係無法分離之後，會因為問題解決的需要，而自然走向統合。

2、經濟的統合作為統合的起因，是討論的重點。

3、對於如何才算是統合，是法律層面、政治層面、經濟層面或其他層面的合而為一才是統合，或其合而為一到何種程度才算統合，並無明確的論述。

4、沒有統合的指標足以檢驗兩岸統合關係發展程度。

（三）英文著作中，除常見的兩岸經濟統合的議題討論外，[27]竟然未見以兩岸政治統合作為題材的專書。

第二節　研究目的

依據現有的學界研究成果顯示，對於統合，尤其是兩岸統合研究領域，亟待解決的各種問題是：

一、最容易觀察及測量的經濟統合，是否真的就會「外溢」成其他領域的統合？

二、統合可否由非經濟領域發動最終「外溢」成其他領域的統合？

三、兩個單位合併過程中必須到何種程度才得以稱為統合？

四、統合有無指標可以作為蠡測的標準？

五、兩岸真的會因目前日益緊密的交流，而逐步統合？

這些問題的提出，不僅將成為本書所欲研究的問題，更在兩岸關係研究中，所必須面對的問題。再進一步觀察，兩岸是否在交流不斷昌盛後，因此而走向統合，向為關心兩岸關係者所關注的問題，更是前述有待解決問題的核心。

若從兩岸的交流日益密切或友善，就推論出兩岸必然走向統合，顯然不足以說服他人。僅以英國面對歐體與歐盟的歷史軌跡為例，過

---

[27] 如：Sung, Yun-Wing, *The emergence of greater China : the economic integration of Mainland China, Taiwan and Hong Kong* (N.Y. : Palgrave Macmillan, 2005).

去英國總理柴契爾夫人，於 1975 年強烈支持歐洲經濟共同體（European Economic Community；EEC），到後來的強烈反對英國加入歐盟（European Union；EU），其間的轉折當然跟歐盟與歐洲經濟共同體的性質不同有關。[28]當然也與英國內部政、經情勢的轉變有關。就兩岸對峙長達數十年的經過來說，因應國際局勢的轉變，臺灣主政者也由蔣介石時代，以一個中國內戰，彰顯漢賊不兩立，到蔣經國時代以「三民主義統一中國」、「不接觸、不談判、不妥協」，意圖以制度優勢一方面對中國大陸作號召，一方面對國際社會爭取支持政策，經李登輝政府以「兩國論」，為臺灣獨立運動奠下政策基石，再到陳水扁政府進一步以「一邊一國」明示臺灣獨立為其追求目標，時至馬英九政府再以「不統、不獨、不武」政策，全力化解兩岸緊張情勢的轉變。時空環境的轉變，不僅讓兩岸各自內部政、經情勢發生變化，更使兩岸關係呈現不同的面貌。兩岸因馬英九政府時期的加強各類交流，致使當前兩岸關係與兩蔣、李登輝、陳水扁時期的緊張不同，更讓兩岸是否因此而「統合」的問題，被高度關注。

　　因應兩岸和解時代的來臨，使徹底研究兩岸的統合現況，與研析未來發展具有極高的價值。而本書更將尋求特定的指標，作為研究的依據，讓研究成果奠定往後進一步研究的基礎，以避免欠缺實質的空泛論述，讓兩岸關係中有關「統合」的研究更具可操作性。

第三節　名詞界定、研究方法、研究途徑與研究架構

一、名詞界定

　　所謂統合是指「實質（de facto 統合）」或是「法理（de jure）統合」？

---

[28] Max Haller, *European Integration as an Elite Process: The Failure of a Dream?* （UK: Routledge, 2008）, p. 225.

　　實質的統合，是指兩成員間各類交流異常緊密且相互影響，但卻欠缺高於兩個政治實體間的強有力執行法律或組織。依此推論，實質統合，是兩國間的各類交流與實質緊密關係，而臺灣與各國的實質統合所在多有，如臺灣與美國、日本、中國大陸之間的經貿、文化、安全……等等關係，美國與日本的經濟、政治、安全……等等關係，但卻未見統合論者將這些關係界定為「統合」。因此，實質統合並不足以呈現統合的意涵，故所稱的「統合」應該界定為法理統合，而法理統合必須具備如下的條件：

（一）具有足以強力約束統合成員效力的法律或條約，且這些法律與條約關係必須被認為朝向統一為一個實體方向的內涵。

（二）這些法律或條約位階必須高於各成員各自所擁有的法律。

　　只有具備這些特徵，各成員間才具有所謂法理統合關係。

　　另統合可發生在經濟、文化、法律……等領域，本文所研究的兩岸法理統合，當然是以「政治」領域的統合作為法理統合與否的界定，更作為測量兩岸是否統合的標準。

二、研究方法

　　研究統合的學者似乎在不知不覺中，常將歐盟的統合，作為其他地區統合的參考架構，[29]那麼亞洲，尤其是兩岸的統合問題研究，是否也可援引歐盟統合的經驗作為研究的參考架構，就成為首先必須釐清的問題。

　　雖然，對於歐盟作為研究統合的例證，常被引用作為全球各類統合研究的參考架構，但亦有學者主張認為，歐洲所具有的長時間民主、平等與穩定組織架構，一直是亞洲所欠缺的，若一定要援引歐洲與亞

---

[29] Edward Moxon-Browne, "MERCOSUR and the European Union: politues in the Making?", in Finn Laursen ed., *Comparative Regional Integration: Europe and Beyond*（Burlington: Ashgate Publishing Company, 2010）, p. 131.

洲的狀況相比，猶如蘋果與橘子的比較那麼不恰當。[30]因此，除歐盟的統合經驗可作為研究統合的參考架構外，當然不可忽視的是各地區的差異，如亞洲的雁行發展或成長三角模式、非洲的泛非洲、發展走廊與非正式跨越國境網絡（informal cross-border networks）發展模式及拉丁美洲的泛美洲模式等，都應加以關注。[31]

　　而問題的核心是，到底不同的區域是否可以援引類比？比較有任何意義嗎？雖然這種爭辯始終不絕於耳，但就目前學界主流意見認為，歐盟的統合經驗仍是有價值的參考架構，並認為由歐體的參考架構中，可引伸出經濟的統合、政治的統合、安全的統合等等議題的研究；[32]依據本書研究的定義與重心，兩岸統合的問題，亦是兩個政治實體合併為一的過程，同樣面臨是否可援引歐盟統合做為參考架構，及統合過程除經濟議題外，是否也包含政治、安全等議題的統合問題。而就歐盟的統合程度確實也比其他地區的統合程度堅持與密切。因此，將歐盟的統合經驗作為兩岸統合研究的參考架構是合理的安排。同時，本書也不排除北美自由貿易區、東亞國協、南美國家的統合等等經驗，做為參考架構檢討，以釐定兩岸統合的程度，並提出未來可能發展的預判。

三、研究途徑

　　「統合論」（integration）在學術上的認知標準，以梅傳尼（David Mitrany）所說的「分枝理論」（doctrine of ramification）最具代表性，

---

[30] Katja Weber, "Great China and It's Neighbors in Comparative perspective: Lessons from Europe?", in Sujian Guo and Baogang Guo ed(s)., *Greater China in an Era of Globalization*(United Kingdom: Lexington Books, 2010), p. 194.

[31] Philippe De Lombaerde, Fredrik Söderbaum, Luk Van Langenhove and Francis Baert,"Problems and Divides in Comparative Regionalism", in Finn Laursen ed., *Comparative Regional Integration: Europe and Beyond,* p. 29.

[32] Finn Laursen, "Regional Integration: Some Introductory Reflections", in Finn Laursen ed., *Comparative Regional Integration: Europe and Beyond*, p. 3.

其主要內容是指：「一個部門的合作是另一個部門合作的結果，又是另一個部門合作的動因」。[33]換言之，只要兩個團體接觸、合作，就會像樹枝一般的衍生出其他合作領域，最後達成全面的交流與合作之意，如同歐洲大陸各國經由 1950 年代起的媒鋼、原子能與經濟共同體，因長年的相互交流，逐漸演化成今日政、經相結合的歐盟一般。

但「統合論」在實際運作上，也有可能因相互的交流與互動，終於將兩方刻意掩蓋的差異暴露出來，而造成相互的不信任與敵意的增加，[34]因此，相互的交流，並不見得必然產生如同歐體的統合結果。當然，統合並不必然起於經濟事務，或可由政治事務為起頭，而後擴及經濟及其他事務的統合，如中國大陸所發起的「上海合作組織」就因中亞地區成員國有意從中獲取經濟利益，而成為有異於歐盟由經濟事務擴及政治事務途徑，卻是由政治事務的接近、密合而擴及經濟事務的另一典型。[35]有部分學者甚至研析認為，連歐盟的統合也是在冷戰結束、烏拉圭回合談判失敗、中國大陸經濟興起及各地區加速統合後才積極將統合作為追求的目標；東南亞國協也是經由成立之初的為安全設想，在經歷 1996 年金融危機後，而對於經濟統合等有新的思維；[36]美國與加勒比海地區國家的統合，也有因成員國家避免被邊緣化，且相互競爭市場而競相表達加速統合意願現象，凸顯環境與成員國競爭動向的相互激盪對統合的影響。[37]

---

[33] 張亞中，《兩岸統合論》（臺北：生智，2000），頁 136～137。

[34] 張亞中，《兩岸統合論》，頁 138～139。

[35] Margret P. Karns and Karen A. Mingst, *International Organization(1)* （Colorado: Reinner Publishers, 2010），p. 203.

[36] Yeo Lay Hwee, "From AFTA to ASEAN Economic Community-IS ASEAN Moving Towards EU-style Economic Integration", in Finn Laursen ed., *Comparative Regional Integration: Europe and Beyond*, pp. 215-216.

[37] Diego Sánchez-Ancochea and Kenneth C. Shadlen, "Introduction: Globalization, Integration, and Economic Development in the Americas", in Diego Sánchez-Ancochea and Kenneth C. Shadlen ed(s)., *The Political Economy of Hemispheric Integration* (New York: Palgrave Macmillan, 2008), pp.13-14.

　　若然，則除經濟事務的統合可做為其他領域的統合起點外，其他任何事物的統合，也將使兩岸的其他事務統合加速進行；統合與否除肇因於各項事務的接觸外，其關鍵當然是成員間的意願。因此，研究統合對於統合成員的領導菁英意願的理解，就成為本書研究統合議題的重要因素。

　　更重要的是，至今研究兩岸統合的各類文獻中，尚未能提出完整的指標。因此，兩岸的統合是否有任何進展？進展到何種程度？是否可能進一步發展？都無客觀的標準加以量測。故統合的指標是研究兩岸統合程度與未來發展的重要量尺，本書嘗試提出四個指標作為研析兩岸統合的基準，此四個指標分別是：理想與意識形態（idea; ideology）、制度（institution）、利益（interest）及實質進展。

　　彙整以上所述，兩岸統合程度的分析，也必須以前述四個指標過濾研析兩岸各類交流，尤其是經貿交流狀況，以研究兩岸統合現狀及預判未來發展，此種大膽的嘗試，是本書所欲提出的研究途徑與貢獻。

四、研究架構

　　本書共分陸章。

　　第壹章：緒論，界定研究方向、研究途徑、名詞定義與預估研究成果；第貳章：統合論在兩岸關係範疇的反思，探討統合論相關觀點，即在兩岸關係中的運用；第參章：兩岸周邊統合與對臺壓力，檢視臺灣周邊國家的統合情況，與臺灣在此氛圍中的處境；第肆章：兩岸統合的趨向與迴避，重在檢討兩岸統合與否的利弊；第伍章：兩岸統合的實際，以四個指標檢視並量測兩岸統合的實際狀況，第陸章：結論，提出相關研究成果。全書約十三萬餘字。

第貳章　統合論在兩岸關係範疇的反思

　　兩岸的統合與全球化浪潮難脫干係。有學者直指，亞洲國家普遍認為，全球化縱使沒有政治因素，但西方也是以經濟與文化的力量結合全球化趨勢圍困亞洲國家，為求抵抗，亞洲國家自然興起以民族主義，甚或以更激烈的自我孤立或鎖國的方式反應。[1]但實際狀況，卻是亞洲國家反制全球化效果不佳，致使各國紛紛與他國進行各類統合，兩岸也難逃此情勢的發展。

　　中國大陸面對全球化的壓力，使中國大陸與國際社會日益接軌，人民對國外民主自由的觀察日多，同時中國大陸因經濟發展有成使社會日漸多元，最終使人民更加驚覺中共統治合法性的不足。因此，中共為維持其統治合法性，不僅需要提振經濟，也必須以提倡愛國主義（中共所提倡的愛國主義經常被誤用為民族主義已如第壹章所述），作為中共統治合法性的補充，[2]以要求人民為追求中國的強大未來，必須接受與忍耐中國共產黨的統治，並壓制內部民主化的壓力，而臺灣問題起於列強過去對中國的壓迫，更必須以愛國主義的思維加以解決。

　　有學者研究中共對於力量（power）的行使，認為其模式仍不脫中國傳統的「孔孟模式（Confucian-Mencian paradigm）」，其重要內涵包括強調戰略、欺敵、妥協等各種手段，真正以武力相向則不是首要選項。[3]簡單說，以不戰而屈人之兵，才是中國大陸對外使用影響力

---

[1] Roy Starrs, "Introduction", in Roy Starrs ed., *Nations Under Siege : Globalization and Nationalism in Asia* (New York: Palgrave, 2002), p. 25.

[2] Tony Saich, *Governance and Politics of China*, (New York: Palgrave Macmillan, 2011), p. 178.

[3] See Alastair Iain Jonson, *Cultural Realism : Strategic Culture and Grand Strategy in Chinese History*(Princeton: Princeton University Press, 1995) cited by David M. Lampton, *The Three Faces of Chinese Power* (California:

（power）的最高戰略指導原則。況且近年隨著綜合國力的提升，中國大陸政府與人民甚至自認為，其對國際社會力量的展現，在壓制、利誘與規範建構（coercive、remunerative、ideational）等三個層面，都有長足的進步，同時也認為：[4]

一、當前與可見未來，中國國力仍不及美國。

二、中國對亞太周邊鄰國的影響力高於對國際社會的影響力。

三、中國有近 20 年面對內政事務的機會之窗。

四、國家的進步仍繫於內、外情勢的發展。

顯然，中國大陸在國力不及美國，致無法在國際社會與美國一較長短，又必須面對內政與周邊複雜環境的同時，將亟力維持和平，以維護其發展的機會之窗。中國大陸雖至今未宣部放棄對臺動武，甚至在 2005 年通過的「反分裂國家法」中，仍宣示在特殊情況下，可依據該法相關規定對臺動武，但若中共本質上仍推崇「不戰而屈人之兵」的策略，那麼以促進兩岸統合讓臺灣無從獨立，甚至將臺灣「併吞」的目的，自然是中共當前對臺政策的最優先選擇。

而在全球化壓力的協助下進行兩岸的統合，正是中共可以避開兩岸武力衝突卻又可以解決臺灣問題的重要策略，因此，統合論在兩岸關係研究的範疇中便具有不可磨滅的價值。

第一節　統合論的相關觀點

全球化對不同的人具有不同的意義。有部分人認為全球化是創造共同的共同體（community），對其他一部分人，則認為全球化是創造全球的市場；但仔細看此兩種概念，卻發現兩者可相互重疊，成為因為全球化的市場創造，最終成就了統一的共同體。[5]更簡單的說，因為追求市場而使全球捲入難以離群索居的環境。

University of California Press, 2008), p. 15.

4　Lampton, *The Three Faces of Chinese Power*, pp. 34-35.

5　Arvind N. Das, "The End of Geography: Nationalism in the Era of

　　當前全球化的現象，是人類歷史發展中所沒有過的經驗，而全球化已經是當前的全球發展趨勢，有人甚至提出嚴重的警告認為：「不能學習生活在一起就只有死路一條」。[6]

　　因為國際化造成極度的蝴蝶效應，造成國際間任何成員國的輕微不正常舉動都足以釀成全球遭受衝擊結果的可能，但國際的統合又迫使各國必須對跨國問題作出因應的準備，因此就必須在國際化與地區化間取得平衡，並希望從中趨吉避凶，各取其長，以利國家發展。基於此，而有學者主張，當前國家組織不論被國際化或地方化的推拉關係，都讓政治體以國家形態存在越顯困難，[7]因為傳統國家界線明顯狀態的維持困難，也因此，國家與國家間的統合，國家與另一國家部分的統合，或跨國家間的地方統合就愈來愈可能發生。

　　被稱為統合的現象，具有太多類型，從經濟、文化、政治、安全……的統合不一而足，或可分為部分或全面統合；甚至依據學理架構區分為功能主義的統合、聯邦主義的統合，或新功能主義的統合，[8]及新自由結構主義與新區域主義（neo-liberal institutionalism and new regionalism）等等不同之觀點。[9]為進一步釐清統合內涵，就必須回答下列數個問題：

Globalization " in Roy Starrs ed., *Nations Under Siege: Globalization and Nationalism in Asia*, p. 42.

[6]　Starrs, "Introduction", in Roy Starrs ed., *Nations Under Siege: Globalization and Nationalism in Asia*, p. 29.

[7]　Arvind N. Das, "The End of Geography: Nationalism in the Era of Globalization", in Roy Starrs ed., *Nations Under Siege: Globalization and Nationalism in Asia*, p. 32.

[8]　朱景鵬，〈區域主義、區域整合與兩岸和問題之研究〉，《中國大陸研究》（民國 88 年 8 月），第 42 卷第 8 期，頁 89。

[9]　Finn Laursen, "Regional Integration: Some Introductory Reflections", in Finn Laursen ed., *Comparative Regional Integration: Europe and Beyond* (Burlington: Ashgate Publishing Company, 2010), p. 3.

一、實質（de facto）統合或法理（de jure）統合？

所謂實質統合，是指兩個實體間的緊密統合，而法理統合是指兩個實體間具有法定形式的統合。實質統合不一定具有法理統合要件，法理統合也不一定具有實質統合實際。但明顯的是實質統合與法裡統合卻可以互為因果關係。換言之，實質統合可能最終促成法理統合，而法理統合也可能促成實質統合的進一步提升。

若依第壹章有關名詞界定所述，有關法理統合的要件必須具有：「（一）具有足以強力約束統合成員效力的法律或條約，且這些法律與條約關係必須被認為朝向統一為一個實體方向的內涵。（二）這些法律或條約位階必須高於各成員各自所擁有的法律。」兩條件，那麼進一步要問的是，統合領域中，如：經濟、文化、教育、藝術⋯⋯等等範疇，是否任何只要有超越成員位階的有強制力文件簽訂並形成法定形式的統合都歸類為法理統合？

由歐盟的現實看，歐盟係由世仇德國與法國等，起於 1952 年籌建的「歐洲煤鋼聯盟」（European Steel and Coal Community），其最早著眼是在政治上的提振戰後國家地位，尤其是免於戰爭，甚至是為在國際間建構足夠巨大的經濟參與者或經濟事務玩家（big player）；但總的來說，其經濟目雖亦是其重要目標，但比起政治目標，似乎略遜一籌。換言之，歐盟的統合著重在提升統合後的國際地位目標無法被忽視。而經濟統合的依據，由左派的觀點看，所謂歐洲的統合就是自由市場的產物，而自由市場則是移植自美國的自由市場概念，認為市場的力量應該被發揮，而沒有障礙的市場更應該被鼓勵（當然其例外，是歐盟對於農業的大量保護）。[10]而事實卻是，雖然歐盟統合包含著經濟、結構、貿易關係等三個主軸，但其背後若無政治承諾則無統合可

---

[10] Max Haller, *European Integration as an Elite Process: The Failure of a Dream?* (UK: Routledge, 2008), pp. 113-114.

言。[11]因此，政治因素的強力支持，才是帶領歐盟持續維持統合或進一步統合的重要因素。

目前國際社會較具規模的其他統合，如北美自由貿易區、東南亞國協等，其統合過程都與經濟事務的需求有密切關係。不可否認的是，任何一個國際成員接受全球化並融入全球化架構下的經濟運作，就猶如穿上黃金束縛衣（golden Straitjacket）一般，其自主空間將因而減少，全球化愈澈底，這種空間愈少，其束縛也愈多。[12]但黃金造的束縛衣又何其誘人，不加入也可能被國際社會的演變而邊緣化，這種放棄部分國家利益以追求國家更大利益的弔詭狀態，在統合過程中難以避免。就如同，歐盟對於共產主義解體後的東歐各國整合經驗，一般更認為其中「和平兼併」（peaceful annexation）的意味重於讓東歐各國「重返歐洲」（return to Europe），其理由不外乎：一、東歐各國係小國，國力不足以與西歐各國相比，東歐甚至必須符合連西歐各國都不易達成的自由市場、民主等條件，才能獲准加入歐盟，西歐國家甚至將東歐各國作為改革的實驗場。二、歐盟強力的運作，讓東歐各國臣服加入歐盟，[13]如要求東歐國家必須依其條件做出改革、由歐盟在波羅地海國家設立機構，介入當地的公民投票運作，以確保歐盟所做的決策能被各該國家所遵循等等。[14]又如加入歐盟的先決條件必須是：「民主國家」、「市場經濟」及「服從 EC/EU 相關規定與目標，及法律建構的運作秩序（aquis communautaire）」，促使歐洲諸多國家為各種利益，

---

[11] Joaquín Roy, "Why do Latin American Integration Systems Differ from the EU Model?" in Finn Laursen ed., *Comparative Regional Integration: Europe and Beyond*, pp.159、155.

[12] Dani Rodrin, "Governance of Economic Globalization", in Joseph S. Nye Jr. and John D. Donahue ed(s)., *Governance in A Globalizing World* (Washington D. C. : Brookings Institution, 2000), p. 354.

[13] Haller, *European Integration as an Elite Process: The Failure of a Dream?*, pp.144-145.

[14] Haller, *European Integration as an Elite Process: The Failure of a Dream?* p. 146.

而紛紛改變本身狀況以求加入歐盟,甚至連加入歐盟必須放棄部分主
權、貨幣兌換匯率等也在所不惜,連相對落後的東歐與中歐國家都積
極參與一般。[15]因此,國際間的統合,政治目的從來就是重要因素。

以政治因素或政治統合無法被忽視的現實,觀察亞洲地區緊密交
流的實際,發現亞洲地區的各類緊密交流,卻被學者明指為實質統合,
不是法理統合;[16]及以臺灣與各國關係及東南亞的緊密交流,卻未見
統合論者將其界定為「統合」。依此推論,實質統合,應係指兩個以上
個體間的實質緊密關係(如經濟、文化、……),如臺灣與美國、日本、
中國大陸之間的經貿關係,美國與日本的經濟與政治關係等等。法理
的統合,則是指統合範圍內成員間,具有超越各成位階的強制力法律
或條約的簽訂,且這些強制力法律與條約關係必須被認為朝向統一為
一個實體方向的內涵,才具有統合的關係。

有研究認為,實質統合常由公司所帶領(firm-led)的經濟統合,
而法理統合則是由政府所帶領的統合。[17]簡言之,就是由非政府機構
所促成的統合將造成實質統合,由政府主導甚至是政府與政府間的統
合,才能造成法理統合。仔細研析這種說法,發現其並不周延,如兩
岸文化的統合是政府還是民間的統合無法明確劃分,在實際經驗中,
顯然兩國或兩個政治實體間的經濟、文化、教育、宗教、教育……等
等,都必須有兩國政府或兩個政治實體在背後的允許或支持,才足以
竟其功。因此實質統合與法理統合,在統合的劃分上不易區別,但弔

---

[15] Kristen Williams, "The Influence of the European Union", in Richard Rosecrance ed., *The New Great Power Coalition: Toward a World Concert of Nations* (Maryland: Rowman and Littlefield Publishers, 2001), pp. 160, 170, 173.

[16] Daisuke Hiratsuka and Fukunari Kimura, "From De Facto to De Jure Economic Integration in East Asia: Past, Present and Future", in Daisuke Hiratsuka and Fukunari Kimura ed(s)., *East Asia's Economic Integration* (New York: Palgrave Macmillan, 2008), p. 6.

[17] Katsuhiro Sasuga, *Microregionalism and Governance in East Asia* (New York: Routledge, 2004), p. 4.

詭的是，因不易劃分特性，反而凸顯必須明確的政治統合才能算是法理統合，欠缺明確的政治統合，則只能算是實質統合。

進一步說，法理統合才算是統合，實質統合只能算是法理統合的過程。

二、政治統合是否為統合的唯一標準？

有部分學者認為，司法的統合是統合地區內司法、經濟、社會需求的結果，而促成司法的統合，卻是因為交流中所不斷產生的糾紛與司法紛爭所致，至於司法統合的程度則可由三個層面加以檢視：精確（precision）、責任（obligation）、及代表（delegation），其內含包括，執法機關的執法依據是明確的規定，而非籠統的宣示；執法依據有合法性；及執法機構具有獨立性。[18]

以東南亞國協（ASEAN）、北美自由貿易區（NAFTA）、南方共同市場（MERCOSUR）等等地區組織與歐盟作對比：南美的南方共同市場在制度建構上，可能足以媲美歐盟，但卻受限於南美洲各會員國的經貿實力，使經貿交流力度不足。因此，使各會員國對於法律仲裁的需求不強，造成南美洲的法律仲裁功能不彰，也使得南美洲的法律統合效果明顯不如歐盟。[19]而統合法律的建構，在統合過程中具有「寧靜革命」的力量，在統合範圍內成員間所建構足以超越各成員國的法律，其實就在建構統合的系統。[20]以南方共同市場、北美自由貿易區及歐盟紛爭仲裁數量及需求強度，與統合程度作比較，可呈現如下結果：

---

[18] Sebastian Krapohl, Benjamin Faude and Julia Dinkel, "Judical Integration in the Americas? A Comparsion of Dipute Settlement in NAFTA and MERCOSUR" in Finn Laursen ed., *Comparative Regional Integration: Europe and Beyond*, pp. 171-172.

[19] Krapohl, Faude and Dinkel, "Judicial Integration in the Americas?: A Comparison of Dispute Settlement in NAFTA and MERCOSUR", in Finn Laursen ed., *Comparative Regional Integration : Europe and Beyond*, p. 188.

[20] Haller, *European Integration as an Elite Process: The Failure of a Dream?*, pp. 104-105.

表 2-1　仲裁數量比較表

	項目	北美自由貿易區	南方共同市場	歐盟
機構的條件 （Institutional Supply）	明確	高	中	高
	責任	中	中	高
	代表性	低	高	高
經濟與社會需求	獨立	高	低	高
	法治文化	有利	不利	高
	案例數	>100	13	高
結果	法律統合	中	低	高

資料來源：Sebastian Krapohl, Benjamin Faude and Julia Dinkel, "Judicial Integration in the Americas?: A Comparison of Dispute Settlement in NAFTA and MERCOSUR: Europe and Beyond", in Finn Laursen ed., *Comparative Regional Integration: Europe and Beyond* (Burlington: Ashgate, 2010), p. 189

說明：有關案例數資料來源並未說明截止時間，但可從中觀察到案例數愈多需求愈強，司法統合愈高現象。

　　歐盟大量的仲裁，代表其統合程度較其他組織更厚實，事實亦是如此，但不可忽視的是，法律制裁公權力的背後，必須是政治力的支持。若無政治力的支撐，法律的制裁力量將大打折扣，對於統合的促進自然有限。

　　前已述及，雖歐盟統合包含著經濟、結構、貿易關係等三個主軸，但其背後若無政治承諾則無統合可言。顯然，除政治統合之外的各類統合，都僅是政治統合的過程，甚或僅止於各類交流不斷增加，但卻不進至政治統合，就已嘎然而止，在統合研究上，實難以認定其為統合。換言之，所謂法理統合當然是以高層政治，且有約束性力量的統合為其唯一標準。相反的，以蘇聯為例，過去蘇聯僅是以共產主義意識形態，透過軍事力量強將諸多不同文化種族的人民統合在一個框架中，僅是一種古老帝國的約制形式，但卻讓被約制的不同文化與族群，難以心悅誠服為蘇聯的一員，[21]因此，縱使有法理統合，卻欠缺實質統合的支撐，則

---

[21] Neal M. Rosendorf, "Social and Cultural Globalization: Concept, History, and America's Role?" in Joseph S. Nye Jr. and Joho D. Donahue ed(s)., *Governance*

遭受分崩離析的命運在所難免；縱使歐盟建構多年，也成為全球統合的典範，但其中人民對於統一的歐洲意識，在諸多民意調查中也顯現不夠穩固，[22]因此，若僅有政治的統合而無其中心悅誠服的認同，則縱有政治統合，也難持久。

三、歐洲統合經驗可否作為各類統合研究的參考？

有學者研究認為，人與人之間的團結（solidarity）行動可以分成四類，包含（一）無意識且直覺反應的協助他人（如直覺反應伸手扶助將跌倒的他人）；（二）以不妨害他人自由為前提，且逃避負面責任的團結；（三）成員自我奉獻的團結；及（四）超越國境的團結。[23]歐盟的團結就是超越國境的團結。[24]雖然有觀點認為歐盟可能成為超國家的形態，或認為歐盟仍會保有各國相當獨立的爭論，但大部分觀點認為，在歐洲當前所秉持的歐洲化（Europeanization），可以被理解為成員國成為具有政治、經濟、與社會獨特能力的超國家組織一部分之過程。[25]也就是逐步將歐洲各國統合成單一政治體的過程。

不論將歐盟視為一個統合完成的政體，或視為即將完成統合的過程，歐盟各成員國間的緊密關係，都是全球其他類似組織所無法比擬。因此，當前研究統合的學者似乎不知不覺中，都將歐體（European Community；EC）或歐盟的統合，作為其他地區統合的

---

in A Globalizing World, p.121.

[22] Pippa Norris, "Global Governance and Cosmopolitan Citizens", in Joseph S. Nye Jr. and Joho D. Donahue ed(s)., *Governance in A Globalizing World*, p. 157.

[23] Claus Offe, "Obligations Versus Costs: Types and Contexts of Solidarity Action" in Nathalie Karagiannis ed., *European Solidarity* (Liverpool: Liverpool University press, 2007), pp. 113-124.

[24] Nathalie Karagiannis, "Introduction: Solidarity in Europe-Politics, Religion, Knowledge" in Nathalie Karagianni ed., *European Solidarity*, p. 10.

[25] Steffen Mau, "Forms and Prospects of European Solidarity", in Nathalie Karagianni ed., *European Solidarity*, pp. 129-132.

參考架構；[26]但持保留態度者認為，歐盟在國際社會中的獨特性，使其他地區的類似組織難以與之類比。甚至認為，歐體在國際社會中的獨特性，使其他地區的類似組織難以與歐體類比，因此造成對歐體的研究，是屬於個案研究？還是這些個案研究可做為其他研究參考架構？甚至對歐體本身的研究也因欠缺其他個案研究的成果支撐，致使對歐體的研究該定位為個案，甚至認為目前對歐體統合的研究僅是探索性的研究的爭論。[27]

雖然這些爭論有其立論觀點，但目前學界主流意見認為歐洲的統合經驗仍是有價值的參考架構。[28]

依據歐盟統合的經驗，是成員間有統合的需求（不論是政治、經濟、安全、文化或其他任何理由），就將成為造成統合的動力。若將成員間的統合需求作為發動統合的動力，拿來檢視兩岸目前態勢，可發現當前臺灣亟欲擺脫國際孤立，也為發展經濟亟欲獲取大陸市場，故願意與大陸發展進一步緊密關係，而大陸則亟欲對臺執行反獨促統政策，希望兩岸夠緊密的關係可以化解臺灣企求獨立的慾望。因此，兩岸都有進一步與對方發生更緊密關係的戰略目標，故使兩岸有進一步統合的可能。

若歐盟可以作為全球學術界研究統合的參考架構，兩岸也有企求進一步統合以化解各自面臨問題的需求，使兩岸具有進一步統合的可能，那麼以歐洲的統合經驗，作為兩岸統合研究參考，顯然可被接受。

26　Edward Moxon-Browne, "MERCOSUR and the European Union: polities in the Making?", in Finn Laursen ed., *Comparative Regional Integration: Europe and Beyond,* p. 131.

27　Philippe De Lombarede, Fedric Söderbaum, Luk Van Langenhove and Francis Baert, "Problem and Divides in Comparative Regionalism" in Finn Laursen ed., *Comparative Regional Integration: Europe and Beyond*, pp. 31-33.

28　Laursen, "Regional Integration: Some Introductory Reflections", p. 3.

四、地區統合與全球化的折衝？

在全球化的趨勢中，促使近年連續發生的金融危機，跨國境席捲全球各地地區組織，讓歐盟與其他地區的統合，都承受全球化的巨大壓力，而亟思依據各地區組織的特性，對全球化的危機因應與迴避，[29]但全球的實質統合，意圖以聯合國作為法理統合的態勢明顯；跨國的地區性統合，卻也由實質統合逐步提升，甚至可能轉向法理統合，卻是當前的世界趨勢。在全球化與地區化，分崩離析之間的力量拉扯，最終各國統合關係將被全球化影響而使全球統合為一個整體？或因地區的需要，使各地區的統合超越世界的統合，最終讓全球化分成數各地區而壁壘分明？值得深思。

先不論未來統合到底以何種態樣呈現，不可忽略的卻是，統合必須有一定條件的配合，有學者甚至將這些分類並認為其相互影響的關係如下圖：

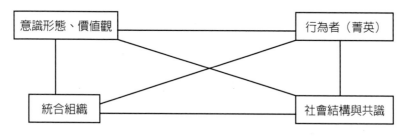

圖 2-1　統合條件相互影響圖

資料來源：Max Haller, *European Integration as an Elite Process: The Failure of a Dream?*（UK: Routledge, 2008），p.35.

29　Moxon-Browne, "MERCOSUR and the European Union: polities in the Making?", p. 133.

　　若由此統合條件的相互影響條件看全球或各地區，甚至東亞地區的統合發展，顯然也是受「意識形態、價值觀」、「行為者（菁英）」、「統合組織」、「社會結構與共識」等相互作為的影響，最終的結果，必須由這些因素的相互衝突、妥協後才能產生。進一步說，因這些因素的互異，使各地區的統合過程也難有共同的模式。

　　但在諸多統合討論中，一個不可忽視的特點是，經濟統合確有促進和平的效果，但經濟的統合與相互依賴，卻會延伸至社會、文化、安全……等各層面的交流與互動與相互重疊，而經濟的統合確實具有發動種種重疊與互動的實力。當然當經濟狀況轉壞時，由經濟所帶來的和平可能也因此而破壞。[30]因此，經濟統合的成敗，始終在討論統合的諸多學理中，占有最重要的地位。

　　若由經濟統合的觀點觀察，地區經濟組織所面臨的問題，也呈現如下的挑戰：[31]

1、對於經濟組織中會員國的利益是增加或減少的爭議，甚至認為經濟組織的經貿利益，亦可以外溢至非會員國。（簡言之，不加入地區經貿組織，也不必然會造成實質的損失。）

2、區域經濟組織到底是進一步成立國際經貿組織或促進國際經濟貿易自由的基礎，還是其障礙？始終爭辯不休。更何況，在地區經濟貿易組織中，大國更可以其影響力占盡組織內的各種利益，對於中小國家不見得有利，也有違當前國際互利互惠的潮流。

　　因此，不論全球性的統合或地區性的統合，都有一定的利益與風險。

---

[30] Mikael Weissmann, "Peacebuilding in East Asia: The role of Track 2 diplomacy, informal networks, and economic, social, and cultural regionalization", in Jacob Bercovitch, Kwei-Bo Huang and Chung-Chian Teng ed(s)., *Conflict Management, Security and Intervention in East Asia: Third- party mediation in regional conflict* (New York: Routledge, 2008), pp. 69, 77.

[31] Margaret P. Karns and Karen A. Mingst, *International Organization-The Politics and Processes of Global Governance(2)* (Colorado: Reinner Publishers, 2010), pp. 427-428.

但最讓批判者擔心的卻是，統合到最後的狀況為何，至今無人能理解，也無人能掌握，更增加對統合的恐懼；因恐懼，對統合的各種批判也自然增加。[32]若加上，歐洲在意識形態上向來視本身為「堡壘」（fortress Europe），長年反對對外多邊主義，但相反的東亞地區卻傳統上視本身可對外開放，而始終歡迎成員國對外進行多邊主義式的交往，[33]使歐盟有相對緊密特性，而東亞地區組織則相對鬆散。若全球化力量對地區統合的衝擊，使被視為統合程度最成熟且最緊密的歐盟，都被認為持續統合可能無法順遂，那麼相對鬆散的東亞地區統合，又如何能保證其可持續發展？

在實際運作上，以東南亞國協為例，可發現近年東南亞國協經貿組織的熱度，在時空環境變遷後亦有下降趨勢。[34]換言之，置身東亞鬆散統合環境中的兩岸統合，亦遭受全球化力量的壓迫，使兩岸同時與全球其他國家發生更緊密關係等時空環境變遷，讓兩岸的統合無法

---

[32] John B. Sutcliffe, "Critical Interpretations of Integration in North America and the European Union: A Comparative Evaluation", in Finn Laursen ed., *Comparative Regional Integration: Europe and Beyond*, p. 78.

[33] Woosik Moon and Hwanhee Oh, "Economic and Financial Integration in East Asia: Status and Perspective", in Bernadette Andreosso-o' Callaghan and M. Bruna Zolin ed(s)., *Current Issues in Economic Integration: Can Asia Inspire the "West"?* (Burlington: Ashgate Publishing Company, 2010), p. 102.

[34] 〈大陸推動自由貿易區戰略〉，中國國民黨中央政策委員會編印，《大陸情勢雙週報》，第 1624 期，2012 年 7 月 11 日，頁 19-20。近年東南亞國協經貿組織熱度下降其原因包括：（一）金融危機後，美國與歐洲經濟低迷，東南亞作為新興市場，越來越受到西方國家重視，使東南亞國家可爭取更多的經濟與政治籌碼來提高本身的談判地位。（二）東南亞國家經歷 1997 年和 2008 年兩次金融危機後，已具備較強抗風險能力，故對自由貿易區態度不若以往強烈。（三）美國重返東南，及大陸與東南亞國協部分成員在南海問題上的爭端迭起，干擾大陸與東南亞國協自由貿易區的後續建構。（四）日本為謀求自深的亞洲領導地位，近年來增強對東協國家的資本輸出使東協國家的資金短缺問題獲得緩解。（五）印度的「東向政策」引導印度與東協國家加強關係，使大陸與東協組織更形複雜。（六）美國於 2010 年 3 月推出的「泛太平洋戰略伙伴協定（TPP）」，經濟規模總量大層級高，打破傳統自貿區模式，對以出口為導向的東協國家具有相當大的吸引力。

保證一定緊緊維持，但全球的統合又可能衝擊兩岸，使兩岸必須尋求相互可協助的基點進行相互協助，此力量又形成兩岸必須積極尋求統合。因此兩岸統合仍在全球化與地區化統合的拉扯之中，結果如何仍必須由「意識形態、價值觀」、「行為者（菁英）」、「統合組織」、「社會結構與共識」等相互作為的影響而定。

簡化前述有關統合研究的範疇，可歸納出真正的統合內涵是：

一、法理統合的完成是統合完成與否的唯一標準；

二、完成法理統合的最大支撐力量是高層政治層面且具約束力的統合；

三、其過程必須考量全球化對於地區統合的稀釋力量；

四、統合的過程可以歐盟的統合作為研究的參考架構；

五、統合的發動又是以經濟統合作為起點最為普遍與最易觀察。

第二節　統合論在兩岸關係中的啟發

就全球治理（global governance）的觀念，全球化造就的環境是各國必須相互合作才足以使國際間層出不窮的問題獲得解決。而眾所周知，全球治理並不是由上而下，或階層化的組織，更不是全球政府；全球治理的含意，包括：一、國際的正式與非正式組織或機構（包含政府組織與非政府組織）；二、國際的規則或法律（包含多邊協議、習慣、法律、一般標準）；三、國際規範或軟法律（包括：架構協議、特定聯合國決議）；四、國際制度（international regime）；五、特別的團體、安排、全球協商；六、私人或公司混合的治理。[35]更細緻的說，其內涵重點是，有其需要就可能產生出相關的合作與化解問題的治理功能，才能維持治理範疇內各種事務運行順暢與不墜。兩岸在對峙數十年並經李登輝政府與陳水扁政府時期的緊張

---

[35] Margaret P. Karns and Karen A. Mingst, *International Organizations: The Politics and Processes of Global Governance(1)* (Colorado: Lynne Rienner Publishers, 2010), pp. 4-5.

後，因 2008 年國民黨再度主政，使兩岸關係快速緩和，也因緩和造成兩岸日益濃稠的各層次交往，其產生的問題當然有賴雙方合作解決。若以全球治理的角度看待兩岸關係，則在政治層面限制逐漸化解後，就算兩岸無法以政府對政府的方式解決問題，但其間衍生出的必要治理手段，也必然逐步填補政府無法攜手的空隙。因此，兩岸逐步發展出各式各樣解決問題的治理方法就不足為奇，而逐步發展出的治理是否就是兩岸進一步統合的前奏？最終是否足以造成兩岸的統合，本就是一個值得探討的問題。

前述，全球治理的含意，並不一定以「國家」為行為的唯一單位，尚且包含除國家以外的各種正式與非正式組織，而隨著全球化的日益密切，也使得國際治理的態樣，呈現與傳統國際關係以「國家」為行為單元完全不同的面貌。當前國際互動的三種型態可如下圖：

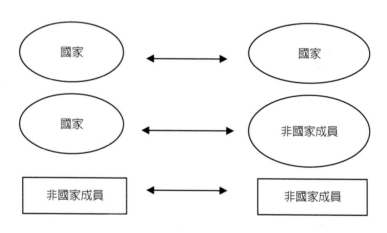

圖 2-2　國際互動形態排列圖

資料來源：Frederic S. Pearson and Martin Rochester，胡祖慶譯，《國際關係》
　　　　（臺北：五南，2003 年 10 月 7 刷），頁 10。

　　依據當前國際治理的態樣，縱使現階段臺灣不被中共視為一個國家，甚至國際社會大多數國家亦不承認臺灣為一個主權獨立的國家，但若依據圖 2-2 的見解，兩岸的互動，仍可構成國際關係或跨境治理的互動形態。因此，將統合論運用於兩岸關係的研究也顯然合理。

　　若從治理的觀念出發，在全球化的壓力下，各地區跨境統合無法避免；歐盟的統合與解決問題、提升福祉有密切關係，更是治理的一種類型，而依歐體統合的經驗，統合必然建構在下列三個基礎上：[36]

　　一、經濟的重建。（因第二次世界大戰讓歐洲國家經濟殘破，亟需
　　　　重振經濟）

　　二、建立與美國及蘇聯抗衡的第三大勢力需求。

　　三、抵抗蘇聯併吞東歐諸國後的步步逼近。

　　顯然，統合必然有其目的與需求，否則無法推動統合。有學者以北美自由貿易區為例，認為推動統合的自變項（independent variable）有：[37]

　　一、起始（genesis）：因參與國在全球化的浪潮下認為必須統合以
　　　　確保國家的安全。

　　二、功能：加入區域組織的各國，在統合過程中都在邊做邊觀望，
　　　　並從中調整步驟，以爭取本國最大的利益。

　　三、社會化：統合對成員國各別領導菁英與群眾的影響。

　　四、衝擊：對成員國（形而下）的實質影響。

　　而研究者就當前世界上統合組織的歐盟與北美自由貿易區的經驗，對於統合批判常包含三個角度：[38]

---

[36] Haller, *European Integration as an Elite Process: The Failure of a Dream?*, p.59.

[37] Alex Warleigh-Lack, "The EU Comparative Perspective: Comparing the EU and NAFTA", in Finn Laursen ed., *Comparative Regional Integration: Europe and Beyond*, p. 46.

[38] Sutcliffe, "Critical Interpretations of Integration in North America and the European Union: A Comparative Evaluation", pp. 72-75.

一、主權：加入組織進行統合就必須讓渡部分主權，對於國家可做出的決策權力也自然遭受衝擊。

二、認同：因國家主權的淪喪，因此對於認同也無法確保，更因統合的進行讓移民更容易跨過國界，使認同問題更加混淆。

三、民主：因超國家組織的決策讓成員國無法以民主的方式表達自身的意願，甚至在經濟利益的前提下，經常發生由上而下的決策。

致使統合常被參與國家與其人民質疑，是否將因此喪失國家的獨立自主地位。

然而，為因應跨境問題亟待跨境合作解決，使統合，尤其是以因應各地區問題的國際性組織，卻於近年快速增加，使已逐漸成為國際治理的重要形式。但仔細看，卻又發現，各地區國際組織的特性不同，亞洲的國際組織相對於歐洲地區的國際組織較不正式，且強調不介入他國內政、共識決、非正式贊同（informal agreement），但歐洲的國際性組織，則正好相反。[39]甚至有學者以歐盟統合為例，認為未來的歐盟統合面臨兩種選擇，一種放棄過去統合的理想與堅持，讓歐盟的統合到此為止，再視情況做出調整；另一種選擇則是從統合中挑出可以持續的項目，繼續執行並從錯誤中學習改進以臻完善。不論那一種方式，都透露出歐盟的統合絕不是一帆風順。若加上歐盟官僚體系的貪瀆事件不斷及相關法令似乎已造成歐盟發展的阻礙，而相配套的修訂，都不符歐盟人民的期望，[40]歐盟或許連是否能持續現有的統合都令人懷疑。

若由另一觀點觀察，歐盟因歷史、文化、傳統等等因素的影響，其組織與建構顯然比北美自由貿易區要嚴謹與密實得多，而北美自由貿易區三個成員國，以美國國力獨強，加拿大與墨西哥不僅各別無力

---

[39] Karns and Mingst, *International Organizations: The Politics and Processes of Global Governance(1)*, pp. 143, 147.

[40] Haller, *European Integration as an Elite Process: The Failure of a Dream?*, pp. 197-198.

與美國抗衡，也欠缺相互建構聯盟以對抗美國的決心與意圖，加上，美國、加拿大與墨西哥，至今仍欠缺如歐體透過層層法律建構的運作秩序（aquis communautaire），使三個北美自由貿易區成員國，對於維護三國現有的結盟狀態不具有責任心，使三個成員國又各自對外隨意的發展對己方有利的結盟關係，如美國與南韓簽訂自由貿易區形成南韓與墨西哥競爭現象，都造成北美自由貿易區進一步鬆散，甚至可能解組情勢。[41]事實上，更有學者認為，北美自由貿易區成員國間的發展落差，才是造成三國藩籬高築的原因，甚至因發展的落差，造成美國分別與加拿大及墨西哥發展關係，而不是北美自由貿易區一體的發展；[42]再以經貿協定的簽訂為例，國家間簽訂經貿協定，也經常發現，已開發國家重在維持經貿環境穩定，必逼迫開發中國家採用已開發國家的行為規範，使有利已開發國家所屬企業活動，而開發中國家，則重在追求已開發國家的市場及外國直接投資資金（FDI）的輸入，而相關研究更進一步認為，地區雙邊貿易協定（Regional and Bilateral Trade Agreement），可能迫使發展中國家無法發展自己的經濟政策，同時卻又被迫接受已開發國家已經失敗的政策。[43]這些現象，也在北美自由貿易區成員國間出現，其不公平處境，早已使北美自由貿易區埋下難以完備的遠因，若加上 911 恐怖攻擊後，美國加強管制美、加與美、墨邊界，及美國從不鬆懈的防堵墨西哥非法移民進入美國等事件，若說北美自由貿易區可逐漸統合成一個整體，實在令人懷疑。

---

[41] Isidro Morales, "The Present and Future of North American Integration: Similarities and Differences with the European Experience", in Finn Laursen ed., *Comparative Regional Integration: Europe and Beyond*, pp. 83-85.

[42] Morales, "The Present and Future of North American Integration: Similarities and Differences with the European Experience", p. 95.

[43] Diego Sánchez-Ancochea and Kenneth C. Shadlen, "Introduction: Globlization, Integration, and Economic Development in the Americas", in Diego Sánchez-Ancochea and Kenneth C. Shadlen ed(s)., *The Political Economy of Hemispheric Integration*(New York, Palgrave Macmillan, 2008), p. 2.

　　從全球治理的現實主義衍生出來的戰略或理性主義（Strategic or Rational Choice Theory）的觀點，強調各國因各類目的的驅使而合作，甚至為達成某種特定目的而創造一定的交往架構。[44]毫無疑問的這種交往架構，可以稱為一種制度。而不可忘記的是，新制度主義更強調制度可以是正式或非正式的規則。規則基本上是一種雙向互動的制約關係，制度是人類行為的結果，但人類行為也受制度的約束，[45]凸顯制度決定人類行為的重要因素之一。以歐盟為例，就表現在經濟交往密切的基礎上逐步建構法律的統合，最終達成高層次的政治統合，這種統合，又規範其成員不斷進一步統合，使統合更加密切。觀察東南亞國協的發展過程，也證實此種觀點，有研究者就發現在東南亞國協建構初期其功效不彰，但隨著時間的遞移，其功效的展現卻被世人所注意，更重要的是，在東南亞國協架構中，會員國已逐漸養成「東協精神（ASEAN spirit）」，此精神產生出對會員國行為的指導綱領，並讓所有會員國一體遵循，[46]讓東南亞國協的統合更進一步獲得形而上的精神力量支撐。

　　再由歐盟的統合經驗看，統合更著重在由菁英分子由上而下的推動，且由最不具爭議性的經濟事務入手，並在經濟事務的掩護下進行多層次、多領域的統合。[47]因此，縱使統合有各種層面的研究與解釋，若無參與單位的領導秀異分子的提倡與堅持，則統合的發動並不容易。又依據對於歐盟統合的研究也發現，社會的統合是統合過程的核

---

[44] Karns and Mingst, *International Organization: The Politics and Processes of Global Governance(1)*, p. 48.

[45] 陳家剛，〈前言：全球化時代的新制度主義〉，薛曉源、陳家剛主編，《全球化與新制度主義》（北京：社會科學文獻出版社，2004 年 11 月 1 刷），頁 11-12。

[46] Steven L. Spiegel and Jennifer Kibbe, "Emulation in the Middle East", in Richard Rosecrance ed., *The New Great Power Coalition: Toward a World Concert of Nations*, p. 302.

[47] Haller, *European Integration as an Elite Process: The Failure of a Dream?*, pp. 67-68.

心，但卻常被研究者忽視；而統合的社會，基本上就是「沒有衝突的好社會」，讓統合進行中的不同社會都感覺滿意的過程。而社會的統合極其複雜，有學者認為必須包含下列五個層面：一、確定的領土與附屬於領土上的居民；二、被確認的名稱；三、分流的勞工與貨物與服務的交流網；四、共通的文化（或許是共通的語言）；五、對稀有且高價值資源分配的公共想像（a public image of the distribution of scarce and highly valued goods）。[48]這種論述與觀察充分顯示在有形的組織架構與行為態樣外，對於統合不可忽視成員單位人民的我群（we-feeling）內心感受，才足以建構更穩固的統合基礎。

由上述對統合論的研究與批判，至少可整理出如下的結果：

一、因為需要故進行統合。

二、因為統合而可能造成主權的流逝與經濟利益的被相對大國箝制。

三、統合的未來前途並不明確。

四、參與單位若差異太大，則不易達成統合的預定效果。

五、有形的組織有機會形塑「形而上」的精神力量。

六、無形而上的精神力量支撐，統合效果將不易提升。

若將前述對於統合的研究與經驗，放置於兩岸的關係上，或可引發如下的深刻反思：

兩岸對對方決策顯然承受國際、國內與決策者的因素影響，促成當前兩岸關係的發展態樣。且兩岸同文同種對於社會的統合顯然比歐盟及其他跨國組織的差異相對要小，由此觀點看，對於兩岸統合當然相對容易，因此兩岸進行統合的可能性不低，但若依據兩岸的政治發展、經濟規模等角度觀察，則兩岸差異巨大，故對是否統合所面臨的問題亦不少。

---

[48] Haller, *European Integration as an Elite Process: The Failure of a Dream?*, pp. 200-201.

　　若依據在臺灣推動兩岸統合不遺餘力的學者張亞中對於統合的規劃認為，推動兩岸統合，其內涵包括：[49]

一、重要的使命是：（一）如何建構兩岸人民對於整個中國的認同，讓未來兩岸和平框架不只是個框架，而是一個有血有肉的實體；讓未來的兩岸合作不只是個追求物質利益，而是一個有助於強化兩岸人民彼此認同的一條最理想的路徑。（二）如何讓散居於全球的華人社會能夠更便捷與緊密地統合在一起，共同為人類的和平與繁榮盡一民族之力。

二、目的在以強化兩岸與華人的共同認同為目標，其中又包含「七個夢想」：（一）文化統合。（二）貨幣統合：最終目標在推動兩岸的共同貨幣「華元」，甚至歡迎周邊國家加入成為「華元區」。（三）經濟統合：呼籲與推動具有「共同體」（community）性質的兩岸共同市場（common market），而非僅是貿易便捷化或自由化的共同市場，方是上策。（四）身分認同：呼籲與推動兩岸人民在現有認同之上的第三認同，也就是對「整個中國」（中國人）的認同。（五）安全認同：呼籲與推動「兩岸和平相對化與階段化」，以逐漸解決彼此的疑慮，為雙方建立友好互信創立基礎，以達強化彼此認同之功。（六）國際參與：以適當方式讓臺灣參與國際社會活動，以免因打壓臺灣參與國家社會活動，而讓兩岸認同長期受制於政客的操弄。

　　（七）基礎架構：兩岸建立和平框架，而兩岸和平框架，應該是個綜合性（包括政治、經濟、文化、社會……）的框架，最好是一個基礎性的協議，用以規範兩岸定位與走向的基本原則。

---

[49] 張亞中，〈論兩岸統合的路徑〉（2009 年 4 月），2011 年 10 月 14 日下載，《中國學術評論出版社》，http://mag.chinareviewnews.com/crn-webapp/cbspub/secDetail.jsp?bookid=38721&secid=38729。（《中國評論》，總第 136 期，2009.04〔民 98.04〕頁 10-16）。

　　張亞中於 2010 年出版的專著中，則主張：「歐洲統合是以每個成員國主權獨立為基礎，並不一定以統一為目標；兩岸統合則是主張在整個中國內部開始統合，為最終統一創造合理且雙贏的進程」。[50]對於兩岸，張亞中更明確主張，以「一中三憲」為兩岸政治定位，以「兩岸統合」作為兩岸互動的架構，推動「兩岸和平發展基礎協定」的簽署。[51]而所謂「一中三憲」是：[52]

（一）「一中」指的是「整個中國」，即「中華民國」與「中華人民共和國」土地及人口加起來的中國。

（二）「三憲」，是指包含現有海峽兩岸的兩部憲法，其上層再立另一個具約束力，以使其能明確與清晰地規範兩岸的互動原則之協定或「憲法」，與原來既已存在的兩部憲法成為「三憲」；使兩岸在法律架構內存在。

　　綜合上述張亞中的觀點，兩岸必須在追求統一為目標的指引下，進行一系列的統合工作，其中最重要的當然是簽訂「兩岸和平框架」，其具體作為，則是在兩岸各自擁有的憲法基礎上，再建構更高層次的憲法，以固定兩岸的當前與未來關係。張亞中雖提倡全面性的統合，其中最具體可觀察與可推動的統合作為卻是經濟的統合。

　　依此，臺灣內部主張兩岸統合立場者所秉持的觀點，應該也是以建構足以穩定促使兩岸朝統一前進的框架式協訂（或協議），達成法理的統合為目標，至於其他的各項作為（包括：文化、貨幣、經濟、身分認同、安全認同、國際參與）的統合，僅能成為達成法理統合的支柱。

50　張亞中，《統合方略》（臺北：生智，2010），頁 16。

51　〈張亞中主張以一中三憲為兩岸定位〉，（2010 年 6 月 7 日），2011 年 11 月 11 日下載，《中國評論新聞網》，http://www.chinareviewnews.com/doc/1013/4/5/8/101345856.html?coluid=7&kindid=0&docid=101345856&mdate=0607094909。

52　〈張亞中主張以一中三憲為兩岸定位〉，（2010-06-07），2011 年 11 月 11 日下載，《中國評論新聞》，http://www.chinareviewnews.com/doc/1013/4/5/8/101345856.html?coluid=7&kindid=0&docid=101345856&mdate=0607094909。

　　兩岸的統合所牽涉及兩岸國力差距，及兩國政治發展的不同，若兩岸的統合情形，發生臺灣是否同意加入相對國力大的中國大陸，或中國大陸是否願意委曲求全加入以自由、民主為標榜，並與世界政治、經濟發展潮流相對接近的臺灣，以追求更加的繁榮的爭議，其結果將是如何？確有思辨的必要。

　　國際社會的統合，一般認為是以西方社會的價值體系與行為規範，藉「自由市場」與「私有化」為基礎，讓新自由主義加諸於其他國家的過程。或說國際社會的統合是以西方社會（或稱「華盛頓共識」Washington Consensus）對非西方國家的強力影響；在此風潮中，中共的看法卻認為，在不可避免的全球化浪潮中，若接受西方的行為模式與價值體系，並讓這些規範與價值體系成為國際行為準則，是對中國的嚴重傷害，如過去兩世紀以來因被迫接受西方的行為規範，使中國所受的傷害就是明證，因此認為，西方亦需接受中國大陸的觀點與規範，尤其必須凸顯有中國特色的全球化觀點，讓全球化具有「北京共識」（Beijing Consensus）的成分，[53]才是合理的安排。

　　中國大陸雖然有接受以「華盛頓共識」或「北京共識」為基準的全球化的爭辯，但在實際行動上，中國大陸對於融入現有全球國際體的作為卻毫不遲疑，如與其他發展中國家對於加入 WTO 仍抱持是否要對國內產業進行保護的遲疑時，中國大陸已大幅度的接受 WTO 規範，並積極融入國際就是明顯例證。[54]因中國大陸積極對國際融入，那麼對於周邊地區的融入當然就更加不遲疑，甚至是不遺餘力。但在此過程中，因為中國大陸始終保持對於以西方為主導的全球化過程懷疑態度，甚至認為在全球化的過程中若不強調中國特色，將重蹈過去兩世紀以來的受害結果，因此，中國大陸在接受全球化過程中，雖積極但卻也有所選擇與保留；因為中國大陸的崛起，並意圖影響國際規

---

[53] Baogang Guo and Sujian Guo, "Introduction: Great China in an Era of Globalization", in Sujian Guo and Baogang Guo ed(s)., *Great China in an Era of Globalization*(Maryland: Lexington Books, 2010), p. 6.

[54] Guo and Guo, "Introduction: Great China in an Era of Globalization", p. 7.

範的意圖強烈，學者甚至因而將全球化的過程從過去以歐洲（英國）為主導的全球化稱作「盎格魯式全球化（Anglobalization）」，及當前以美國主導的全球化稱作「亞美利式全球化（Ameriglobalization）」，更認為在以後可能進入以中國為特色的全球化時代，稱作「中國式全球化（Chiglobalization）」時代，強調用中國的人權觀、經濟發展模式、多元治理、新科技發展觀及務實與多元化等推行於全球，[55]認為全球化是以全球為區域的統合，在中國大陸國力日漸強盛後，要求國際社會必須充分反映中國大陸的觀點，是極為自然的發展。若依全球的統合都必須反映中國大陸的觀點，甚至服應其行為模式與價值觀，那麼，有關統合論的討論中，兩岸的統合，是否該考慮中國大陸的特有因素，甚至必須考慮兩岸關係現有的特色已不辯自明。換言之，臺灣必須考慮接受中國大陸國力相對強盛的因素，顯然要高於大陸考慮接受臺灣民主、自由的因素。

就當前的研究也顯示，中國大陸對外關係，已逐步由孤立、雙邊到多邊轉移，但其多邊轉移的軸心卻包含有五個層面的考量：一、從中獲取經濟利益；二、對抗霸權力量；三、提振國際形象；四、有助安全，尤其是地區安全問題的解決。[56]以多邊主義融入國際社會，所牽涉到的是國家自我決策權力的受拘束，因此是否更融入國際，就必須衡量加入是否有利才能決定。[57]就是說，中國大陸對於國際社會的融入，是挑對其有利的項目進行而非全面的進行。換言之，對於全球

---

[55] Wenshan Jia, "Chiglobalization? A Cultural Argument", in Sujian Guo and Bangang Guo ed(s)., *Greater China in an Era of Globalization*, pp. 18-19.

[56] Guoguang Wu and Helen Lansdowne, "International multilateralism with Chinese characteristics: Attitude changes, policy imperatives, and regional imperatives ", in Guoguang Wu and Helen Lansdowne ed(s)., *China Turns to Multilateralism : Foreign policy and regional security*（New York: Routledge, 2008）, pp. 9-10.

[57] Jing-dong Yuan, "The new player in the game: China, arms control, and multilateralism", in Guoguang Wu and Helen Lansdowne ed(s)., *China Turns to Multilateralism : Foreign policy and regional security*, p. 54.

或周邊國家的統合方式，必將採取中國大陸認為對為對其有利的方式融入，那麼對臺灣是否也必然採取對其有利的方式進行統合？

　　基於過去跨國地區的統合，尤其是歐盟的經驗教訓，與中國大陸顯然不同於西方先進國家的行為模式，在本書中進一步要問的是：兩岸來往密切程度快速增加有目共睹，兩岸對於各自安全的重視，也間接證明了兩岸來往密切程度，已達到任何閃失都可能「動搖國本」的程度，但到底有多麼密切？密切程度是否與統合有密切關係？密切程度相較於臺灣與美、日甚或東南亞各國的密切程度如何？臺灣與這些國家或地區關係緊密何以沒有出現統合問題？甚至連是否即將與這些國家或地區統合的問題都未見學界提出。而兩岸統合的程度有與歐體的統合又有何差別？兩岸真的能透過緊密的交流而完成統合？或是可能發展成另類的兩岸關係？或提出所謂的兩岸「統合」到底其內涵為何？從另一個角度看，若亟力推動全球經濟統合的世界貿易組織（WTO）都可以設定相關退出組織的防衛條款，讓參與者設定某些條件以確保加入 WTO 後的安全，讓參與者更安心加入 WTO，[58]是否代表著各參與者對於統合的疑慮，那麼兩岸對於統合的疑慮又是什麼？在統合過程中，因綜合國力的懸殊，臺灣是否將因此受制於中國大陸？這些問題都值得深入探討。

第三節　統合論指標

　　兩岸關係至今不統、不獨，若考量兩岸內政外交政策與國際局勢，可輕易發現在可見的未來，兩岸既不能統也不能獨：臺灣既不能宣布獨立，也不會柔順的接受統一。

　　臺灣民意對此知之甚詳，故依據行政院陸委會 2012 年 4 月所公布該年 3 月 30 日至 4 月 2 日的民意調查顯示，「有關例行性長期觀察的兩岸議題，民調結果顯示，主張『廣義維持現狀』的民眾仍占大多數

[58] Rodrin, "Governance of Economic Globalization", p. 361.

（86.2%），維持相當的穩定性。對目前兩岸交流的速度，認為『剛剛好』的民眾仍占多數（45.0%），高於認為『太快』（32.6%）及『太慢』（11.9%）的比例」。[59]

其實，長期以來不僅臺灣內部民眾主張維持現狀的民意占多數，連外部包含中國大陸及最重要的外在力量美國，都有抱持尊重此現實的態度。因此，有學者主張 1979 年美國國會通過《臺灣關係法》，2005 年中國大陸全國人民代表大會通過《反分裂國家法》，雖有相互對峙平衡的態勢，但兩個法律，基本上都在要求臺灣保持現有的狀態，不希望美國與中國大陸任何一方的過激行為，觸發另一方的激烈反應；兩個法律都希望在保持現有的臺海狀態下，再逐步讓臺灣問題的解決逐漸傾向對己有利的一方。[60]這種內外情勢，促成臺灣必須在現有的狀態下，謹慎小心的摸索出新的出路，以有效解決現有問題。那麼以統合的角度看待兩岸未來關係的發展，會呈現何種狀態？又是否有足夠的指標加以檢視其發展程度？

前述全球化是以全球為範圍的統合，而全球化的過程極為複雜，無法以單一的過程加以形容，一般來說，必須利用：一、物質；二、意識形態；及三、結構三個層面加以描述，並觀察由此三個層面建構的行為習慣、壓力、期待、限制等等，[61]才能窺其全貌。因三個層面在不同時空環境中，亦呈現不同的態樣，故縱使同樣是地區性的統合，亦必須以各種層面的分析，才足以理解各地區統合的真正內涵與差異。

對於歐洲統合的過程蠡測，若依據海勒（Max Haller）的思維模式認為，歐盟的統合模式牽涉及政治（含歐盟組成後的歐盟機構菁英

---

[59]　〈行政院大陸委員會新聞稿〉（2012 年 4 月 12 日），2012 年 7 月 6 日下載，《行政院大陸委員會》，http://www.mac.gov.tw/public/Attachment/24121133586.pdf。

[60]　Jacques deLisle, "Legislating the cross-Strait status quo? China's Anti-Secession Law, Taiwan's constitutional reform and referenda, and the United Stated", in Peter C.Y. Chow ed., *Economic Integration, Democratization and National Security in East Asia* (Massachusetts: Edward Eglar Publishing, 2007), pp. 130-131.

[61]　Jing Men, "Globalization and Cross-Strait Relations", in Sujian Guo and Baogang Guo ed(s). *Great China in an Era of Globalization*, p. 75.

動向）、經濟與一般民眾的意向兩大領域，[62]而丁密特可波羅（Dionyssis G. Dimitrakopoulos）則在研究歐洲德國、法國、英國、瑞典與希臘等國富有勞工階級屬性、與堅實貿易組織關係密切之社會主義政黨，對歐盟統合態度由反對、批判到支持的變遷中，提出更仔細的看法認為，在歐洲各社會主義政黨是否支持歐洲的統合，取決於：一、利益（interests）：包含經濟利益及政黨在支持歐洲統合與否所可獲得的利益算計；二、制度（institution）：包含政黨間的競爭態樣；及三、理想（idea）：包含政黨的理想與意識形態三個原因。[63]不僅對歐洲統合過程的蠡測如此，類似的看法亦出現在對加拿大與美國的統合研究中，學者麥克唐那（Laura Macdonald）就認為，加拿大是否加入北美自由貿易區就必須考慮理想（idea）、制度（institution）、認同（identity）與利益（interest）。[64]因此，統合過程有其蠡測指標，從事研究者可做為深入研究統合程度的依據。

再回到歐洲的統合蠡測問題，學者卡辛（Hussein Kassim）以：一、利益（interests）；二、制度（institution）；三、理想（idea）等三個原因，研究英國工黨對於歐洲統合的態度的變化，呈現更周延、更細緻的內容如下：[65]

---

[62] See Haller, *European Integration as an Elite Process: The Failure of a Dream?*.

[63] Dionyssis G. Dimitrakopoulos, "Introduction" in Dionyssis G. Dimitrakopoulos ed., *Social Democracy and European Integration : The political of preference formation* (New York: Routledge, 2011), pp. 2, 10-17.

[64] Laura Macdonald, "Canada and the Poliyics of Regional Economic Integration in the Americas", in Diego Sánchez-Ancochea and Kenneth C. Shadlen ed(s)., *The Political Economy of Hemispheric Integration*, p. 226.

[65] Hussein Kassim, "The Labour Party and European integration : An Akward relationship" in Dionyssis G. Dimitrakopoulos ed., *Social Democracy and European Integration : The political of preference formation*, pp. 99-108.

一、理想與意識形態（idea and ideology）

1950 年代時，歐洲幾乎所有的社會主義政黨，都認為歐體或歐盟超國家組織，對於工人利益及社會主義的國家建構有害，因此，反對加入。但隨著時空環境改變，尤其明顯的是 1980 年代，工黨在英國所欲建構的社會主義國家不敵建構資本主義國家的力量，而自然有不同的看法。

二、實質利益

在二戰結束當時，英國具有國際強國地位，且對於大英國協的承諾，讓英國工黨對於是否加入歐體遲疑，但隨著國際局勢的改變及英國逐漸喪失國際超強地位，再不加入歐洲就被邊緣化的壓力下，自然也興起不同的態度。此種以實質利益決定行動的觀念，亦從中東地區以色列與其他國家間的對峙緊張關係，及以色列推動與他國的相互結盟成果檢視中獲得證實，研究者認為若沒有內部民意的支持，這種外交上的行動難獲成功，而經濟利益的具體呈現，最能喚起內部民眾的共鳴。[66] 又從研究加拿大魁北克省獨立運動的結果也發現，經濟因素對於獨立與否的支持度具有決定性的影響力，不論統獨，只有在經濟狀況更好時才會獲得民眾的支持。[67]

經濟統合是自由經濟思維的產物，[68]歐盟以此思維推動統合，但經歷數十年的努力，歐盟的統合程度並不如外界所想像的密切，若以歐盟公司的合併數做為參考，1991 年到 2004 年歐盟內部的合併，平

---

[66] Spiegel and Kibbe, "Emulation in the Middle East", pp. 303-304.

[67] Anthony H. Birch, *Nationalism and National Integration* (Mass.: Unwin Hyman Inc., 1989), pp. 163, 226.

[68] Haller, *European Integration as an Elite Process: The Failure of a Dream?*, p. 114.

均數為 13.4%，而歐盟內公司與歐盟外公司的合併平均數亦高達
12.7%。[69]因此，就歐盟統合的經驗看，統合所造成的經濟利益，雖不
能取代所有的對區域外交流經濟利益，亦無法阻絕成員國與區域外其
他國家統合的經濟利益攫取，但歐盟成員國間的統合所營造的區域內
經濟利益，亦無法讓歐洲地區的各國忽視，因此，對於推動歐盟的統
合自然有積極的推動作用，凸顯經濟實質利益對統合過程的影響效
果。另就歐盟經驗中，盧森堡在歐盟統合過程中獲得的大量利益，其
關鍵並不在於歐盟統合的本身，而在於盧森堡所在的地理位置，讓歐
盟統合過程中的許多資源進入盧森堡而獲利，[70]故影響統合的原因，
除包括：社會、文化、政治等項目，而這些項目具有分歧愈小統合愈
高，分歧愈大統合愈低的效果外，[71]連地理位置或甚至其他難以歸類
的原因，都有可能影響統合的成果。

　　更直接說，不論社會、文化、政治、地理位置……如何改變，如
可因此帶來實質利益，其支持統合的意願自然提升，反之，則提升不
易。進一步說，由歐盟統合的經驗推論，「實質利益」雖然牽涉及各種
國家利益，其中當然可以包含政治、經濟、軍事、外交、……等等，
但不可否認的是，其中經濟的實質利益，卻最能吸引內部民意的支持，
也在研究工作進行上比較容易被觀察。

三、制度

　　英國的選舉制度、兩黨制及政黨內部決策制度的因素；在英國的
兩黨制度設計中，工黨故意與保守黨持不同的態度、批評對手以爭取
選民是自然的選擇，而黨內部的派系與山頭鬥爭，甚至是利益團體介
入政黨內部的決策，都影響及工黨面對歐洲的態度。對於制度的涵蓋

69　Haller, *European Integration as an Elite Process: The Failure of a Dream?*, p. 119.

70　Haller, *European Integration as an Elite Process: The Failure of a Dream?*, p. 240.

71　Haller, *European Integration as an Elite Process: The Failure of a Dream?*, p. 121.

面，有學者甚至細分認為，包含有憲法、選舉制度、國會、國家行政等等運作方式，都足以影響執政者的態度。[72]

不僅形成決策的制度足以影響統合的結果與進程，在統合結構建立後的制度設計，又影響著成員國間行為的態樣。簡單說，國際組織的合法性或認受性（legitimacy）的多寡，將決定該組織或制度的成功機率，而一般認為愈多的主權維護愈容易獲得成員國的支持。[73]

國際間籌組跨境機構的目的，是在解決跨國或跨區的問題。而為解決這些問題，所建構的國際組織態樣與成員國權力在該國際組織中的運作，呈現如下六種情形：

表 2-2　成員國與國際組織間權力折衝關係

名目	內容	行為中國家權力的存在情形	說明
非國家行為	非國家組織或政策網絡規範建構	完全存在	國家權力對於非政府組織可完全且有效的影響
內部控制	國家透過內部政策設定發揮對外影響力	完全存在	國家權力對於國內事務可完全且有效的影響
相互認可	在特定情況下，於國家間相互承認	除特殊情況外，完全存在	國家權力受制於成員國間的相互同意
成員國達成共識	透過談判協商達成行為共識	完全存在，但權力受與他國談判過程的影響	國家權力受制於成員國間的談判
代表設立	成員國向國際組織派駐代表，但代表權力有大小之別	部分存在	成員國向跨國組織間派駐代表，國家權力就必須時時與跨國組織協商

---

[72] Dionyssis G. Dimitrakopoulos, "Conclusions", in Dionyssis G. Dimitrakopoulos ed., *Social Democracy and European Integration: The politics of preference formation*, p.196.

[73] Cary Coglianese, "Globalization and the Design of Institutional Institutions", in Joseph S. Nye Jr. and Joho D. Donahue ed(s)., *Governance in A Globalizing World*, pp. 312-313.

| 撤除 | 成員國因國際組織而消失 | 不存在 | 國際組織之成員國因融入或毀滅而使權力消失 |

資料來源：Cary Coglianese, "Globalization and the Design of International Institution" in Joseph S. Nye Jr. and Joho D. Donahue ed(s)., *Governance in A Globalizing World*(Washington D. C.: Bookings Institution, 2000）, pp. 298-309.

　　依前表歸類，會員國內政與跨國境組織間的折衝關係，顯然跨境或跨國組織與各會員的內政將相互影響，也因此將使各跨國組織呈現深淺不同、形態不同的運作方式。制度，既然橫跨作為各會員國共同接受的制度，與各會員國對於此橫跨會員國的制度的支持與否決態度，自然就可將制度分為兩大類討論：

（一）「超會員國制度」是否被各成員國接受。（並依其規定運作，使其有益於成員國間進一步的統合）

（二）會員國各自內部對於是否接受前述超會員國制度的折衝。

　　理性上，若「超會員國制度」的建構有益於會員國的利益攫取，自然會在各成員國內部引起支持，但此支持並不能排除因為成員國內部決策制度的特異性而受阻。（如議事規則設計不當，或極端意識形態的對立，造成極端少數可以左右重大決策……等等）。

　　除此三個因素外，是否在實質面上獲得統合的進展，則成為測量統合的重要依據。故筆者認為必須以「實質進展」作為另一測量統合的指標。

四、實質進展

　　依據歐洲統合的過程呈現如下：

表 2-3　歐洲統合過程

簽署	1948	1951	1954	1957	1965	1975	1986	1992	1997	2001	2007
生效	1948	1952	1955	1958	1967	N/A	1987	1993	1999	2003	2009
條約	布魯塞爾條約	巴黎條約	布魯塞爾條約修正	羅馬條約	合併條約	歐洲理事會成立	單一歐洲法案	馬斯垂克條約	阿姆斯特丹條約	尼斯條約	里斯本條約

歐盟三支柱

歐洲各大共同體

歐洲原子能共同體（EURATOM）

歐洲煤鋼共同體（ECSC）　條約於 2002 年終止

歐洲經濟共同體（EEC）　歐洲共同體（EC）

TREVI　司法與內政合作（JHA）　刑事方面的警察和司法合作（PJCC）　歐洲聯盟（EU）

歐洲政治合作（EPC）　共同外交與安全政策（CFSP）

鬆散的個體　西歐聯盟（WEU）　條約於 2010 年失效

資料來源：s. v.〈馬斯垂克條約〉，2011 年 5 月 24 日下載，《維基百科》，http://zh. wikipedia.org/wiki/%E6%AD%90%E6%B4%B2%E8%81%AF%E7 %9B%9F%E6%A2%9D%E7%B4%84。

依據歐盟統合的經驗，係在「歐盟三支柱」的基礎上，於 1992 年建構《歐洲聯盟條約》（或稱《馬斯垂克條約》），並於 2004 年簽訂《歐盟憲法條約》；而馬斯垂克條約，已逐步將歐洲由「市場公民」（market citizen），（如消費、就業機會等等）概念轉換成「歐洲公民」（European citizenship）概念，讓歐盟的統合程度提升。[74]而隨著時空

---

[74] Mau, "Forms and Prospects of European Solidarity", p. 134.

環境的改變，於 2007 年 12 月 13 日為所有歐盟成員國簽署通過，修定
《歐盟憲法條約》成為《里斯本條約》，並於 2009 年 12 月 1 日正式生
效，以取代《歐盟憲法條約》，讓歐盟的統合進入新的階段。而歐盟「三
個支柱」的內涵及排列如下：

表 2-4　歐盟統合三支柱

第一支柱	第二支柱	第三支柱
歐洲各共同體（EC）	共同外交與安全政策（CFSP）	刑事方面的警察和司法合作（PJCC）
• 關稅同盟和統一市場 • 共同農業政策 • 共同漁業政策 • 經濟和貨幣聯盟 • 歐盟盟籍 • 教育和文化 • 泛歐網路 • 消費者保護 • 保健 • 研究 • 環境政策 • 社會政策 • 難民政策 • 申根協定 • 移民政策	外交政策： • 人權 • 民主 • 援助第三國 安全政策： • 共同安全與防務政策 • 歐盟快速反應部隊 • 維和	• 毒品交易和武器走私 • 恐怖主義 • 拐賣人口 • 有組織犯罪 • 賄賂和欺詐

資料來源：s. v.〈歐盟三支柱〉，2011 年 11 月 7 日下載，《維基百科》，http://zh.
　　　　　wikipedia.org/wiki/%E6%AC%A7%E7%9B%9F%E4%B8%89%E6%
　　　　　94%AF%E6%9F%B1。

說明：亦有稱歐盟的三大支柱分別為「社會政策」（social policy），指的是地區
　　　發展政策、社會平等、社會福利、勞工政策等等，與本表所稱「歐洲共
　　　同體」相通；「共同外交、安全與防衛」與本表所稱「共同外交與安全政
　　　策」；及「法治與內部事務」（justice and home affairs），與本表所稱「刑
　　　事方面的警察和司法合作」相通。請參閱：Margaret P. Karns and Karen A.
　　　Mingst, *International Organizations: The Politics and Processes of Global
　　　Governance（1）*（Colorado: Lynne Rienner Publishers, 2010），pp.173-176.

而歐盟的組織架構如下：

表 2-5　歐盟組織架構

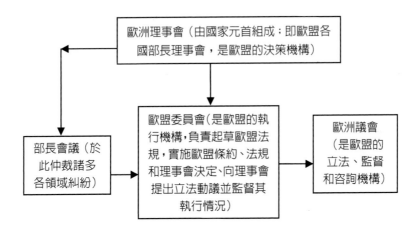

資料來源：Margaret P. Karns and Karen A. Mingst, *International Organizations: The Politics and Processes of Global Governance（1）*（Colorado: Lynne Rienner Publishers, 2010）, pp. 166-173.

歐盟成員國不僅相互緊密，同時亦具有依法提出議案、推動議案，更重要的是不僅部長會議可仲裁會員國間的紛爭，更有法院可依歐盟強而有力的憲章，進行解釋歐盟條約、對會員國提供法律見解建議、調解會員國間紛爭等等，歐盟的法律效力甚至凌駕於各會員國之上，其效力介於國際法與國內法之間；[75]其中最該被關注的是歐洲法庭的設置。

---

[75] Karns and. Mingst, *International Organization-The Politics and Processes of Global Governance(1)*, pp. 170-172.

眾所周知，國際法庭的運作，常涉及侵犯他國主權問題，因此，若無強力的政治動機，將使國際法庭難以運作，換言之，國際法庭的運作除了就法論法外，根本上仍是政治的角力與論述問題，[76]如此正好反證，歐盟法庭的有效運作，當然是獲得歐盟各會員國在政治層面上強力支持的結果，也因為政治力的強力支持，讓歐盟的統合力量比其他國際間相類似組織更大。或說，沒有政治目標，則歐盟的團結與統合不會成功。[77]

依據目前全球各統合的重要案例中，除上海合作組織，是明確起於安全議題，再外溢至經濟議題外，其他的統合組織幾乎都是由經濟議題的統合開始，再促成其他層面的統合。若依據經貿統合進程的劃分，又可得到如下結果：

表 2-6　經貿交流與政治統合進階表

	區域內貿易數量限額與關稅去除	共同對外關稅	人員、貨物、勞務、資金四大流通	經濟貨幣政策諧合及發展超國家機制	政治統合與有效能之超國家機制
部門性合作	*				
自由貿易區	*				
關稅同盟	*	*			
共同市場	*	*	*		
經濟暨貨幣同盟	*	*	*	*	
政治同盟	*	*	*	*	*

資料來源：Bela Balassa, "Theory of Economic Integration : An Introduction" in Brent F. Nelson and Alexander C. G. Stubbed(s)., *The European Union : Reading on the Theory and Practice of European Integration* (London : Lynne Rienner Publishers, 1998), pp. 173-188. 轉注自：朱景鵬，〈區域主義、區域整合與兩岸整合問題探討〉，《中國大陸研究》，（民國 88 年 8 月），第 42 卷第 8 期，頁 89。

---

[76] Margaret P. Karns and Karen A. Mingst, *International Organizations: The Politics and Processes of Global Governance(2)*, pp. 481-482.

[77] Mau, "Forms and Prospects of European Solidarity", p. 137.

依據此劃分方式,明顯的在「政治同盟」建構後,才能包含各類型的經貿統合,最終成就「政治統合與有效能之超國家機制」。[78]東亞地區(包含兩岸)的統合,縱使現階段成就諸多經濟性協議,也僅能算達成表 2-6 的「部門性合作」與「區域內貿易限額與關稅去除」之初步階段,是否仍有機會向前進一步統合,則是未定之天。兩岸的統合狀況如何?顯然可用歐盟統合的實際進展,做為比對的指標。

兩岸未來的發展不論進退,顯然不會靜止不動,面對未來可能發展是否可用前述四個指標加以蠡測,是本書的研究重點。

面對兩岸關係未來的可能發展,雖然各種說法併陳幾難定論,但依據美國著名智庫藍德公司(The RAND Corporation)的研究,卻簡單明瞭的顯示認為,兩岸關係當前可能的發展,在美國是否武力介入的狀況下,可能包括:維持現狀、和平獨立、妥協解決、和平統一、武力獨立、武力僵持、武力統一等各種結果。[79]依據藍德公司的分析,美國在戰略模糊的要求下,必須保持對中共以武力對抗與否的彈性;[80]美國若支持臺灣與中共動武,則可能發生相互拉攏盟邦抵制對方的情勢,最終有可能演變成不可收拾的再一次冷戰,[81]則對於美、「中」的利益都可能造成不利影響,且有違當前國際社會和解趨勢。若由冷戰發展成美國與中國大陸的熱戰,則其後果將更難以收拾。另一角度也呈現,中國大陸 1982 年實施的憲法,載明其對外政策係「堅持互相尊

---

[78] 雖然兩岸明顯的經貿交流,可能依據表 2-6 的進階方式,不斷的提高緊密程度,最終至兩岸成為緊密的政治制度安排,但若缺政治層次的安排,則兩岸不必然走向法理的統合,但各項交流與緊密關係的發展,卻又奠下了兩岸的法理統合基礎。因此,兩岸仍有可能走向法理的統合。

[79] Roger Cliff and David A. Shlapak, *U.S.- China Relations After Resolution of Taiwan's Status* (Santa Monica: RANDA, 2007), p. 5.

[80] 美國前總統小布希,也承認其任內對中國大陸的政策是「戰略的曖昧」:一方面讓中國大陸認為若對臺攻擊將可能遭受美國的報復,一方面讓臺灣體認若宣布獨立,美國將不會予以協助,以促使美國在兩岸政策上左右逢源,從中獲利。陳世昌,〈小布希:對臺政策　戰略的曖昧〉,《聯合報》,2011年 4 月 28 日,第 A15 版。

[81] Cliff and. Shlapak, *U.S.- China Relations After Resolution of Taiwan's Status*, p. 11.

重主權和領土完整、互不侵犯、互不干涉內政、平等互利、和平共處五原則」，[82]表達中國大陸對外政策的主張，而中共所遵守的「共存」（coexistence）策略，僅是中國大陸在現有國際局勢與自身能力的情況下，所採行的手段而不是目的，中共採行共存策略的目的是在維持現有國際穩定秩序，使有利於中國大陸在經濟、軍事、政治力量的持續發展，期盼有朝一日能與美國匹敵，[83]故現階段與美國和平相處，自然是其理性的選擇；而在現有世界局勢下，美國與中國大陸都承受不起相互的軍事衝突及軍事衝突後所帶來的傷害，但美國若不介入臺海衝突又對其國際威信影響嚴重，[84]甚至危及其世界獨霸地位。再加上，美國經歷陳水扁政府時代臺海的緊張經驗，及在國際事務上，尤其是反恐鬥爭上，美國有求於中國大陸的配合，及中國大陸將臺灣問題視為其國家重要利益而絕不讓步等因素，美國與中國大陸對於臺灣問題，顯然已經逐漸轉變成聯手防止臺灣獨立，以免發生臺海戰爭。[85]因此，美國面對臺灣問題，最好的方式是讓「臺灣問題」無從發生，若臺灣問題演變成兩岸武力衝突，美國最好的選擇就是不介入。這種戰略選擇，可讓臺灣問題由兩岸自行解決，以一方面保住美國的威信，一方面也保有與中國大陸的關係，使「中」、美兩國的國家利益極大化。而臺灣若能協助營造美國不介入與中國大陸衝突的環境（如兩岸進一步的和解），對於美國及中國大陸都將是極大的友善舉動。以中國大陸的立場看，目前中國大陸的經濟成長，主要依靠大量外資與外來技術的投入，且中國大陸的經濟成長，近年已經逐漸成為其統治合法性的

---

[82] 1982 年 12 月 4 日由全國人民代表大會公告實施的《中華人民共和國憲法》序言中規定。

[83] Liselotte Odgaard, *China and Coexistence* (Maryland: The Johns Hopkins University Press, 2012), p.80.

[84] Cliff and Shlapak, *U.S.- China Relations After Resolution of Taiwan's Status*, p. 15.

[85] Edward I-Hsin Chen, "The role of the United States in cross-strait negotiation: A Taiwanese perspective", in Jacob Bercovitch, Kwei-Bo Huang and Chung-Chain Teng ed(s)., *Conflict Management, Security and Intervention in East Asia: Third-party mediation in regional conflict*, p. 205.

重要支柱，若兩岸問題引發臺灣或美國的武裝衝突，則引發外資持續投入的疑慮，中國大陸經濟發展趨勢受阻在所難免，則其後果可能引發中共統治危機，換言之，為求穩定的統治，必須保證經濟建設持續成功。[86]因此，美、中、臺三方在理性層面上，都應維持和平以爭取各自的最大利益。這亦可由近年美國部分學界公開要求美國放棄臺灣，以提升與中國大陸關係，美國歐巴馬總統卻在 2011 年胡錦濤訪問美國時，拒絕與胡錦濤簽署「美中第四個公報」，[87]以便維持三方穩定關係，而攫取美國最大國家利益得到證明，美國這種促進兩岸現階段僵持的態勢短期內，料將不會改變。在此大架構下，兩岸持續當前維持現狀，不快速獨立引發臺海的武力衝突，也不快速統一讓美國頓失防堵中國大陸的依據，而保持某種程度的僵持，將成為美、中、臺三方最有利的局勢。

　　學者的研究認為，當前中共對臺政策仍無法跳脫鄧小平所設定的架構，成了第四代領導人還在服膺「故人政策」（dead man's policy）的狀態，難以於短期內創新，也使兩岸的僵局無法有效化解。[88]這種服膺「故人政策」的特性，至今長存於中共領導階層中。前領導人政策常被後繼領導人所遵循，此模式不僅是繼承者向世人宣示繼承正朔，以獲取統治合法性的重要根據，更使中國大陸對臺政策延續難以改變。因此，中國大陸運用各種手段「併吞」臺灣的目的至今不變。若將此「故人政策」的延續性應用到新一代領導人習近平的處境上，有研究者就認為，中國大陸領導人的形式風格，因受前一代領導人的制約（扶上馬送一程），通常以第一任弱勢第二任強勢的形式出現，與

---

[86] Richard Baum and Alexei Shevchenko, "Bring China in: A Cautionary Note", in Richard Rosecrance ed., *The New Great Power Coalition: Toward a World Concert of Nations*, p.332.

[87] 〈譯粹：美智庫對我國二〇一二年總統大選觀察〉，《大陸情勢雙週報》，第 1594 期（中華民國 100 年 3 月 16 日），頁 22。

[88] Richard C. Bush, *Untying the Knot* (Washington D.C.: The Brookings Institution Press, 2005), p. 198.

美國經常出現的第一任強勢第二任弱勢不同，[89]那麼習近平若於 2012
中共十八大會議及 2013 年全國人民代表大會期間，順利接任中國大陸
黨、政、軍的領導人，那麼至少在其第一任（至 2017 年底），都將受
前一任領導人胡錦濤對臺政策的相對強勢制約，讓中共對臺政策相形
穩定。換言之，若無其他預料之外的巨大情勢變動，中共對臺「一國
兩制」的政策框架，至少到 2017 年底仍會延續，2017 年之後雖胡錦
濤的影響力有逐漸下滑可能，但亦不能證明中共對臺就將與現行政策
有巨大的不同。因此，扣除中共短期內不會改變的對臺政策因素，影
響兩岸關係發展的因素，則不外乎美國與臺灣的動向，尤其是臺灣內
部民意動向。而影響臺灣民意表現的當然包含臺灣是否應該與中國大
陸進一步統合的意願，而意願又相當程度受到統合所帶來的「實質利
益」及對統合後「制度」安排的接受程度所影響，致使與臺灣民眾意
願幾乎等同的「理想與意識形態」就與「制度」、「實質利益」形成相
互影響，而影響結果就決定兩岸是否進一步進行統合，最終反映在兩
岸統合的「實質進展」程度上。

在兩岸統合的研究中，兩岸統合是建構在兩岸民意的支持基礎，
更細緻一點說，是指建構出來的統合架構，或說高於現有兩岸政府的
更高層政府或政治架構，其是否獲得應有的合法性（legitimacy），而
政府合法性的四個元素分別為：一、共享的規範與價值觀；二、依據
所獲權力建立制度；三、適當而有效的運用力量；四、被治者同意。
將此四個基本元素加以融合，政府合法性的定義就成了：「政府的權力
在建構規則，以建立共同規範與價值觀的政治秩序，而政府的權力是
在增進群體利益及經被治者同意」。[90]兩岸目前顯然並無具有此合法性
基礎，更遑論從中建構統合兩岸的「政府」機構。雖然，政治秩序是
不同意識形態團體衝撞妥協後的產物，兩岸在不同意識形態衝擊與妥

---

[89] 高曉，《習近平中國新領導人》（臺北：高寶國際出版，2011），頁 20。

[90] Muthiah Alagappa, "The Anatomy of the Legitimacy", in Muthiah Alagappa ed., *Political Legitimacy in Southeast Asia* (California: Stanford University Press, 1995), p. 15.

協後，或有可能產生被共同接受的產物，[91]尤其是超越兩岸政府的超「政府」組織，在初期可能因合法性不足，難以成為令人滿意的組織，但卻不能排除，因為初具雛形的超「政府」統合組織的表現被兩岸民意推崇，而提升其合法性，兩相循環，最終促成超「政府」組織的合法性提升，以致於兩岸進一步統合。

這種表現良好促成合法性提升，在合法性不足甚或欠缺良好的組織時，必須依靠好的表現促成組織的成型或組織合法性提升的相互循環，已被部分學者所論證。[92]因此，兩岸在維持不統、不獨、不武的現狀卻又因此密切交流，並使兩岸從中獲得相當的利益，兩岸甚至因此建構起足以號令兩岸政府的組織，最終走入統合，其機會也並非可以完全排除。但以目前兩岸狀態，縱使因兩岸各類協議的簽訂甚至推演至政治協商，而出現約制兩岸政府行為的初級組織出現，並因表現良好而持續提升其功能，但要出現具有如歐盟般的具強制力組織，如2009年底通過的《里斯本條約》甚至對歐洲法院賦予更大權力，可以就各國司法和內政相關的法律是否與歐盟法律相衝突進行裁決，並規定任何歐盟成員國在受到攻擊或面臨其他災難時，可以得到其他成員國的援助，等等，[93]其距離顯然仍然十分遙遠。

在兩岸民主與不民主制度對峙、臺灣內部藍綠陣營對峙、臺灣內部利益分配各陣營對峙、及實質進展無法於短期內建構足以號令兩岸組織的現實中，致使決定兩岸是否統合的因素，關係到兩岸理想與意識形態的折衝、制度（包含兩岸各自內部決策因素極可能建構的兩岸超國家架構）、利益及利用當前實踐的狀況作為衡量的標準，換言之，以前述四個指標研究兩岸統合顯然合理且可被接受。

---

[91]　Alagappa, "The Anatomy of the Legitimacy", p. 16.

[92]　Muthiah Alagappa, "The Bases of Legitimacy", in Muthiah Alagappa ed., *Political Legitimacy in Southeast Asia*, p. 31.

[93]　〈背景資料：《里斯本條約》及其主要內容〉（2009年11月4日），2012年6月29日下載，《新華網》，http://big5.xinhuanet.com/gate/big5/news.xinhuanet.com/world/2009-11/04/content_12386158.htm。

第參章　兩岸周邊統合與對臺壓力

　　全球或地區，為追求各種利益而進行複合式的緊密交流（如經濟夾帶安全、外交、文化……，或安全夾帶經濟、文化……等等）正在全球各地如火如荼進行。這種跨國境的複合式交流，最終使相關國家呈現某一種程度的「相依為命」，也成就當前全球或地區統合的現況。

　　第貳章中已論及地區統合與全球化的折衝，表明在全球化的趨勢中，使近年連續發生的地區金融危機，如東亞地區及全球分別於 1995 年及 2008 年遭受金融危機或金融海嘯的襲擊，最終卻跨國境席捲全球各地，讓世界各國都必須承受全球化所帶來的衝擊與巨大壓力。全球化的發展，讓國際社會統合緊密無法離群索居，因此，也讓國際社會承受極度蝴蝶效應壓力。

　　世界各國一方面希望對全球化危機取得因應與迴避能力，另一方面又欲利用合縱連橫方式解決日益複雜的跨國境問題以追求自身利益，故亟思依據各國國情及所在地區的特性，籌組地區性跨國組織，以利跨國境問題的解決，這種趨力自然對地區主義形成推波逐瀾的效果。而地區主義盛行的結果，自然形成兩岸周邊東亞地區各國的各類型統合，臺灣在此趨勢下，承受何種壓力，值得瞭解。

　　臺灣因為特殊的政治地位，使得臺灣與周邊國家甚至全球的統合，都僅能侷限於經濟、文化等較不敏感領域，其中又以經濟領域最能被觀察。周邊國家的統合趨勢，與臺灣最具利害關係的亦是經濟領域的統合，也因此，對於臺灣周邊國家：東亞地區的經濟統合，將成為本章討論的重點。當然，除經濟領域之外，亦無法完全迴避檢視臺灣周邊國家對於經濟領域以外的統合作為。

第一節　東亞地區統合趨勢

近期所謂全球化已席捲全球。在全球化的壓力下，各地區加強各類的交流，以利於治理是無法避免的趨勢。

有學者認為全球化可前推至西元 1500 年，歐洲挾其國力為支撐，將基督教文化傳送至全世界，讓全世界得以「文明」的過程。[1]進一步要問的是，西元前 500 年孔子周遊列國是否有可算是全球化的濫觴？再往前推演，黃帝與蚩尤大戰於涿鹿，甚或亞當與夏娃開始交往，是否也可推論為全球化的開端？因此，若僅說全球化起於西元 1500 年，由歐洲國家所啟動的大航海時代，似乎不夠公允。全球化可謂長久以來人類活動不斷擴大，最終將全球緊密結合的過程，也因此，對於全球化或全球統合的開端就無法明確予以劃定。不僅無法明確劃定全球化的開端，又因為人類未來活動的不可預測性，故也無法預測全球化的最終結果。若此論述正確，那麼人類發展與活動的軌跡，不論何階段，都可歸納為全球化過程的一個環節。

為研究方便，有學者將 16 世紀至 21 世紀的全球化歷程，歸納認為是由資本主義的興起，在經歷資本主義危機後轉向重視國際關係，再因國家的危機而轉向全球化的理想。[2]

然而，全球化包含著兩個層次的問題，其一是兩個以上國家的網絡聯繫，其二是代表著跨洲際且不論距離遠近的相互依賴關係；前者指兩個以上國家的聯繫僅是全球化的局部，後者才是全球化的精髓；因全球化講求大地區的聯絡網絡，與地區化、國際化所指涉不盡相

---

[1] Walter D. Mignolo, "Globalization Civilization processes, and the Relation of Languages and Cultures", in Fredric Jameson and Masao Miyoshi ed(s)., *The Cultures of Globalization*（North Carolina: Duke University Press, 1999 second printing）, p. 32.

[2] 徐偉傑譯，Malcolm Waters 著，《全球化》（臺北：弘智，2000），頁 252-253。

同。[3]簡單說，地區化或地區主義與全球化相較，在網絡聯繫與相互依賴關係上或許相似，但在範圍上，顯然不如全球化的廣袤。

因全球化的影響，國境的劃分對於全球化造成阻力，但由商人及投資者所組成的力量卻不斷的意圖突破這種阻力，以形成跨越國境的統合，並從中獲得最大的利益。[4]前已述及，有研究認為，由國家所推動的統合是法理（de jure）統合，以私人公司推動的統合為實質（de facto）統合。更有學者主張，當前推動全球化的幕後力量，根本就是西方放任的資本主義加上西方的自由民主化，[5]這種情勢使東方以政府為主導的經濟發展模式失去抗衡力量，至少短期內是如此。換言之，東亞各國在面對以西方經濟自由、民主、放任的資本主義模式衝擊並造成全球或地區的實質統合時，根本無招架之力，因此，就無法阻擋全球化或地區化的實質統合進行。對於跨地區、跨國際統合，除有前述由公司主導的實質統合，或以國家間相互為主導的法理統合區分外，還可區分為：一、介於全球與國家之間及國家與地區之間的統合；二、跨國界地區間的統合等說法，[6]也就是說，地區間的統合可因社會、經濟、政治的不同及組成形態的不同，而可以各種形式呈現。[7]甚至在各種統合不斷加深加廣的趨勢中，逐漸模糊的國家間、地區間的界線，最終到達地區統合極致，並成為一個新的國家。[8]由此角度，天下大事「合久必分、分久必合」的歷史演繹脈絡，在新的全球化壓力下，或有可能實現。

---

[3] Robert O. Keohane and Joseph S. Nye Jr. "Introduction", in Joseph S. Nye Jr. and John D. Donahue ed(s)., *Governance in A Globalizing World* (Washington D. C. : Brookings Institution, 2000), p. 2.

[4] Dani Rodrik, "Governance of Economic Globalization", in Joseph S. Nye Jr. and John D. Donahue ed(s)., *Governance in A Globalizing World*, p. 348.

[5] Roy Starrs, "Introduction", in Roy Starrs ed., *Nations Under Siege : Globalization and Nationalism in Asia* (New York: Palgrave, 2002), p. 16.

[6] Katsuhiro Sasuga, *Microregionalism and Governance in East Asia* (New York: Routledge, 2004), p. 5.

[7] Sasuga, *Microregionalism and Governance in East Asia*, p. 16.

[8] Sasuga, *Microregionalism and Governance in East Asia*, pp. 37, 151.

　　全球化的驅動，使世界經濟在過去數十年間快速因各類貿易障礙的降低而進行各種各樣的統合。至 2002 年，全球在 WTO 架構下更有約二百五十個各種形式的自由貿易區建構；雖然全球經濟統合區域有多個，但主要的是：歐盟（EU）、海灣阿拉伯國家合作委員會（GCC）、南部非洲關稅同盟（SACU）、南亞自由貿易區（SAFTA）、東南亞國協（ASEAN）、東南亞國協+3（ASEAN 加上中國大陸、南韓、日本）、北美自由貿易區（NAFTA）、多明尼加共和國－中美洲自由貿易協定（DR-CAFTA）、南方共同市場（MERCOSUR），[9]分布如下圖：

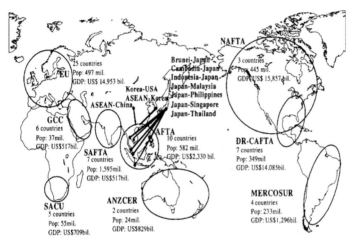

圖 3-1　全球重要自由貿易區分布圖（2006 年）

資料來源：Masahisa Fujita, Satoru Kumagai and Koji Nishikimi, "Introduction", in Masahisa Fujita, Satoru Kumagai and Koji Nishikimi ed(s)., *Economic Integration in East Asia: Perspective from Spatial and Neoclassical Economics* (Massachusetts: Edward Elgar Publishing,2008), p. 2.

---

[9]　Masahisa Fujita, Satoru Kumagai and Koji Nishikimi, "Introduction", in Masahisa Fujita, Satoru Kumagai and Koji Nishikimi ed(s)., *Economic Integration in East Asia: Perspective from Spatial and Neoclassical Economics* (Massachusetts: Edward Elgar Publishing,2008), pp.1-2.

　　依據此圖，顯示地區性統合並不因全球化而稍歇。若全球化是指以全球為範疇的統合過程，那麼地區性的跨境合作不僅是全球化必經的一種過程，更是地區主義的濫觴。再依前述人類活動都可歸納為全球化下過程之一環，及極度蝴蝶效應對各國形成龐大壓力的論述，則地區組合不僅只能理解為向全球化邁進的過程，更應理解地區組合的目的不一定會順利朝全球化邁進；全球化所帶來的衝擊與害處，卻可能回頭促成地區組織的強化，也因此促成地區主義的興起。

　　兩岸周邊的東亞地區主義無可避免的為因應全球化的壓力而興起，更因為各種需求的不同而出現不同的地區組合，其關係或相互重疊，或目標不同，以目前所成型的東亞地區重要組織態勢，可如下圖：

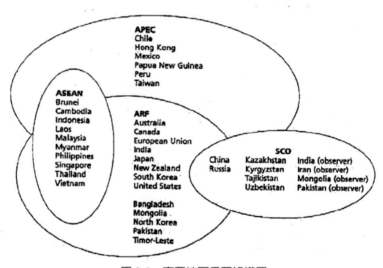

圖 3-2　東亞地區重要組織圖

資料來源：Margaret P. Karns and Karen A. Mingst, *International Organization: The Politics and Processes of Global Governance (1)*（Colorado: Lynne Rienner Publishers, 2010 second edition），p. 189.
說明：ASEAN 為東南亞國協；ARF 為東南亞區域論壇；APEC 為亞太經濟合作會議；SCO 為上海合作組織。

　　有許多研究認為，1990 年代的世界局勢發展有逐漸變成歐洲、美洲、及亞太三個區域，且三個區域間有因貿易戰爭，最終將如 1930 年代引發世界大戰一般，也引發戰爭之趨勢。[10]由這種論述，似乎也透露出對於地區主義的研究，仍然偏重在對地區經貿統合的研究，而經濟統合的研究本就是實質統合中最普遍與最易觀察的現象。

　　若將統合事務拉高到東亞地區層面觀察，研究者也發現東亞地區各國，不論在政治、文化、經濟發展等等面向的差異極大，包含不同的意識形態、民主化差異、儒家思想立國國家與社會主義立國國家並存，致使經濟因素成為驅動各國統合動向的重要力量。[11]就整個國際社會而言，國際貿易組織（World Trade Organization；WTO）的杜哈回合談判（Doha Round of trade talks）因農業問題扞格，使進一步降低全球經貿障礙不易實現，因而促使各 WTO 成員國不等待 WTO 的最終解決，而改以雙邊或多邊協議方式加速會談，希冀以地區組織因應各地區所面臨的各類問題；有學者主張，縱使 WTO 會談成功，也不見得會影響及東亞地區貿易保護模式，這些主客觀因素都促成東亞各國加速地區談判與統合。[12]

　　在當前全球化盛行時期，地區勢力同時興起，尤其是區域經濟統合不斷蓬勃，其中又伴隨著政治與種族的相互衝突問題，也早被研究者所注意。[13]但不可否認的是，在全球治理的脈絡下，地區主義的興

---

[10] Anthony Payne and Andrew Gamble, "Introduction: The Political Economy of Regionalism and World Order", in Andrew Gamble and Andrew Payne ed(s)., *Regionalism and World order* (London: Macmillan Press, 1996), pp. 1, 36.

[11] Muthiah Alagappa, "Systemic Change, Security, and Governance in the Asia-Pacific", in Chan Heng Chee ed., *The New Asia-Pacific Order* (Singapore: Institution of Southeast Asian Studies, 1997), p. 52.

[12] Joseph Francois and Ganeshan Wignaraja, "Pan-Asian Integration: Economic Implication of Integration Acenarios", in Joseph Francois, Pradumna B. Rana and Ganeshan Wignaraja ed(s)., *Pan-Asian Integration* (New York: Palgrave Macmillan, 2009), p. 488.

[13] Arthur A. Stein, "Introduction", in Richard Rosecrance ed., *The New Great Power Coalition: Toward a World Concert of Nations* (Maryland: Rowman and

起，若無政治因素的主導與介入，絕無法竟其功。[14]進一步說，後冷戰時期，為追求集體安全，若僅是各國的組成，卻無某些強有力的團體提供組織的合法性，其獲得成功的難度將大幅提昇，而這種組織，也不會侷限於安全議題，最終必然擴及對參與各方有利的議題合作。[15]

若與歐盟各國的相近似背景最終組成最嚴密的統合組織相比較，東亞地區的緊密統合顯然基礎不足，[16]因此造成東亞地區以政治統合為判準的法理統合不易達成的結果。東亞地區雖未能達成如同歐盟的緊密統合，但其統合過程力量卻不容置疑，尤其在政治統合不易達成，經濟統合力道卻不斷加大加深的狀況更是如此。除經濟因素外，東亞地區組織的促成有其特定的背景與基礎，其因素之一是冷戰時期，美國為防堵中國大陸、蘇聯及國際的共產主義政權；之二是，重建戰後日本經濟並與日本結盟，使日本無法再威脅美國。美國為此兩個目的，故建構以美國為中心，以日本、南韓、及菲律賓為輻軸的安全體系，同時建構美國、日本及東南亞地區的三角貿易關係。[17]致使東亞地區的各參與國家因經濟、國際政治……等因素而進行各類的統合。

就歐洲統合的經驗看，經濟的進一步統合必須依靠政策的不斷研議，因此，若無政治力量的乘載及推動，並防止成員間的摩擦，將難以建構更深一層的經濟統合。在歐體就是依靠法國與德國的聯手。在

Littlefield Publishers, 2001), p. 6.

[14] Margaret P. Karns and Karen A. Mingst, *International Organizations: The Politics and Processes of Global Governance (1)* (Colorado: Lynne Rienner Publishers, 2010), p. 148.

[15] Stein, "Introduction", p. 9.

[16] Suisheng Zhao, "China's Approaches toward Regional Cooperation in East Asia: motivations and calculations", in Suisheng Zhao ed., *China and East Asian Regionalism: Economic and Security Cooperation and Institution-Building* (New York: Roultedge, 2012), p. 13.

[17] Otsuji and Shinoda, "Evolution of institutions and policies for economic integration in East Asia: history and prospects", in Masahisa Fujita, Satoru Kumagai and Koji Nishikimi ed(s)., *Economic Integration in East Asia: Perspectives from Spatial and Neoclassical Economic*, p. 107.

亞洲，似乎欠缺與歐體相對等的結構與必要條件，因此，亞洲進一步的經濟統合似乎不必然會如歐體的結果。[18]若進一步檢視拉丁美洲及中南美洲的地區統合經驗，更顯示成員國之間紛紛為本身的利益而自集團中出走(委內瑞拉退出安地斯山地區組織，以抗議秘魯及哥倫比亞分別與美國達成雙邊協議) 或威脅出走；其統合成效不彰，自然難以避免。[19]

目前除歐洲地區的統合已由經濟事務逐步進入政治統合外，其他各地區的統合都沒有歐體的統合澈底，再回到全球經濟事務層面的統合觀察發現，雖然全球化，或全球的統合面臨各種各樣的困難，但目前仍有數百個自由貿易區的簽訂。而經濟統合的步驟通常包含四個：（一）貿易自由化；（二）資金／財物自由化；（三）勞工自由流動；（四）通貨統合。[20]其進程仍然是由淺而深，由簡而繁，與統合論所主張分枝效應（ramification）相契合。臺灣周邊地區的統合，至目前為止亦是經由經濟層面的統合開始，雖然於是否逐步發展成歐盟式的政治統合，各方仍抱持懷疑態度，但經濟層面的統合發展卻是無庸置疑。

就經濟層面的統合看，當前臺灣與其周邊的亞洲地區各國自由貿易協定談判與區域統合的狀況如下：

---

[18] Anthony J. Venables, L. Alan Winters and Linda Yueh, "Economic integration in Asia: European perspective", in Masahisa Fujita, Satoru Kumagai and Koji Nishikimi ed(s)., *Economic Integration in East Asia: Perspective from Spatial and Neoclassical Economics*, pp. 143-144.

[19] Nicola Phillips, "The Political of Trade and the Limits to U.S. Power in the Americas", in Diego Sánchez-Ancochea and Kenneth C. Shadlen ed(s). *The Poltical Economy of Hemispheric Integration* (New York: Palagrave Macmillan, 2008), p.162.

[20] Masahisa Fujita, Satoru Kumagai and Koji Nishikimi, "Introduction", in Masahisa Fujita, Satoru Kumagai and Koji Nishikimi ed(s)., *Economic Integration in East Asia: perspectives from Spatial Neoclassical Economics*, pp. 1-2.

表 3-1　東亞國家經濟統合現況一覽表

（更新日期：2011.12.22）

國家	洽簽情形
(1)　日本	已簽署：新加坡、馬來西亞、菲律賓、泰國、墨西哥、智利、印尼、汶萊、東南亞國協[21]（ASEAN）、瑞士、越南、印度、秘魯。 談判中：南韓、澳洲、海灣合作理事會[22]（GCC）、擴大 TPP。 研議中：ASEAN+3（+6）、日（南）韓中 FTA、歐盟、蒙古、加拿大。
(2)　南韓	已簽署：智利、新加坡、歐洲自由貿易協會[23]（EFTA）、亞太貿易協定[24]（APTA）、ASEAN、印度、秘魯、美國、歐盟。 談判中：加拿大、墨西哥、海灣合作理事會（GCC）、紐西蘭、澳洲、哥倫比亞、土耳其、日本。 研議中：ASEAN+3、南方共同市場[25]（MERCOSUR）、中國大陸、俄羅斯、南部非洲關稅同盟[26]（SACU）、日（南）韓中 FTA、以色列、越南、中美洲、蒙古、馬來西亞、印尼、泰國。

---

[21] 東南亞國協（Association of Southeast Asian Nations, ASEAN），成員包括汶萊、柬埔寨、印尼、寮國、馬來西亞、緬甸、菲律賓、新加坡、泰國及越南。

[22] 海灣合作理事會（Gulf Cooperation Council, GCC），成員包括沙烏地阿拉伯、阿聯、安曼、巴林、卡達及科威特。

[23] 歐洲自由貿易協會（European Free Trade Association, EFTA），成員包括冰島、列支敦士登、挪威及瑞士。

[24] 亞太貿易協定（The Asia-Pacific Trade Agreement，APTA），原曼谷協定（Bangkok Agreement），成員包括中國大陸、孟加拉、印度、寮國、南韓及斯里蘭卡。

[25] 南方共同市場（Mercado Común del Sur, MERCOSUR），成員包括阿根廷、巴西、巴拉圭及烏拉圭，委內瑞拉已簽署加入，惟尚未成為正式成員。

[26] 南部非洲關稅同盟（Southern African Customs Union，SACU），成員包括南非、納米比亞、波札那、賴索托及史瓦濟蘭。

(3) 中國大陸	已簽署：香港、澳門、亞太貿易協定（APTA）、ASEAN、巴基斯坦、智利、紐西蘭、新加坡、秘魯、哥斯大黎加、海峽兩岸經濟合作架構協議（ECFA）。 談判中：澳洲、冰島、海灣合作理事會（GCC）、挪威、瑞士、南部非洲關稅同盟（SACU）。 研議中：印度、日（南）韓中 FTA、南韓。
(4) 新加坡	已簽署：東南亞國協自由貿易區[27]（AFTA）、紐西蘭、日本、歐洲自由貿易協會（EFTA）、澳洲、美國、印度、約旦、南韓、巴拿馬、跨太平洋策略經濟夥伴協定[28]（TPP）、秘魯、中國大陸、海灣合作理事會（GCC）、哥斯大黎加。 談判中：加拿大、巴基斯坦、烏克蘭、歐盟、擴大 TPP、中華民國。
(5) 泰國	已簽署：東南亞國協自由貿易區（AFTA）、巴林、秘魯（早期收穫協定）、印度[29]、澳洲、紐西蘭、日本、孟印緬斯泰經濟合作組織（BIMESTEC）[30]。 談判中：歐洲自由貿易協會（EFTA）、美國、印度、南方共同市場（MERCOSUR）（優惠貿易協定）、智利。 研議中：巴基斯坦、南韓。
(6) 菲律賓	已簽署：東南亞國協自由貿易區（AFTA）、日本。 談判中：歐盟。 研議中：美國。

---

[27] 東南亞國協自由貿易區（ASEAN Free Trade Area，AFTA），成員即為東南亞國協之會員國。

[28] 跨太平洋策略經濟夥伴協定（Trans-Pacific Strategic Economic Partnership Agreement），成員包括汶萊、紐西蘭、智利及新加坡，簡稱 P4，亦可稱為 TPP。

[29] 此指架構協定（framework agreement），並含早期收穫計畫（Early Harvest Program）。

[30] 孟印緬斯泰經濟合作組織（Bay of Bengal Initiative for Multi Sectoral Technical And Economic Cooperation, BIMESTEC），又稱環孟加拉灣多領域技術暨經濟合作倡議，包括孟加拉、印度、緬甸、斯里蘭卡、泰國、不丹、尼泊爾等七國。

(7) 印尼	已簽署：東南亞國協自由貿易區（AFTA）、日本、D8[31]、巴基斯坦。
	談判中：澳洲、歐盟、智利、歐洲自由貿易協會（EFTA）。
	研議中：土耳其、美國、南韓、印度。
(8) 馬來西亞	已簽署：東南亞國協自由貿易區（AFTA）、巴基斯坦、日本、D8、紐西蘭、回教組織會議（OIC）成員國之貿易優惠系統、智利、印度。
	談判中：澳洲、美國、土耳其、擴大 TPP、歐盟。
	研議中：海灣合作理事會（GCC）、南韓。
(9) 越南	已簽署：東南亞國協自由貿易區（AFTA）、日本、智利。
	談判中：擴大 TPP。
	研議中：歐盟、南韓、俄羅斯、EFTA。
(10) 汶萊	已簽署：東南亞國協自由貿易區（AFTA）、日本、跨太平洋戰略經濟伙伴協定（TPP）。
	談判中：擴大 TPP
(11) 緬甸	已簽署：東南亞國協自由貿易區（AFTA）。
	談判中：孟印緬斯泰經濟合作組織（BIMESTEC）。
(12) 柬埔寨	已簽署：東南亞國協自由貿易區（AFTA）、孟加拉。
(13) 寮國	已簽署：東南亞國協自由貿易區（AFTA）。
(14) 東南亞國協（ASEAN）	已簽署：東南亞國協自由貿易區（AFTA）、中國大陸、南韓、日本、澳洲＋紐西蘭＋ASEAN（FTA）、印度（FTA in goods）[32]。
	談判中：歐盟、印度[33]。
	研議中：美國、加拿大、巴基斯坦、ASEAN+3（EAFTA）、ASEAN+6（CEPEA）、亞太自由貿易協定（FTAAP）、南方共同市場（MERCOSUR）。

---

[31] D8：開發中 8 國集團，包括埃及、伊朗、尼日利亞、印尼、馬來西亞、孟加拉、土耳其、巴基斯坦。

[32] 此指貨品貿易協定。

[33] 此指服務業與投資協定。

(15) 印度	已簽署：南亞自由貿易協定[34]（SAFTA）、阿富汗、泰國[35]、斯里蘭卡、尼泊爾、不丹、新加坡、智利（此係部分範圍之優惠貿易協定）、南方共同市場（MERCOSUR）、亞太貿易協定（APTA）ASEAN（FTA in goods）[36]、南韓（CEPA）、日本（EPA）、馬來西亞（CECA）。
	談判中：孟印緬斯泰經濟合作組織（BIMESTEC）、ASEAN[37]、歐盟、歐洲自由貿易協會（EFTA）、海灣合作理事會（GCC）、斯里蘭卡、泰國、模里西斯、南部非洲關稅同盟（SACU）、紐西蘭、澳洲、智利（FTA）、加拿大。
	研議中：中國大陸、以色列、IBSA 三邊 FTA[38]、埃及、澳洲、俄羅斯。
(16) 中華民國	已簽署：巴拿馬、瓜地馬拉、尼加拉瓜、宏都拉斯、薩爾瓦多、海峽兩岸經濟合作架構協議（ECFA）。
	談判中：多明尼加、新加坡。
	研議中：美國、歐盟、日本、澳洲、加拿大等國。

資料來源：〈全球區域經濟整合現況──國家一覽表〉（2011 年 12 月 22 日），2012 年 6 月 21 日下載，《經濟部國貿局經貿資訊網》，http://www.trade.gov.tw/Pages/Detail.aspx?nodeID=255&pid=328301。

　　依據本表，東亞國家對於自由貿易協定的簽訂，並不侷限於東亞地區，甚至不斷的與地區外國家進行自由貿易協定的簽訂，進行經濟事務的統合。這種趨勢若簡單認為是東亞地區主義的崩壞，則太過武斷。畢竟東亞地區各類組織仍如火如荼的進行，因此，此種跨區進行經濟事務統合的舉動，或許持東亞地區主義亦無法脫離全球化壓力觀點，比較符合現實。更何況依據歐盟統合的經驗研究，就有學者認為

---

[34] 南亞自由貿易協定（South Asia Free Trade Agreement, SAFTA），成員包括印度、巴基斯坦、斯里蘭卡、孟加拉、尼泊爾、不丹及馬爾地夫。

[35] 此指架構協定（framework agreement），並含早期收穫計畫（Early Harvest Program）。

[36] 此指貨品貿易協定。

[37] 此指服務業與投資協定。

[38] IBSA 係分別指印度（India）、巴西（Brazil）、南非（South Africa）等 3 國。

歐盟成員國與歐盟外國家的關係發展，無損於歐盟的統合，甚至認為兩種統合（歐盟本身的統合及與非歐盟地區的統合）並不相互排斥。[39]

就目前來看，亞洲地區的統合多半是以雙邊協定各自為陣的簽訂，其目的是在追求經濟的利益，其形式則以數個（主要是以中國大陸、日本、南韓）國家為核心分別與其他國家簽訂雙邊協議，形成數個中心向四周輻射態樣，欠缺像歐盟以政治的統合做為終極目標的設定。從另一角度的研究認為，因為亞洲地區各個國家經濟發展的差異，造成垂直分工，因為垂直分工自然形成相互的依賴，使亞洲各國的統合可自然發生，而歐洲的統合卻相對的較水平分工，因水平分工相互競爭的特性，使歐洲確實比亞洲更需要超國家組織，做為歐洲各國統合的平臺。[40]

雖然，以歐盟統合為例，其統合最成功的條件之一，是具有超國家的組織，及獨立的強力執法機關，[41]這些在東亞地區的統合中不僅極度欠缺，更因東亞地區各國，脫離被殖民迄今，部分仍處於國家建構階段（national building），對於主權問題極為敏感，對於統合可能必須釋出部分主權舉動更存疑懼，[42]更何況，歐盟的統合是靠歐洲地區強國且世仇的法國與德國的相互化解恩怨與努力，在亞洲地區具有同樣世仇與強國地位的中國大陸與日本，卻至今未見相互化解恩怨的努

---

[39] Nathalie Karagiannis, "European Solidarity with 'the Rest of the World'", in Nathalie Karagiannis ed., *European Solidarity* (Cambridge: Liverpool University, 2007), p. 226.

[40] Anthony J. Venable, L. Alan Winters and Linda Yueh, "Economic integration in Asia: European perspectives", in Masahisa Fujita, Satoru Kumagai and Koji Nishikimi ed(s)., *Economic Integration in East Asia: perspectives from Spatial Neoclassical Economics*, pp. 151-152, 162.

[41] Dai Bingran, "China and the East Asian Regional Process", in Finn Laursen ed., *Comparative Regional Integration: Europe and Beyond* (Burlington: Ashgate Publishing Company, 2010), p. 233.

[42] Hwee, "From AFTA to ASEAN Economic Community-Is ASEAN Moving Towards EU-style Economic Integration?", in Finn Laursen ed., *Comparative Regional Integration: Europe and Beyond*, p. 224.

力，而對亞洲地區深具影響力的美國更無意讓此兩個東亞地區最具影響力國家和解攜手。[43]因此，東亞地區在政治因素困擾下，企圖追上歐盟之統合實無樂觀之條件，如：在東亞各國關係因經濟、文化、安全……等事務糾葛，而造成各國間關係日益密切，各國實質統合日益增進，促使統一各國貨幣形成「亞元」以進一步增進各國關係的提議所在多有，雖成立「亞元」的作為困難重重，如各國經濟發展差異過大等原因常被提及，但亦有論證認為，「亞元」無法設立，其最大的原因是來自於政治因素的阻力，而不是經濟因素的無法配合，[44]縱使諸多研究顯示，統一貨幣有利於地區的和諧並對經濟發展有利，[45]也難以促成東亞各國支持。

雖政治因素阻攔，但研究顯示，東亞地區必然無法逃避地區統合的理由，包括：[46]

一、經濟互利效果持續強勁，如大陸的便宜勞工、東亞地區充足資金等等的互補。

二、距離相近。

三、全球化的結果，使通訊成本降低但相對的運輸成本仍居高不下，尤其是低附加價值產品更必須考量運輸成本，促成東亞地區的統合。

四、地區內資金的相互交流與相互投資現象暢旺。

五、區內國家競相降低關稅及其他貿易障礙。

---

[43] Bingran, "China and the East Asian Regional Process", pp. 230-231.

[44] Michael Plummer and Ganeshan Wignaraja, "Integration Strategies for ASEAN: Alone, Together, or Together with Neighbors" in Joseph Francois, Pradumna B. Rana and Ganeshan Wignaraja ed(s)., *Pan-Asian Integration*, p. 186.

[45] Pradumna B. Rana and J. Malcolm Dowling, "Economic Integration in South Asia and Lessons From East Asia of Trade and Investment", in Joseph Francois, Pradumna B. Rana and Ganeshan Wignaraja ed(s)., *Pan-Asian Integration*, p. 228.

[46] Dan Ciuriak, "Growing East Asian trade and economic integration: implications for economic relations across the Taiwan Strait", in Peter C.Y. Chow ed., *Economic Integration, Democratization and National Security in East Asia* (Massachusetts: Edward Elgar Publishing, 2007),pp. 161-164.

六、兩岸直接貿易所帶來的外溢效果。

七、美國市場力量消退，相對造成中國大陸市場的重要性增強，促成區域內進一步的交流與統合。

更進一步說，日益緊密的經濟、文化等實質統合狀況日益緊密，是否將促成政治統合？依統合論以某一事務的統合將促成另一事務統合的傳統觀點說法，確實是有此可能。有學者就認為，東亞地區正在建構的和平安全共同體，不僅是東亞地區所追求的目標，同時也是東亞地區用以建構共同體的過程，其最初雖大部分是起因於經濟的需求，但不可否認的是，其他面向的需求（如：文化、安全、外交、國防、社會……等等）亦無法被忽視。[47]反過來說，當經濟事務誘發其他事務的統合後，是否被誘發統合的其他事務，又促進經濟等其他事務的進一步統合，也就是經濟、政治、社會、安全……等等的統合，可能成為互為因果關係。再進一步說，在東亞地區因經濟事務接觸後，要停止或倒退至不接觸不統合的狀態不僅在現實上不可能，在理論上亦復不可能出現。

但東亞地區統合與美洲及歐洲相比，也同時發現其中阻止東亞地區進一步統合在美洲與歐洲所沒有的兩個因素：[48]

一、民族主義的增長，尤其是在統合過程中所引發的磨擦，將進一步引發民族主義的相互堅持與敵對，對統合的進展也將構成威脅。其中中國大陸與日本的相互爭奪東亞地區統合領導權，更是引發摩擦與民族主義興起的重要因素。

---

[47] Mikael Weissmann, "Peacebuilding in East Asia: The role of track 2 diplomacy, informal network, an economic, social, and cultural regionalization", in Jacob Bercovitch, Kwei-Bo Huang, and Chung-Chian Teng ed(s)., *Conflict Management, Security and Intervention in East Asia: Third-party mediation in regional conflict* (New York: Routledge, 2008), p. 79.

[48] Yoshihiro Otusji and Kunihiko Shinoda, "Evolution of institution and policies foe economic integration in East Asia: history and prospects" in Masahisa Fujita, Satoru Kumagai and Koji Nishikimi ed(s)., *Economic Integration in East Asia: Perspectives from Spatial and Neoclassical Economic*, pp.117-119.

二、東亞地區經濟發展差相差太大。這種差異，是世界其他地區
統合所沒有的現象。雖然這種差異長時間可能對統合不構成
威脅，但短期內這種差異對於統合過程的阻礙卻不容忽視，
而相互的差異與興起的民族主義相互激盪，對於建構更完整
有效的東亞地區跨國家組織自然形成阻礙。

致使，未來東亞地區各國的統合可能僅止於經濟的統合，而不進
行政治、社會等其他層面的統合。但不可否認的是，東亞地區正進行
複合式的交流，並已進行相當程度的實質統合（de Facto）卻是事實。
而所謂實質統合，在東亞地區前述主、客觀因素的制約下，最具體、
常見且可行的當然是經濟事務的統合。而經濟事務上東亞地區仍被學
者認為已實質統合，目前所欠缺的或許是進一步的跨國機構的法理（de
jure）統合，[49]雖然經濟統合是東亞地區的走向，甚至因此促成東亞地
區主義的進一步興起，但亦有學者認為，東亞地區主義極為脆弱，其
理由是：[50]

一、區內工業的競爭力極度依賴與區外的貿易。

二、區內關稅降低全靠東南亞國協與中國大陸的聯合作為，世界
貿易組織（WTO）規定對區內成員的節制能力不足。

三、不像歐盟在該區具有高於成員國組織及 WTO 架構共同節制
規範各成員國；東亞地區沒有最高層的結構以取代 WTO。

這些原因不僅造成東亞地區主義的脆弱，亦進一步使東亞地區的
統合不易進行。

雖然東亞地區統合的趨勢前程多舛，但在實際利益的推動下卻難
以避免，而接下來必須回答的問題是：[51]

---

[49] Otusji and Shinoda, "Evolution of institution and policies foe economic
integration in East Asia: history and prospects", p.134.

[50] Richard E. Baldwin, "The East Asian Noodle Bowl", in Daisuke Hiratsuka and
Fukunari Kimura ed(s)., *East Asia's Economic Integration* (Hampshire:
Palgrave Macmillan, 2008), PP. 45-46.

[51] Ciuriak, "Growing East Asian trade and economic integration: implications for
economic relations across the Taiwan Strait", p. 154.

一、當前東亞地區經濟統合多深及未來可能發展。

二、東亞地區經濟統合與全球化的關係。

三、對未來全球化與地區經貿統合的影響因素為何。

四、該地區經貿協議對個別經濟的衝擊又是如何。

這些問題至今仍未見共同的答案。但必須要注意的是，東亞地區的經濟統合是否會朝向歐盟的統合方向邁進，仍然有待觀察。若東亞地區要邁向歐盟方式的統合，則也可能必須尋找出適合於東亞地區統合的方式。[52]

在東亞地區，尤其是東南亞地區的統合過程中，「亞洲價值」的呼籲卻始終不絕如縷。面對「亞洲價值」的呼籲，有學者認為，此舉是對其他西方列強國家的抵制，以免於亞洲國家再度被西方列強所宰制，但亦有學者提出看法認為，至今東亞仍欠缺類似歐洲所持有共同的「歐洲價值」存在，因此，東亞地區難以在政治上創造出共同的地區感或「亞洲感」（Asianism）作為地區的意識形態，故東亞地區難以建構政治上的單一組織，也因此，為維持東亞地區的團結，只好落在經濟的成長利益上。[53]

更有部分研究者直接主張，不論東亞地區各國政府的立場如何，經濟利益卻是驅動各企業進行跨國統合的重要動力。[54]在東亞地區的區域研究中也發現，在企業間的統合，若能獲得政府間政策的奧援，其統合成效將更可觀。[55]

---

[52] Fujita, Kumagai and Nishikimi, "Introduction", in Masahisa Fujita, Satoru Kumagai and Koji Nishikimi ed(s), *Economic Integration in East Asia: perspectives from Spatial Neoclassical Economic*s., p. 7.

[53] Otusji and Shinoda, "Evolution of institution and policies for economic integration in East Asia: history and prospects", p.108.

[54] Wendy Dobson, "East Asian Integration: Synergies Between Firm Strategies and Government Policies", in Wendy Dobson and Chia Siow Tue ed(s)., *Multinationals and East Asian Integration* (Singapore: Institution of Southeast Asian Studies, 1997), p. 14.

[55] Chia Siow Yue and Wendy Dobson, "Harnessing Diversity", in Wendy Dobson and Chia Siow Yue ed(s)., Wendy Dobson and Chia Siow Tue ed(s).,

　　若以大趨勢方式，將東亞地區分為東北亞及東南亞的統合觀察，外加南亞對東亞地區動向，則呈現如下景象：

一、東北亞統合

　　東北亞的統合，表現出日本與中國大陸的關係雖不斷的改善，但自 2001 年起呈現日本愈來愈依賴中國大陸市場，在政治上卻愈來愈緊張，而呈現「經熱政冷」現象，[56]此種現象也代表著兩國有太多問題無法迅速解決的困境；[57]而南韓與中國大陸關係，則必須遷就美國，但在經濟上必須依賴中國大陸市場，在外交上又必須依賴中國大陸安撫北韓。南韓與日本一樣，一方面必須依靠美國的軍事力量提供安全，一方面又要依靠中國大陸市場提供經濟繁榮的動力，[58]因此，南韓與中國大陸亦呈現經濟關係密切政治關係不敢太過密切的關係。東北亞地區各國錯綜複雜的關係，當然不僅止於南韓、日本、中國大陸與美國的關係，而有學者將其歸納認為，東北亞關係，主要可由日本、美國、中國大陸與俄國為主軸，加上與其他各國各種排列組合的三個次級關係加以理解；[59]總共四級關係內涵如下表：

Multinationals and East Asian Integration, p. 265.

[56] Jin Xide, "China-Japan Relations: How to Manage a Complex Relationship?", in Zhang Yunling ed., *Making New Partnership: A Rising China and its Neighbors*（Beijing: 社會科學文獻出版社，2008）, p. 27.

[57] Aoyama Rumi and Kokubun Ryosei, "Sino-Japanese Relations: Dynamics of Interdependence and Frictions", in Zhang Yunling ed., *Making New Partnership: A Rising China and its Neighbors*, p. 81.

[58] Sukhee Han, "The Rise of China and Korea's Strategic Choice", in Zhang Yunling ed., *Making New Partnership: A Rising China and its Neighbors*, pp. 85, 90-91.

[59] Piao Jianyi, "Building Security Regime in Northeast Asia" in Zhang Yunling ed., *Making New Partnership: A Rising China and its Neighbors*, pp.108-109.

表 3-2　東北亞各國關係分類表

關係	關係國家
第一級關係	美－日－中國大陸－俄國的四邊關係
第二級關係	中國大陸－美國－日本、中國大陸－日本－俄國、中國大陸－美國－俄國、日本－美國－俄國等的各自三邊關係
第三級關係	中國大陸－日本、日本－俄國、中國大陸－美國、美國－日本、俄國－日本、俄國－美國等的各自雙邊關係
第四級關係	各國對朝鮮半島與外蒙關係

資料來源：Piao Jianyi, "Building Security Regime in Northeast Asia" in Zhang Yunling ed., *Making New Partnership: A Rising China and its Neighbors*（Beijing：社會科學文獻出版社，2011），p. 109.

　　不論如何分類，東北亞地區沒有如東南亞國協固定的國際組織卻是事實。甚至不斷發生各種各樣的衝突，如中國大陸與日本為東海春曉油田與釣魚臺主權歸屬爭執、為解決北韓核武問題的六方會談各國利益糾葛、東亞各國對日本官員是否參拜靖國神社的齟齬、南韓與日本為獨島（南韓稱獨島、日本稱竹島）主權的爭奪，[60]從不曾間斷。這些爭執在國際關係上雖為常態，但若以統合的角度看，則東北亞地區在經濟事務上，雖已逐步實現統合，但在沒有固定組織的前提下，推動政治層面的統合自然不易推展。

二、東南亞統合

　　東南亞部分，則顯示此東亞地區最重要的地區組織：東南亞國協，其對內外決策，都被標以「東南亞風格」（ASEANS' Way），認為東南亞地區必須以和緩、相互信賴、和諧、協商達成共識而不是透過正式談判、利益交換或強力介入的方式進行決策，[61]也因此東南亞國協欠

---

[60]　〈李明博登獨島　日召回大使〉，《聯合報》，2012 年 8 月 11 日，第 A1 版。
[61]　Yongnian Zheng and Sow Keat Tok, "Intentions on trial: 'Peaceful Rise' and Sino-ASEAN relations", in Guoguang Wu and Helen Lansdowne ed(s)., *China*

缺西方地區組織之法律制定與強制執行機構。[62]雖然，東南亞國協於 2007 年在新加坡召開第十三屆高峰會時，成員國同意於 2015 年建構「東南亞國協經濟共同體」（ASEAN Economic Community；AEC），以成就東南亞國協為：一、單一市場與生產基地；二、高度競爭力經濟區；三、經濟平衡發展區；四、與世界經濟緊密結合區等目標；[63]2009 年又在泰國所舉行的東南亞國協十四屆高峰會議上，通過《東南亞國協政治安全共同體宣言》（ASEAN Political-Security Community；APSC），表達東南亞國協成員國在承認各國差異情況下，再度宣示大力追求於 2015 年建立和平、公義、民主、和諧的東南亞國家共同體，且隨時空環境改變而不斷精進。[64]這些做為，或許代表東南亞國協成員國同意將東南亞國協，逐步由經濟組織逐步轉向政治、安全組織的趨向。此趨向，對於法理統合確有實質助益，但實際上東南亞地區的統合並不如人意。

有研究就顯示，若以當前進行地區統合的重要組織，如歐盟、北美自由貿易區；南方共同市場及東南亞國協的內部交易來看，東南亞國協內部交易成長有限，南方共同市場的內部交易量下跌，而北美自由貿易區與歐盟都是成長，尤其是歐盟成長更加快速，至 2007 年歐盟的內部交易更高達 68%，但東南亞國協內部交易僅達 25%，因此，可推算出東南亞國協的統合速度並不如想像中快速。[65]且東南亞國協組

Turns to Multilateralism: Foreign policy and regional security (New York: Routledge, 2008), p. 189.

[62] Michal Yahuda, "China's multilateralism and regional order", in Guoguang Wu and Helen Lansdowne ed(s)., *China Turns to Multilateralism: Foreign policy and regional security*, p. 83.

[63] "ASEAN Economic Community", last visited 2012/7/26, *Association of South East Nations,* http://www.aseansec.org/18757.htm。

[64] "ASEAN Political-Security Community", last visited 2012/7/26, *Association of South East Nations,* http://www.aseansec.org/18741.htm。

[65] Finn Laursen, "Requirements for Regional Integration: A Comparative Perspective on the EU, the Americas and East Asia?", in Finn Laursen ed., *Comparative Regional Integration: Europe and Beyond*, pp. 240-241.

織常被研究者認為，因為各會員國之上沒有超國家權威組織、會員國
的不介入他國內政原則、發展程度差距過大、成員國相互間依賴深度
不深、成員國對區外經貿昌盛，[66]甚至連出任各會員國糾紛的調停者
都不願意，致使 1967 年的東南亞國協宣言（ASEAN Declaration 或稱
Bangkok Declaration）都沒有調停糾紛規定，雖東南亞國協的其他相關
文件具有合法的調停功能規定，但卻不被各國重視。致使形成其會員
國間對於紛爭不願意動用調停功能，並非沒有合法規定，而是在政治
層面的考量上不願意使用現象，[67]簡單說就是「東南亞風格」的充分
體現。又因為東南亞國協國家極看重本身的國家權力（authority）維
持，也因此使東南亞國協的進一步統合受阻，[68]但不可忘記的是成員
創造制度，而制度卻決定成員的行為模式。[69]縱使，東南亞國協幾乎
完全沒有歐盟的統合條件，[70]且東南亞地區統合面臨成員國又各自發
展對區域外關係，而無法進一步鞏固東南亞自貿易區的窘境，[71]但在

---

[66] Karns and Mingst, *International Organizations: The Politics and Processes of Global Governance(1)*, pp. 186, 190-195.

[67] Kei-Bo Huang, "The transformation of ASEAN as third-party mediator in intra-regional disputes of Southeast Asia" in Bercovitch, Huang and Teng ed(s)., *Conflict Management, Security and Intervention in East Asia: Third-party mediation in regional conflict*, pp. 148-150.

[68] Karns and Mingst, *International Organizations: The Politics and Processes of Global Governance(1)*, p. 191.

[69] 陳家剛，〈全球化時代的新制度主義〉，（2007 年 7 月 6 日），2012 年 9 月 13 日下載，《中國選舉與治理》http://www.chinainnovations.org/read.asp?type01=1&type02=3&type03=1&articleid=1169。該文「摘要」中論述「新制度主義分析的實踐意義在於：制度創新、制度變遷是影響社會經濟發展過程人類行為的決定性因素之一，制度建構具有優先性」，凸顯制度決定人類行為的重要因素之一。

[70] Edward Moxon-Browne, "MERCOSUR and the European Union: politues in the Making?", in Finn Laursen ed., *Comparative Regional Integration: Europe and Beyond*, p. 135.

[71] Michael Plummer and Ganeshan Wignaraja, "Integration Strategies for ASEAN: Alone, Together, or Together with Neighbors" in Joseph Francois, Pradumna B. Rana and Ganeshan Wignaraja ed(s)., *Pan-Asian Integration*, p. 166.

現有的東南亞國協基礎上，並不能斷言東南亞國協，甚或東亞地區的進一步統合無法進一步發展，例如不能排除東南亞國協為運作順暢，由其他相關組織擔負起糾紛調停與加強聯繫的功能，使東南亞國協進一步統合；若政治因素改變，則更將決定東南亞國協是否有進一步統合的可能。但至目前為止，在東亞地區或因支持「東南亞風格」或欠缺強烈地區意識或因各國發展的差距等等原因，致使東亞地區目前仍以經濟上的統合為主軸，未來是否外溢至其他領域，尤其是政治領域的統合，雖不能完全排除其可能，但以當前情勢觀察，其可能性並不高。

三、南亞地區動向

除了東亞地區的統合積極進行外，連毗連的南亞地區也因全球化的壓力，也開始與東亞地區進行相當程度的統合。過去東亞採取外向型的經濟發展策略，南亞地區採取內向型的經濟發展策略，使東亞與南亞地區的經濟發展各自獨立，兩地區的統合在 1990 年代幾乎沒有發生，但隨著時空環境的改變，東亞與南亞兩地區的統合，卻不得不加快速度進行，其理由不外：[72]

一、東亞地區在經歷 1997 年金融危機後，再度高速復甦並融入國際，使外資大量投入；

二、大量甚且過半的東亞地區出口以周邊地區為目標；

三、龐大人口，及中國大陸與印度兩個新興大經濟體的支持，且相互發生經貿關係；

四、中國大陸與印度的經貿加強，是否促成周邊國家的貧窮，為各方所警惕；

五、各種自由貿易協定，促成東亞與南亞的更緊密關係。

而南亞與東亞地區的進一步統合的顯示：南亞與東南亞國協、與中國大陸或與日本等各種統合模式的推算，都發現在統合區域內部雖

---

[72] Francois, Rana and Wignaraja, "Introduction and Overview", pp. 1-2.

不見得每個國家都可獲利，如尼泊爾、斯里蘭卡等，但卻有共同的特點，是在兩區域外的所有國家，在兩地區統合時都受害，致使各國對兩地區的統合都不敢輕忽；而南亞地區大國印度更為經濟發展而積極以「東望政策」（look east）推動與東亞地區的關係。[73]更使兩地區統合的態勢難以避免。

雖然有學者研究顯示，在東亞與南亞地區統合所面臨且急需解決的五個問題，包含：[74]

一、持續降低貿易與非貿易障礙；

二、跨境投資硬體設備與流程改進；

三、鞏固既有的自由貿易協議；

四、服務業領域的鬆綁與改革；

五、大規模的經濟改革以促進貿易自由化。

這些問題在利益的驅使下，並非不能解決，甚至是相關國家都將全力以赴，努力化解。若連東亞與南亞兩個大的區域都為追求利益而朝統合的方向推進，東亞地區的統合顯然也無法避免。

當前東亞地區局勢，係透過統合維持經濟的成長，這也正是當前東亞地區統合的重要目的，如中國大陸與俄國近年的關係，雖不斷的增長，但若無經濟利益的支撐，其密切程度的提升也將遭逢困難。[75]東亞在經濟事務上日益統合，甚至可能因此外溢至其他領域的統合。但以經濟統合外溢至其他層面的統合，或說以市場趨力作為全球化起點的說法，顯然難以自圓其說。因為，統合並不必然起於經濟事務，但經濟事務統合可能推動其他事務統合的動力，卻不可忽視。

---

[73] Francois, Rana and Wignaraja, "Introduction and Overview", p. 27、38. Plummer and Wignaraja, "Integration Strategies for ASEAN: Alone, Together, or Together with Neighbors", p. 164.

[74] Jong-Wha Lee, "Forward", in Joseph Francois, Pradumna B. Rana and Ganeshan Wignaraja ed(s)., *Pan-Asian Integration*, pp. iii-vi.

[75] Zheng Yu, "The Evolution of China-Russia-US Tringular Relationship", in Zhang Yunling ed., *Making New Partnership: A Rising China and its Neighbors*, p. 261.

　　東亞地區雖受政治因素影響，但東亞地區主義仍然盛行，不論東北亞、東南亞或整個東亞，都正在積極進行著各種各樣的統合，連南亞也積極與東亞進行統合，位於東亞地區的臺灣，在周邊地區都進行個個統合的同時，如何能置身於此壓力之外？

第二節　中國大陸積極介入東亞地區統合

　　東亞地區的統合面臨諸多政治上的阻力，如：日本首相小泉純一郎參拜靖國神社，衍生出 2005 年停辦中國大陸、南韓與日本的年度高峰會議，[76]北方四島、獨（竹）島、釣魚臺及南海諸島的領土爭端亦困擾著相關各國。而必須注意的是，東亞地區雖然經濟統合日益緊密，但至今，卻欠缺防制衝突的正式組織。[77]當然，防制衝突的正式組織代表著政治力對於該地區會員國的強制力，欠缺這種組織，也自然代表著東亞地區各國不願被介入或介入他國衝突或內政的心態與處境。

　　在紛擾的東亞局勢中的，中國大陸國力的崛起，被外界視為不爭的事實，而中國大陸在東亞地區的作為目標，被學者認為明顯包含下列各種：[78]

　　一、推動穩定與和平環境，以利於中國大陸內部的政治與經濟穩定。

　　二、尋求更有利的經濟接觸與關係。

---

[76] Xiao, "Between Adapting and Shaping China's role in Asia regional cooperation", in Suisheng Zhao ed., *China and East Asian Regionalism: Economic and Security Cooperation and Institution-Building*, p. 43.

[77] Mikael Weissmann, "Peacebuilding in East Asia: The role of Track 2 diplomacy, informal networks, and economic, social and cultural regionalization ", in Jacob Bercovitch, Kwei-Bo Huang and Chung-Chian Teng ed(s)., *Conflict Management, Security and Intervention in East Asia: Third-party mediation in regional conflict,* p. 67.

[78] Robert Sutter, "Dealing with a Rising China: US Strategy and Policy", in Zhang Yunling ed., *Making New Partnership: A Rising China and Its Neighbors*, p. 364.

三、向周邊國家保證中國大陸的和平崛起。

四、孤立臺灣。

五、增強對周邊及相關國家（如：日本、印度、美國）的影響力。

甚至有學者認為依據中國大陸對外的自由貿易區建構，已儼然形成「中國大陸自由貿易區外交」概念，如與波斯灣國家的自由貿易區建構，除經濟利益外，更在意維護原油來源，與東南亞國協的自由貿易區簽訂隱含與美國及日本對抗意味，與東亞地區的緊密關係更包含防止臺灣獨立、孤立臺灣的意義等等。[79]或說中國大陸進入各種各樣的自由貿易區，目的除經濟因素外更可擴大其在國際社會的影響力，同時藉自由貿易區集結其他會員國，改變當前國際社會經貿秩序，使對中國大陸等開發中國家有利，而中國大陸不會輕易終止這種提昇國際地位的戰略行動。[80]

中國大陸目前的國力，雖有逐漸上升趨勢，但對於整個世界的影響力，可能力有未逮，但就另一個角度看，中國大陸的綜合國力卻對其周邊地區產生難以免除的衝擊，而學者認為中國大陸對於周邊國家所採用的影響方式，包括：[81]

一、利用多邊關係，組織周邊國家抵抗外部超強力量的介入，並以合作關係，達成既定的目標。

二、盡其可能在雙邊關係中占據主導地位。

三、透過貿易、財政、協助等手段提供經濟利益作為誘因。

四、強調創新與推動新的理念力量。（Emphasize ideational power）

五、利用中國模式的成功誘發周邊國家改變，使有利於中國大陸。

---

[79] Ka Zeng, "Multilateral versus Bilateral and Regional Trade Liberalization: explaining China's pursuit of free trade agreements(FTAs)", in Suisheng Zhao ed., *China and East Asian Regionalism: Economic and Security Cooperation and Institution-Building*, p. 91.

[80] Zeng, "Multilateral versus Bilateral and Regional Trade Liberalization: explaining China's pursuit of free trade agreements(FTAs)", P. 97.

[81] David M. Lampton, *The Three Faces of Chinese Power* (California: University of California Press, 2008), p. 174.

六、若前述手段都失敗，則利用強迫手段使周邊國家就範。

另一個角度卻是，最近數十年的世界發展趨勢，已讓經濟議題與安全議題愈來愈難以區分，為解決愈來愈複雜的跨境問題，連過去「視國際組織為帝國主義走狗」的中國大陸，都必須臣服於多邊主義的壓力下，而與他國進行各種各樣的合作。[82]不論如何，中國大陸逐漸融入各類國際組織卻是事實。

面對中國大陸國力日盛，周邊國家對於中國大陸的作為，依各國的歷史記憶、雙邊關係、地理位置及國外關係等等做出反應，甚至有將這些反應分類為見機行事（dealing with）、抵抗（resist）、歡迎（welcome）、害怕（fearful）等四類的論調，各國在以達成經濟統合，及承認中國大陸、日本等大國在此區域內的影響力的前提下，依據各自的需求，將此四類行為模式混合，以追求各自國家利益，[83]更以引進美國干涉、加入國際組織、合縱連橫等等不一而足的手段，抗衡中國大陸的主導意圖，但不論如何，在中國大陸國力日盛，且具有廣大的經濟市場誘因推波助瀾下，[84]其周邊國家自然與中國大陸的關係日益密切，並促成中國大陸對周邊地區統合的干預。

而中國大陸有意以多邊主義取代過去所常用的雙邊主義，或說以多邊主義思維取代過去所強調的孤立主義及雙邊主義，而加強與周邊國家的統合關係趨勢，其中與後冷戰時期的小布希政府單邊主義有關；中國大陸意圖以多邊主義加強與周邊國家統合關係，以對抗美國的單邊主義。[85]其主要用意包含：[86]

---

[82] Dong-Ching Day, "China's multilateralism and its impact on cross-strait relations", in Guoguang Wu and Helen Lansdowne ed(s)., *China Turns to Multilateralism: Foreign policy and regional security* (New York: Routledge, 2008), pp. 241-243.

[83] Lampton, *The Three Faces of Chinese Power*, p. 175.

[84] Lampton, *The Three Faces of Chinese Power*, pp.176-206.

[85] Gilbert Rozman, "Post Cold War Evolution of Chinese Thinking on Regional Institutions in Northeast Asia", in Suisheng Zhao ed., *China and East Asian Regionalism: Economic and Security Cooperation and Institution-Building*, p. 23.

一、在全球化趨勢中獲取經濟利益。

二、籌組集團對抗霸權，尤指激勵反美勢力投靠中國大陸對抗
美國。

三、改變中國大陸過去國際形象，並表示中國大陸願意接受國際
規範行事。

四、提升地區安全。

而這種加強與周邊國家多邊接觸的態勢形成後，已不易退卻至孤
立狀態，且全球化的趨勢，也使中國大陸無法退卻，故中國大陸不論
是自願或被迫，都無法避免的介入東亞地區的統合運作。

全球化與地區統合雖面向眾多，但其中以經濟統合最易被觀察與
量測已如前述，因此，研議中國大陸對於東亞地區的介入，亦以經濟
議題的探討最具指標性。

在東亞各國紛爭不斷，至無法進一步進行法理統合的氛圍中，且
在欠缺超國家統合組織的前提下，東亞地區各國又都想各自與區內國
家發展特定的經貿關係。因此，短期內各自相互簽訂諸多自由貿易協
定或其他類似組織，形成學者口中的「麵碗症候群」（noodle bowl
syndrome）：區內經貿關係像一碗麵一般糾纏不清，沒有組織也釐不出
頭緒，[87]其情狀猶如圖3-3：

---

[86] Guoguang Wu and Helen Lansdowne, "International multilateralism with Chinese characteristics: Attitude change, policy imperatives, and regional impacts", in Guoguang Wu and Hellen Lansdowne ed(s)., *China Turns to Multilateralism: Foreign policy and regional security*, pp. 3,5,9-10.

[87] Richard E. Baldwin, "The East Asian Noodle Bowl", pp. 46, 48.

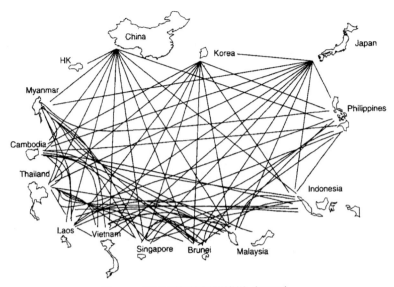

圖3-3　東亞麵碗症候群態樣（2006）

資料來源：Richard E. Baldwin, "The East Asian Noodle Bowl", in Daisuke
　　　　　Hiratsuka and Fukunari Kimura ed(s)., *East Asia's Economic
　　　　　Integration : Progress and Benefit* (Hampshire: Palgrave Macmillan, 2008),
　　　　　p. 48.
說　明：此圖依據為 2006 年 1 月，東亞各國已簽訂或協商中的各類自由貿易協
　　　　　議繪製。所謂東亞是指東南亞國協加上中國大陸、日本與南韓。

　　回溯過去東亞地區的統合，在 1960 年代主要是經由經濟層面的需
求造成統合，而逐漸轉變成以政府主導的統合，並以建立自由貿易區
為重要手段，而 1997 年的亞洲金融危機當然是促成東亞地區由政府主
導建構統合體制的重要轉捩點，[88]在過去中國大陸的潛意識中，認為
加入國際性組織，將被組織牽絆，而相對喪失主權運作的空間，故經
常抱持戒慎恐懼的態度，但為了利益與國家安全，卻於近年內對於國

---

[88] Tain-Jy Chen and Ying-Hua Ku, "Taiwan and East Asian integration ", in Peter
　　C.Y. Chow ed., *Economic Integration, Democratization and National Security
　　in East Asia*, p. 172.

際組織的加入轉趨積極；而中共加入周邊國際組織的目的，顯然已跨越純經驗層面的相互獲利，而積極意圖利用經濟事務的相互合作，擴大對周邊國家的政治影響力，就猶如德國在二戰後對其周邊國家的讓利經濟作為，以換取政治影響力一般。[89]

　　而有學者主張，東亞地區經濟層面的統合，係肇因於：[90]

一、中國大陸開放與競爭壓力，在東亞地形成勞動分工。

二、近期透過 APEC 逐漸建構亞太地區組織。

三、來自日本及其他經濟發達地區的投資，在東亞地區取得低工資的優勢。

四、1997-1998 年金融危機所造成的連鎖反應，使東亞地區必須相互合作，以地區團結力量應對全球金融危機再發生。

五、中國大陸內需市場的強力拉動，成為東亞地區經濟獨立成長的引擎。

六、兩岸已加入 WTO，使兩岸貿易障礙降低。

七、自由貿易區的快速增加，消除了該地區的保護主義與加速貿易自由化。

　　不論那一種原因，都與中國大陸的崛起有密切關係，且在中國大陸與東亞各國需求下，造成的東亞地區經濟統合快速成長，讓東亞地區各國關係的相互密切程度超乎過去的想像，但統合可能造成國與國更不平等，或國家內部的不平等，加上東亞地區的各國差距太大，在統合過程中，具磁吸效應能力的中國大陸不僅引起東亞各國的不安，且因中國大陸內部發展的巨大不均衡，更可能造成中國大陸的混亂而影響及他國的穩定，這種潛在危機更讓東亞各國擔憂。[91]

---

[89] Thomas G. Moore, "Racing to integrate, or cooperating to complete?: Liberal and relist interpretation of China's new multilateralism", in Guoguang Wu and Helen Lansdowne ed(s)., *China turns to Multilateralism: Foreign policy and regional security*, pp. 35-41.

[90] Ciuriak, "Growing East Asian trade and economic integration: implications for economic relations across the Taiwan Strait", pp. 153-154.

[91] Fujita, Kumagai and Nishikimi, "Introduction"，in Masahisa Fujita, Satoru

　　而中國大陸的經濟發展顯然亦無法脫離國際社會的影響，如外資企業對於中國大陸出口與其製造業的貢獻，就難以被抹滅。[92]再以中國大陸加入 WTO 後，對於對外經貿關係的研究顯示，對周邊國家包含臺灣的經貿是入超，但對於美國、歐盟等國卻是出超，[93]因先進國家，尤其是美國，對中國大陸龐大的貿易赤字，可能興起對中國大陸的保護主義，若如此，則可能引發中國大陸也以保護主義報復，致使各國經濟前途黯淡；進一步檢視，雖然近年中國大陸已超越美國成為東亞地區經濟成長的最強力引擎，但中國大陸的經濟成長是否可以歷久不衰，也頗令人擔憂，因此，周邊國家（包含臺灣）近年因中國大陸經濟興起所造成的對中國大陸市場依賴問題，就難以被忽視。[94]

　　有研究者更具體認為，在東亞地區欠缺如歐洲「歐洲意識」的地區共同感，作為地區統合的基礎。因此，東亞地區的統合就必須強力依賴經濟因素作為統合的誘因，而此經濟因素，主要是由日本、南韓及中國大陸對該地區的投資所引發。[95]過去，東亞地區的經濟發展以雁行理論最常被研究者引用，但在 1990 年代起，卻因各國的發展快速，而打破由日本領頭的雁行發展理論論述，變成多中心的發展，其中中國大陸的快速竄升及日本的疲軟下滑（1990 年，日本由占全球 GDP 的 14.6%降至 2005 年的 10.3%；1990 年，中國大陸由占全球 GDP

Kumagai and Koji Nishikimi ed(s)., *Economic Integration in East Asia: perspectives from Spatial Neoclassical Economics*, pp. 4-5.

[92] Chunlai Chen, "Characteristics of FDI firms in China after WTO accession", in Chunlai Chen ed., *China's Integration with the Global Economy* (Massachusetts: Edward Elgar Publishing Limited, 2009), pp. 110. 116.

[93] Chunlai Chen, "China's economy after WTO accession: an overview", in Chunlai Chen ed., *China's Integration with the Global Economy*, p. 7.

[94] Kunwang Li and Xiaosong Wang, "China's foreign trade: trends and issues after WTO accession", in Chunlai Chen ed., *China's Integration with the Global Economy*, pp. 28-30.

[95] Yoshihiro Otsuji and Kunihiko Shinoda, "Evolution of institution and policies for economic integration in East Asia: history and prospects", in Masahisa Fujita, Satoru Kumagai and Koji Nishikimi ed(s)., *Economic Integration in East Asia: Perspectives from Spatial and Neoclassical Economic*, p. 108.

的 1.9%上升至 2005 年的 5.0%），最為明顯；日本不僅對全球 GDP 的貢獻度下滑，連研發龍頭的地位也備受挑戰。[96]

在可見的未來，東亞地區的統合，以東亞地區峰會（The East Asia Summit；EAS）最具可能性，但在中國大陸的眼中，認為 ASEAN+3 才是東亞統合的核心，其他各類的對話是其輔佐工具，EAS 僅是未來發展的目標，與東南亞國協的統合平臺，最多僅能是相互平行發展的態勢；對中國大陸來說，東亞地區的統合發展包括三個原則：一、東亞自由貿易區的成立；二、ASEAN+1；及三、中國大陸、南韓與日本的自由貿易區建立，而其中以第二個最有可行性。[97]一般認為東亞地區的統合是以東南亞國協為核心，並寄望由此核心發展出 ASEAN+N（東南亞國協加上中國大陸、日本、南韓、印度、澳洲、紐西蘭）模式，同時並由經濟事務擴及政治、文化、安全、社會……等等事務的統合。[98]其過程無法排除東南亞國協各成員國，在面對國力逐漸興起，市場日益龐大的中國大陸時，一方面意圖與中國大陸進行更緊密的統合，一方面又擔心因為個別國力的懸殊遭受中國大陸的壓迫，因此，以東南亞國協集體力量面對中國大陸，甚至引進其他國家力量將中國大陸的力量平衡就成為東南亞國協的政策；也因此，東南亞國協由中國大陸加入的 ASEAN+1，因相互激盪最終形成 AESAN+3 形式的出現，[99]也使東亞主要國家關係日益緊密。

---

[96] Fujita, Kumagai and Nishikimi, "Introduction"，in Masahisa Fujita, Satoru Kumagai and Koji Nishikimi ed(s)., *Economic Integration in East Asia: perspectives from Spatial Neoclassical Economic*s., pp. 20-21,35.

[97] Xiao, "Between Adapting and Shaping: China's role in Asian regional cooperation ", pp.41-43.

[98] Zhang Yunling, "China and its Neighbors: Relations in a New Context", in Zhang Yunling ed., *Making New Partnership: A Rising China and its Neighbors*, p. 3.

[99] Zhao, "China's Approaches toward Regional Cooperation in East Asia: motivations and calculations", in Suisheng Zhao ed., *China and East Asian Regionalism: Economic and Security Cooperation and Institution-Building*, p. 2.

　　不僅如此，若從涉及東亞地區現有的四個重要地區組織東南亞國協（ASEAN）、東南亞區域論壇（ARF）、亞太經濟合作會議（APEC）、上海合作組織（SCO）來看，其中上海合作組織偏於中亞地區與臺灣距離遙遠，亞太經濟合作會議走向未明中國大陸對美國在其中所扮演角色懷有疑慮，東南亞區域論壇則尚屬於鬆散無約束力的安全議題對話機制，[100] 而距離接近且直接以經濟發展作為基礎的東南亞國協動向卻對臺灣影響深遠。東南亞國協的存在，更被許多區域研究學者認為是東亞地區統合的核心。[101] 東南亞國協的統合，依目前情勢觀察，並沒有可以領頭國家集團，如歐盟的德國與法國，或北美自由貿易區的美國與加拿大，雖然新加坡經濟發展程度高，但因為幅員不足，而影響及其對東南亞國協的影響力，在中國大陸加入東南亞國協後，因其經濟實力，自然成為東南亞國協統合的領導國家。[102] 除與東南亞國協的統合積極進行，中國大陸亦在東亞周邊地區與日本、南韓協商簽訂自由貿易區。更進一步說，2002 年 11 月，中國大陸與東南亞國協簽署《中國－東盟全面經濟合作框架協議》（CAFTA），而 CAFTA 可以讓東南亞國協成為東亞的核心，中國大陸則透過 CAFTA 控制東南亞國協，[103] 若東南亞國協成為東亞統合的軸心，那麼中國大陸就可以透過 CAFTA 主導統合東亞各國。因此，在東北亞欠缺強有力跨國組織情況下，中國大陸對東南亞國協介入，並透過東南亞國協發展中國大

---

[100] Gilbert Rozman, "Post Cold War Evolution of Chinese Thinking on Regional Institutions in Northeast Asia", in Suisheng Zhao ed., *China and East Asian Regionalism: Economic and Security Cooperation and Institution-Building*, p. 19.

[101] Xiao, "Between Adapting and Shaping: China's role in Asian regional cooperation ", p. 42.

[102] Evelyn S. Devadason, "ASEAN-China Trade Flows: moving forward with ACFTA", in Suisheng Zhao ed., *China and East Asian Regionalism: Economic and Security Cooperation and Institution-Building*, pp. 117-118.

[103] Bui Truong Giang, "ASEAN and China Relations: Seeking for Economic Cooperation", in Zhang Yunling ed., *Making New Partnership: A Rising China and its Neighbors*, pp. 168, 170.

陸對東亞地區的影響力,是極為合理的選擇,而中國大陸對東南亞國協的介入,自然成為中國大陸介入東亞地區統合的重心。

東南亞國協對於建構如同歐盟的單一市場原並非其設定目標,但在中國大陸與印度經濟崛起,而備受必須加快東南亞國協統合壓力,東南亞國協的各國領導階層也明顯感受到,若不加速統合,則難以與中國大陸及印度匹敵,同時更體認到統合可在全球化時代提升與中國大陸競爭市場的實力,[104]故自 1991 年 7 月於馬來西亞首都吉隆坡召開第 24 屆東南亞國協部長會議(The 24th ASEAN Ministerial Meeting),邀請中國大陸與會以來,多年間累積各類的合作協議,讓中國大陸與東南亞國協的關係日益密切,其中跨國界的海、路、空各類交通建設,將在該地區種下日後更加密切關係的基礎。[105]尤其在 1997 年金融危機後,為面對類似問題再起,更加速東南亞國協的統合。為此,東南亞國協於 2003 年 10 月 7 日簽訂的峇里島共識(Bali II Concord),強調成員國間必須(一)、貨流自由;(二)、服務流自由;(三)、投資自由;(四)、資金流更自由;(五)、技術工人流自由,與歐盟的訴求類似。[106]

就東南亞國協而言,與中國大陸建立自由貿易區 CAFTA 的目的,卻不僅是純粹的經濟目的,更意圖有利用相互的結盟獲取政治利益,其重要目標包含:一、展現東南亞國協本身加強緊密結合的政治意願;二、利用 CAFTA 成就東南亞經濟體(ASEAN Economic Community);三、透過 CAFTA 掌握中國大陸市場;四、CAFTA 帶來和平環境;五、

---

[104] Yeo Lay Hwee, "From AFTA to ASEAN Economic Community-Is ASEAN Moving Towards EU-style Economic Integration?", in Finn Laursen ed., *Comparative Regional Integration: Europe and Beyond*, p. 223.

[105] "ASEAN-CHINA DIALOGUE RELATIONS" (As of October 2011), last visited 2012/1/13, *Association of Southeast Asian Nations*, http://www.aseansec. org/5874.htm。

[106] Finn Lauesen, "Requirements for Regional Integration: A Comparative Perspective on the EU, the Americas and East Asia", in Finn Laursen ed., *Comparative Regional Integration: Europe and Beyond*, pp. 257-259.

為泛東亞自由貿易區（pan-Asia Free Trade Area；EAFTA）墊基。[107]故使東南亞國協也樂於與中國大陸發展進一步緊密關係，縱使摩擦不斷，亦難阻擋此趨勢，如中國大陸與東南亞國協（AESAN）成員國越南、菲律賓，雖對於南海地區的領土爭議不斷，卻也可以在 2002 年在中國大陸與東南亞國協簽訂《南海各方行為宣言》（Declaration on the Conduct of Parties in the South China Sea），三方又於 2005 年簽訂《在南中國海協定區域內聯合海事探勘三方協定》（Tripartite Agreement for Joint Marine Seismic Undertaking in the Agreement Area in the South China Sea），共同在南中國海主權爭議地區開發深海油源。[108]又如，中國大陸雖一方面強調與東南亞國協國家緊密關係，卻又在中國大陸雲南省境內瀾滄江（下由稱湄公河）建築糯扎渡水壩，不理會下游東南亞國協國家如寮國、越南、緬甸、泰國、柬埔寨等的環保與水資源運用，致生與東南亞國協相關國家關係緊張。[109]

有研究認為，1989 年的天安門事件，使中國大陸陷於國際孤立狀況，為擺脫這種孤立，中國大陸積極與周邊國家，尤其是東南亞國協發展關係，一方面突破國際尤其是美國的孤立作為，一方面與美國、日本爭奪在東南亞地區的領導地位，而東南亞國協諸國，在人權、國家主權維護、環境保護、政治制度、文化態樣等等多方面，與西方相較差距甚遠，甚至遭受西方的歧視與壓抑，相對的與中國大陸的理念與發展程度相近，因此，對中國大陸的遭受孤立深表同情，甚至因而彼此可以擺脫不同的意識形態與政治度安排而加強關係。[110]且 1997

[107] Giang, "ASEAN and China Relations: Seeking for Economic Cooperation", pp. 166-167.

[108] Chung-Chian Teng, "Introduction: security, conflict management and resolution in East Asea", in Jacob Bercovitch, Kei-Bo Huang and Chung-Chian Teng ed(s)., *Conflict Management, Security and Intervention in East Asea: Third-party mediation in regional conflict*, pp. 2, 10.

[109] 林庭瑤，〈瀾滄江最大水壩發電　東協國憂〉，《聯合報》，2012 年 9 月 7 日，第 A21 版。

[110] Suisheng Zhao, "China's Approaches toward Regional Cooperation in East Asia:

年亞洲金融風暴加速東南亞國家的統合進程，其目的是以降低經貿障礙、擴大市場規模作為抵抗類似經濟風暴的基礎，而 2004 年在寮國首都永珍第八屆東南亞國協峰會加三國會議，溫家寶對於加強與東南亞地區關係的演講，更讓中國大陸的地位上升至本地區的領袖位階。[111]

中國大陸為加強與東南亞國協的實質統合，早在 2000 年 11 月，就由國務院前總理朱鎔基提出建立「中國－東盟自貿區」設想；2002 年 11 月，中國大陸與東南亞國協簽署《中國－東盟全面經濟合作框架協議》（CAFTA），決定在 2010 年建成「中國－東盟自貿區」。2004 年 1 月 1 日，自貿區的先期成果——『早期收獲計劃』順利實施。2004 年 11 月，中國大陸與東南亞國協雙方簽署自貿區《貨物貿易協議》，並於 2005 年 7 月開始相互實施全面降稅。2007 年 1 月，雙方簽署了自貿區《服務貿易協議》，2009 年簽署《投資協議》。最後於 2010 年 1 月 1 日與東南亞國協正式建立「中國－東盟自由貿易」，該自由貿易區是中國大陸對外商談的第一個自貿區，也是發展中國家間最大的自由貿易區。自貿區建立後，雙方對超過 90% 的產品實行零關稅。中國大陸對東南亞國協平均關稅從 9.8% 降到 0.1%，東南亞國協六個老成員國對中國大陸的平均關稅從 12.8% 降到 0.6%，關稅大幅降低，促成雙邊貿易快速增長。2011 年 1 至 10 月，雙邊貿易額已達 2,959 億美元，同比增長 25.7%，使中國大陸成為東南亞國協第一大貿易夥伴，東南亞國協成為中國大陸第三大貿易夥伴。[112]

---

motivations and calculations" in Suisheng Zhao ed., *China and East Asian Regionalism: Economic and Security Cooperation and Institution-Building*, pp. 9, 13.

[111] Lampton, *The Three Faces of Chinese Power*, p. 111.

[112] 〈中國－東盟自由貿易區〉，2012 年 8 月 16 日下載，《新華網》，http://big5. xinhuanet.com/gate/big5/news.xinhuanet.com/ziliao/2007-01/15/content_56074 79.htm。

東亞地區的統合，依中國大陸的設想必須東南亞國協為軸心，尤其是東南亞國協加一（ASEAN+1）更是中國大陸的理想基礎，而成就ASEAN+1 的基礎條件有：[113]

一、2002 年 11 月公布《南海各方行為宣言》（Declaration on the Conduct of Parties in the South China Sea）。

二、2002 年 11 月在柬埔寨首都金邊簽訂《中國大陸與東南亞國協綜合經濟合作架構協定》（Framework Agreement on Comprehensive Economic Cooperation between ASEAN and China）。

三、2003 年 5 月，以東南亞國協外的第一個主要大國身分，與東南亞國協簽訂《友好合作條約》（Treaty of Amity and Cooperation）。

四、2003 年 3 月，東南亞國協罕見的為加強與中國大陸政治關係，公開宣布反對臺灣進行有關主權公投（referendum）。

五、2003 年 10 月在峇里島宣布《和平與繁榮戰略伙伴聯合宣言》（Joint Declaration on Strategic Partnership for Peace and Prosperity），2004 年又宣布其行動方案，加強東南亞國協與中國大陸關係，以營造未來五年（2005-2010）東南亞國協與中國大陸的全面與互惠關係。

六、2004 年 11 月簽訂《全面經濟合作架構下的貨品貿易協定》（Agreement on Trade in Goods of the Framework Agreement on Comprehensive Economic Cooperation）。

中國大陸更與東南亞國協更於 2011 年 10 月達成對話關係協定（ASEAN-CHINA DIALOGUE RELATIONS），雙方認定必須加強在農業、訊息、人力資源發展、湄公河盆地開發、投資、能源、交通、文化、公共衛生、旅遊及環保（agriculture, information and communication

---

[113] Xiao, "Between Adapting and Shaping China's role in Asia regional cooperation", p. 44.

technology, human resource development, Mekong Basin Development, investment, energy, transport, culture, public health, tourism and environment）等十一項領域的合作。[114]

這些奠定中國大陸與東南亞國協統合基礎的重要作為中，最攸關臺灣未來發展的，當然是第四項的表明反對臺灣主權變更立場，其目的雖是向中國大陸表達絕不支持臺灣為獨立國家，讓中國大陸為難之目的外，其影響卻是臺灣與周邊國家的國際活動空間也因此更明確被壓縮。

無論研究指向何種原因促成東亞的統合，認為東亞地區積極進行統合的研究成果極多。但東亞地區統合無法順利進行的研究結論，亦非罕見。尤其是東北亞地區至今仍未有建立共同安全組織之共識，[115]使得東北亞的統合將極力避開與主權增減有密切關係的法理統合，更受各種因素的限制。又因為東亞地區或東南亞地區的統合呈現「麵碗」狀態，致使相對國力強大的中國大陸在其中，更可以雙邊關係方式壓迫他國聽從其各種安排，就算是近期中國大陸逐漸轉變成以多邊關係處理東亞地區或東南亞地區國際事務，也因其影響力的巨大，而造成各國的極大壓力。因此，中國大陸在其中發揮的影響力難以忽視。

中國大陸對於東亞周邊國家的緊密聯繫，與孤立臺灣卻因同時進行並有相互支援的目標設定，甚至中國大陸與周邊國家進行各種各樣的統合之際，其重要目標竟然是孤立臺灣，致使臺灣無法與周邊國家進行正常的各層次交流與統合，相對的，在中國大陸的政策設定下，致使臺灣必須在孤立中尋求出路，而唯一的出路，似乎就是與中國大陸改善關係，其具體結果就是與中國大陸進行各類的交流與統合。

---

[114] "ASEAN-CHINA DIALOGUE RELATIONS"。

[115] Piao Jianyi, "Building Security Regime in Northeast Asia", in Zhang Yunling ed., *Making New Partnership: A Rising China and Its Neighbors*, p. 113.

第三節　周邊地區統合對臺灣之影響

當前臺灣周邊地區國際局勢，除朝鮮半島的緊張關係外，其他地區雖有為領土主權衝突的可能，但這些爭議引發全面性衝突的可能性似乎不高，且美國與中國大陸不願輕易武力對抗，反而認為維持平穩的東亞局勢，對於世界和平穩定也有一定的幫助，而維持目前兩岸態勢，更是對美國與中國大陸雙方最有利的安排。因此，在大致和平的東亞局勢中，中國大陸憑其廣大的市場與國際政治實力，尋求與東亞其他國家的實質統合，追求更大的國家利益，自然是理性的選擇。

中國大陸加入東亞地區各類國際性組織，運用政治影響力的重要目標當然是封殺臺灣的國際活動空間防止臺灣獨立，致使臺灣因政治因素無法跟上東亞地區統合的腳步，如何加緊速度擺脫此種困境，自然成為臺灣主政者所必須面對的現實。

當前以經濟全球化為各國主要追求目標的氛圍中，因 WTO 杜哈會談至今未有進一步成效，促使全球各國紛紛以雙邊貿易或地區貿易協定的方式解決彼此經貿障礙問題，並希望從中獲取經貿利益，因而累計至今，全球各地區經貿組織高達數百個；[116]東亞地區進行自由貿易區整合的途徑包含有，東南亞國協分別與中國大陸、日本、南韓簽訂貿易協定促成，或東南亞國協與中國大陸、南韓簽訂自由貿易協定再加上中（共）、日、南韓三國自由貿易協定成就東南亞自由貿易區或東南亞國協同時與日本、大陸、南韓簽訂自由貿易協定成就東亞自由貿易區，各種組合，都因為各種組合完成的時間不同，而呈現對各成員國利弊不同的結果。[117]各國都極度擔心若未加入地區或國際經貿組

---

[116] Margaret P. Karns and Karen A. Mingst, *International Organization-The Politics and Processes of Global Governance(2)* (Colorado: Reinner Publishers, 2010), p. 427.

[117] Tingsong Jiang and Warwick Mckibbin, "What does a Free Trade Area of the Asia-Pacific mean to China?", in Chunlai Chen ed., *China's Integration with*

織，經貿力量甚至政治力量都將被邊緣化，外交孤立的臺灣對此感受尤其深切，因此，與大陸簽訂 ECFA 也在此思維中誕生。但地區經濟組織，也面臨如第貳章所述的挑戰：

一、對於經濟組織中會員國的利益是增加或減少的爭議，甚至認為經濟組織的經貿利益，亦可以外溢至非會員國。

二、區域經濟組織到底是進一步成立國際經貿組織或促進國際經濟貿易自由的基礎，還是其障礙？始終爭辯不休。在地區經濟貿易組織中，大國更可以其影響力占盡組織內的各種利益，對於中小國家不見得有利。

但是，依據國際貿易分析推斷（Global Trade Analysis Project, GATP）模式，推算東亞地區各種組合的自由貿易協定建立（包括中國大陸與香港的自由貿易協定、中國大陸與東南亞國協的自由貿易協定、日本與東南亞國協的自由貿易協定、日本與南韓的自由貿易協定、ASEAN+2、ASEAN+3 等六種組合），2004 年在臺灣被排除在外的情況下，造成臺灣的 GDP 損失由-0.02%至-0.71%不等。反之，若臺灣加入各種組合的自由貿易協定（包括：臺灣與日本、臺灣與南韓、臺灣與美國、臺灣與大陸及香港、臺灣與 ASEAN＋中國大陸＋香港＋日本＋南韓、臺灣全面對全球開放等六種組合），對臺灣 GDP 的貢獻度，則由 0.29%至 4.54%不等。[118]另有學者將臺灣周邊國家的統合，區分為東南亞國協自由貿易區、ASEAN+3 與印度自由貿易區、ASEAN+3 再加南亞國家自由貿易區三種形態，以 2004 年 5 月的商品貿易各國最惠國待遇平均關稅，自 0 至 55.8%，及交易性服務貿業跨境成本係數自 0 至 46.3%，及非交易類跨境服務業成本參數自 0 至 46.4%為基準，[119]並

the Global Economy, pp. 77-78.

[118] Frank S.T. Hsiao and Mei-Chu W. Hsiao, "Prospects of a US-Taiwan free trade agreement: the China factor and critical assessments", in Peter C.Y. Chow ed., *Economic Integration, Democratization and National Security in East Asia*, pp. 218-219.

[119] 商品關稅最高者為孟加拉，最低者為新加坡。服務商品跨境交易成本係數最低者新加坡與香港，最高者為除去柬埔寨、印尼、馬來西亞、新加坡、

以 2001 年的價格為基礎，換算出，2017 年東亞及南亞各國家加入前三種組合自由貿易區的利弊得失。其中，因臺灣都無法加入任何一種自由貿易區，因此，至 2017 年臺灣在 ASEAN+3 自由貿易區的組合中，將損失 104.93 億美金，GDP 下降 2%；在 SAEAN+3 並加入印度的自營貿易區模式下，臺灣將損失 107.7 億美元，GDP 下降 2.1%；在 ASEAN+3 再加入南亞自由貿易區的模式下，臺灣將喪失 109.97 億美元，GDP 下降 2.1%。若僅從出口面來估算，則臺灣於 2017 年在 ASEAN+3 自由貿易區模式下將下降 2.70%，在 AESAN+3 與印度自由貿易區模式下，將下降 2.72%，在 ASEAN+3 加南亞自由貿易區模式下，將下降 2.74%。而非技術工人工資，依前述三種自由貿易區的組合，將分別下降 1.97%、2.05%及 2.10%；技術工人工資依前述三種自由貿易區組合，則分別下降 1.98%、2.05%及 2.08%。而出口與產出，臺灣在前三種模式中，雖有部分產品獲利，但一般說來，工業製造、紡織品、電子機器甚至服務業都遭受 1.4%至 42.81%不等之損失。[120]

　　依此模型推論結果，臺灣似又無法不加入周邊國家組織，並進行相當程度的統合。

　　因此，海基會副董事長兼秘書長高孔廉，於 2012 年 7 月以「ECFA 簽署兩年有感」為題，在海基會所屬刊物《兩岸經貿》月刊上撰文表示：[121]

泰國及越南的其他東南亞國家。其他非交易類服務商品成本係數，最低者為新加坡、香港，最高者為除去柬埔寨、印尼、馬來西亞、新加坡、泰國及越南的其他東南亞國家。Joseph Francois and Ganeshan Wignaraja, "Pan-Asian Integration: Economic Implication of Integration Scenarios" in Francois, Rana and Wignaraja ed(s)., *Pan-Asian Integration*, pp. 506-507. table 8.5 and table 8.6.

[120] Francois and Wignaraja, "Pan-Asian Integration: Economic Implication of Integration Scenarios" in Joseph Francois, Pradumna B. Rana and Ganeshan Wignaraja ed(s)., *Pan-Asian Integration*, pp. 511, 513，517-524. table 8.8, table 8.9, table 8.11, table 8.12, table 8.13, table 8.14, table8.15, table 8.16, table 8.17.

[121] 高孔廉，〈ECFA 簽署兩年有感〉，《兩岸經貿》（臺北），第 247 期，2012 年 7 月，頁 6。

（一）東南亞國協與大陸自 2010 年 1 月 1 日起實施自由貿易協定，有超過 90%的東南亞國協產品在大陸市場享有零關稅與通關便利的優惠，我國產品若無法享有相關優惠，我國企業將處於不利地位。

（二）我國貿易競爭對手南韓，已經與東南亞國協、歐盟、美國等主要貿易國家或地區簽署自由貿易協定，已超過 36%以上的出口產品享有零關稅與通關便利的優惠，若是兩年後南韓與大陸及日本簽署自由貿易協定，總計其出口產品將有 72%享有相關優惠。臺灣產品目前在東南亞國協、歐盟、美國等國家，已遭受南韓產品的強力競爭，未來在大陸、日本等地也將遭受南韓產品無情的踐踏。

　　2012 年，在世界經濟不景氣風暴中，我財政部統計處於 2012 年 8 月 7 日宣布，7 月我國對外貿易出口總額為 248.5 億美元，比去年同期下滑 11.6%，而此次出口衰退，已是臺灣連第 5 個月出口年增率負成長。2012 年 1 至 7 月累計出口總額也比 2011 年衰退 5.8%。依據財政部統計資料，2012 年上半年，相較臺灣、南韓、日本、新加坡、大陸、美國等全球主要國家，臺灣和南韓是「唯二」出口負成長的國家；不過，南韓比 2011 年同期僅衰退 0.8%、臺灣則衰退 5.8%；換言之，全球主要的國家中，臺灣是出口衰退最嚴重的國家。[122]國內知名經濟學者劉大年，甚至認為，近年來臺灣所面對的國際經貿環境更為嚴峻，除了世界經濟成長停滯外，大量興起的自由貿易協定對臺灣出口的排擠效果亦開始浮現，2012 年上半年臺灣出口衰退幅度高於亞太主要國家即是一例。欠缺自由貿易協定網絡，也會阻礙企業運籌臺灣布局全球的能力，不利於招商引資，影響臺灣經濟長期成長。[123]如此情勢，迫使我行政院長陳冲於 2012 年 8 月，宣布將親自擔任「國際經貿策略聯盟布局小組」召集人，推動與各國簽定自由貿易協定，最終目標是

---

[122] 林政忠，〈臺灣出口衰退　連 5 墜〉，《聯合報》，2012 年 8 月 8 日，第 A2 版。
[123] 劉大年，〈調整　FTA：結盟新興國家　建構臺灣品牌〉，《聯合報》，2012 年 8 月 13 日，第 A15 版。

加入 TPP（跨太平洋夥伴協議），以免臺灣和北韓被排除在此體系外的諷刺性結果出現，其龐大的壓力可見一斑。[124]

　　臺灣若不加入周邊國家的貿易統合，或營造其他足以促成經貿更加便利的環境以替代，則臺灣的損失，將難以估算；臺灣以出口為其經濟命脈，這種無法與周邊國家進行經濟統合的結果所造成的損失，甚至將危及臺灣的生存。這種壓力，對臺灣而言，絕對是難以承受之重。在國際孤立是事實，唯一打破經濟、政治孤立的窘境，似乎只能與中國大陸進行先經後政的統合；臺灣在被孤立與邊緣化，加上其資源的欠缺，臺灣只有加入與中國大陸的融合而不是分離，才是理性的選擇。[125]

　　若從全球治理的現實主義衍生出來的戰略或理性主義（Strategic or Rational Choice Theory）的觀點，強調各國因各類目的的驅使而合作，甚至為達成某種特定目的而創造一定的交往架構，[126]如前述，在全球化的漫長過程中，中國大陸亟力爭取以中國大陸言行為準則創造國際秩序的 Chiglobalization 全球化，[127]若然，則以中國大陸的文化、經濟、政治為基底的全球化將可能在未來席捲全球，雖然目前尚未如此，但其中趨勢，已被全球所感知。臺灣在此情況下，不僅承受周邊國家與中國大陸逐漸進行統合的壓力，同時亦將承受中國大陸以相同手法壓迫必須與中國大陸進行統合的壓力。

　　再以東南亞國家經濟統合的經驗看，發現愈富有的國家對於東南亞地區的統合具有更高的興趣。[128]東亞、南亞地區大國與富國對於地

---

[124] 雷光涵、姜兆宇，〈陳揆領軍　推動 FTA　目標加入 TPP〉，《聯合報》，2012 年 8 月 12 日，第 A12 版。

[125] Baogan Guo and Sujiian Guo, "Introduction: Great China in an Era of Globalization", in Baogan Guo and Sujiian Guo ed., *Great China in an Era of Globalization* (United Kingdom: Lexington Books, 2010), p. 10.

[126] Karns and Mingst, International Organization: *The Politics and Processes of Global Governance(1)*, p. 48.

[127] Guo and Guo, "Introduction: Great China in an Era of Globalization", p. 19.

[128] Plummer and Wignaraja, "Integration Strategies for ASEAN: Alone, Together,

區的統合以擴充其市場，自然有比貧窮國家更加興致高昂的趨向，那麼在不僅東亞地區統合，且東亞與南亞兩大區塊也進行統合的趨勢中，在東亞與南亞區域內都屬於富國的中華民國臺灣，對於與周邊地區統合的意願不會太低。且臺灣在國際組織之中因政治因素被迫缺席，又在臺灣欠缺各類資源的窘迫狀況下，在此地緣經濟學世紀（geoeconomic）中，臺灣似乎有只能選擇與中國大陸統合一途以求生存。[129]在全球化的浪潮下兩岸不僅有距離接近，為求相互利益必須聯繫的不可避免狀態，更在中國大陸有心的政治操作下，讓兩岸逐步建構無法分離的狀態，使得兩岸因為適時需要（為經濟利益）與追求目標（如兩岸統一）使兩岸的交流不知不覺中摻入統合的成分，尤其在東亞地區主義盛行的當下對於兩岸統合不僅有推波逐瀾的效果，更對臺灣形成無窮無盡的壓力。

　　歐洲的統合經驗顯示，隨著時空環境的改變有不同的目標與面貌，且與現代所呈現的觀點不同，[130]以瑞典面對歐洲統合為例，在 1961 年英國宣布加入歐洲共同市場（European Economic Community；EEC）後，造成瑞典喪失市場並被邊緣化的壓力，而迫使瑞典也必須加入。[131]由瑞典追求中立的國策，卻無法逃避與歐洲其他國家的進一步統合看，利益是前述統合變項（理想或意識形態、制度、利益、實質進展）中的重中之重，似乎無法避免，縱使意識形態或理想（Idea）可能左右政策，但利益力量卻無從抵擋；[132]另就歐盟統合的研究中，也發現，

---

or Together with Neighbors", p. 170.

[129] Guo and Guo, "Introduction: Great China in an Era of Globalization", p. 11.

[130] Max Haller, *European Integration as an Elite Process: The Failure of a Dream?* (UK: Routledge, 2008), pp. 226-268.

[131] Karl Kaguns Johansson and Göran von Sydow, "Swedish social democracy and European integration : enduring divisions" in Dionyssis G. Dimitrakopoulos ed., *Social Democracy and European Integration : The political of preference formation* (New York: Routledge, 2011), p. 161.

[132] Johansson and Sydow, "Swedish social democracy and European integration : enduring divisions", p. 169.

歐盟內部的經貿關係，雖有促成歐盟成員間經貿增長之趨勢，尤其是歐盟成立早期更是如此。但到歐盟成立晚期加入許多其他國家後，歐盟的經貿關係則呈現與歐盟外的經貿數量急速增加的現象，更重要的是，歐盟大的經貿體如德國、英國，其經貿數量其實是與歐盟組織內外國家同時增長，而英國的例證更是鮮明，[133]其他相對小的成員國（如比利時、丹麥、荷蘭等）吸收自歐盟以外的中間財、消費財與資本財，反而比相對大國的比例更高。[134]不僅歐盟如此，事實上世界各區域組織中，仍不斷的突破現有組織加強與組織外的成員談判自由貿易協定，以爭取本身的最高利益。臺灣在兩岸統合的浪潮中，是否也因為更靈活的經貿策略，而增大與中國大陸以外地區的經貿關係，以逃避中國大陸的吸納力量？或因為臺灣在國際政治活動空間的被中國大陸壓縮，而無法逃避？若以臺灣現有與他國簽訂自由貿易協定或其他國際政治活動空間觀察，臺灣要逃脫中國大陸有計劃的統合作為，似乎比歐盟小國跳脫歐盟範圍，積極與歐盟以外國家發展關係的機會要小得多，那麼是否也代表著兩岸無法逃避的統合進程必將不斷的發展？尤其是兩岸統合過程中，中國大陸對臺灣具有開放廣大市場的實質利益的吸引下，更是如此。更有學者研究認為，在全球化的趨勢下，各地區的國家與國家間簽訂自由貿易區將如骨牌效應般誘發其他國家相互簽訂自由貿易協定以維持競爭力，如，南韓因內部仇視美國情緒，讓南韓與美國的自由貿易協定簽訂中斷，但卻因南韓與臺灣的傳統相互競爭態勢，美國就可利用與臺灣商談簽訂自由貿易協定刺激南韓必須加緊與美國簽訂自由貿易協定，同時也將促成日本與中國大陸進行相關革新，新加坡也無法倖免於這種刺激；又因美國市場是東南亞與

---

[133] Bart Los and Jan Oosterhaven, "Structure Change in Intermediate, Consumption and Capital Goods Trade During Economic Integration: the EU Experience", in Daisuke Hiratsuka and Fukunari Kimura ed(s)., *East Asia's Economic Integration* (New York: Palgrave, 2008), p.208.

[134] Los and Oosterhaven, "Structure Change in Intermediate, Consumption and Capital Goods Trade During Economic Integration: the EU Experience", pp.204 table 8.3, 207 table 8.6, 209 table 8.7, 211 table 8.8.

東北亞國家的重要依賴，美國與臺灣的自由貿易協定談判，將促使東南亞國協與美國進行自由貿易協定談判。[135]這種推論，若扣除中國大陸封鎖臺灣進入國際社會的因素，將可以被完全理解，但因為中國大陸在國際社會中對臺灣的政治封鎖，使得臺灣縱使在其他國家相互刺激，紛紛商簽自由貿易協定時，仍然功敗垂成，無法突破經濟融合過程中被邊緣化的命運。更進一步說，在臺灣將被排除在周邊國家因為相互商簽自由貿易協定等作為，並相互刺激造成多邊、多層次的統合過程中，而加速被邊緣化。尤其在全球化，及東南亞國協與中國大陸、南韓、日本紛紛加入區域經貿組織甚至可能逐漸見發展成政治組織的壓迫下，臺灣不與中國大陸發展進一步緊密關係，被邊緣化的趨向將難以避免。

再從歷史上強國在國際組織運作中所扮演的角色與效果角度觀察，要增強國際組織或聯盟成效的因素，包含有五個：一、列強滿意當前的國際秩序安排；二、體認戰爭的代價太高；三、協議規範的制度化；四、決議機制的存在；及五、強盛穩定軸心力量，使組織或聯盟擴大依賴以求全面發展。[136]當前的統合無庸置疑是由國際強國所推動，在國際承認中國大陸的政經地位重要，臺灣問題不能成為各列強與中國大陸發展關係的阻擾因素的現實下，臺灣要推翻此種趨勢幾無可能。

依據表 3-1 也可輕易發現，臺灣所簽署或洽簽中的自由貿易協定，除與中國大陸的 ECFA 已簽訂外，其餘簽訂自由貿易協定的國家都分布於周邊國家以外地區。而周邊國家的自由貿易協定洽簽，除新加坡與日本外，都不存在。至目前我僅與中南美洲五個友邦國家簽署

---

[135] Frank S.T. Hsiao and Mei-Chu W. Hsiao, "Prospect of a US-Taiwan free trade agreement: The China factor and critical assessments", in Peter C.Y. Chow ed., *Economic Integration, Democratization and National Security in East Asia*, p. 229.

[136] Greg Rasmussen, "Great Power Concerts in Historical Perspective", in Richard Rosecrance ed., *The New Great Power Coalition: Toward a World Concert of Nations* (Marylangd: Rowman and littlefield Publishers, 2001), p. 214.

四項自由貿易協定，該五個國家占我國出口總額僅約 0.13%，[137]正好證明前述臺灣難逃中國大陸政治操作而被邊緣化的推論。

臺灣在經濟事務的統合上，東亞地區國家邊緣化嚴重是不爭的事實。依據統合論的分枝效益（ramification）觀點，臺灣因為經濟事務統合被邊緣化嚴重，因此臺灣相較於其他周邊國家，可透過經濟事務統合逐漸發展至其他領域統合的機會自然相對減少。縱然統合可由非經濟層面引發其他層面的統合，但以臺灣在國際社會被孤立的現狀而言，似乎也不易達成。

面對臺灣實無自外於周邊國家日漸統合之能力。而在兩岸關係緊張的時代，臺灣受政治因素壓迫被排除在各類自由貿易區的統合之外，造成當前臺灣為求擺脫被邊緣化，而被迫與中國大陸單一進行統合的困境，臺灣的領導菁英對此紛紛提出相關的策略：

一、馬總統在 2012 年 6 月 25 日在參加臺北舉行的「關鍵兩年——為臺灣經濟開路高峰會」致詞稱，臺灣面對經濟邊緣化處境，過去十年是亞洲經濟統合最快的階段，但臺灣除了與大陸在兩年前簽了 ECFA，與主要貿易夥伴間商談自由貿易協定「成績非常難看」。並稱，臺灣與第一大貿易夥伴大陸簽 ECFA；第二大的日本也簽投資協議，但未邁向貿易協定；第三大的美國卡在美國牛肉進口案，[138]若不解決，想恢復「TIFA（貿易暨投資架構協定）」之下的協商非常困難，「這關如果不過，要想未來八年加入 TPP，也是做不到的夢想」。但馬總統也指出，不是不加入就活不下去，問題在別的國家都在統

---

[137] 〈與中國大陸談判協定的競賽從此開展〉（2012 年 5 月 4 日），2012 年 8 月 7 日下載，《行政院經濟建設委員會》，http://www.cepd.gov.tw/m1.aspx?sNo=0016909。

[138] 美國牛肉含瘦肉精萊克多巴胺是否開放進口案，經立法院臨時會於 2012 年 7 月 25 日，以 63 比 46 票三讀通過食品衛生管理法修正案而決定在萊克多巴胺一定含量下美國牛肉開放進口。

合，臺灣獨自被遺忘在外，競爭力就不可能提升，路會愈來愈難走，要趕快改變被邊緣化危機。[139]

二、前副總統蕭萬長，在前述「關鍵兩年——為臺灣經濟開路高峰會」時宣讀「開路七大宣言」稱：[140]

（一）值此關鍵時刻，國內外經濟情勢嚴峻，朝野政黨應停止對峙、內耗，並儘速開啟對話，每半年至少應舉行一次，議定國家重大經濟政策。

（二）政府及民間調整心態，以開放為手段，促成進步為目標，設定時間表勇敢推進法制、市場、人才及投資的開放，並有專責機構或首長執行。

（三）政府應儘速完成 ECFA 後續四大協商及臺星、臺紐經貿協定的談判，每半年提出進度報告，與社會溝通，並在完成協商前提出相關配套作法。

（四）政府應在三個月內，建立臺灣及日本新合作平臺，運用 ECFA 的優勢，創造臺灣、日本及中國大陸三贏。

（五）政府應在三個月內訂立中長期產業發展計畫，研究經濟成長新模式，以根本改變過於依賴海外代工出口模式，並逐季提出進度報告。

（六）政府應在半年內研修訂立人才發展策略，從育才、留才、引才擬具體作法，並有專責機構執行。

（七）政府應以半年為期，提出大學教育轉型計畫，並有專責機構或政務首長執行。

前副總統蕭萬長更在前述會議上致詞稱：[141]

---

[139] 林政忠、王光慈，〈簽 FTA 快迫上　馬：落後韓國　不是普通的遠〉，《聯合報》，2012 年 6 月 26 日，第 A2 版。

[140] 林政忠、王茂臻、姜兆宇、汪莉絹，〈願景工程臺灣快轉 7 大宣言經濟開路〉，《聯合報》，2012 年 6 月 26 日，第 A1 版。

[141] 〈蕭萬長：打造臺灣加值島〉，《聯合報》，2012 年 6 月 26 日，第 A2 版。

臺灣和時間在競賽，未來兩年是關鍵，要立即停止內耗，全力推動經濟轉骨工程，展開以下行動：

（一）形塑區域合作新平臺

　　1. 臺日聯手，兩岸合作，創造臺灣新優勢：從臺日商優勢互補及 ECFA 創造兩岸合作契機，打造臺、日、大陸三贏的新合作平臺。

　　2. 積極參與區域經濟整合：加速推動 ECFA 及臺星、臺紐自由貿易協定，並尋求參與「東南亞國協＋N」及東北亞經濟整合相關談判

（二）建立經濟成長新模式

　　　　因應國際經濟新局，並考量臺灣資源限制及社經均衡發展，必須根本改變過於依賴海外代工出口成長模式，建立結合全球與在地、內外均衡的經濟成長新模式。

（三）打造產業永續競爭力

　　　　從市場開放、鼓勵國際合作、加強創新、引進及培養人才等多管齊下，改善國內產業結構，打造產業永續競爭力。

（四）激發個人及企業發展潛能

　　　　從教育改革及投資尤其是對弱勢者的教育投資，以及企業人力發展及培育著手，營造重視價值提升、機會均等的自由發展環境，以激發個人及企業的潛能。

依據馬總統提出臺灣必須積極與其他國家進行經濟統合以避免被邊緣化，及前副總統蕭萬長的發言，所提出的各項建議，其中最具體的顯然是持續深化 ECFA 的建構。若以統合的角度看，卻也是在明示臺灣必須加深與中國大陸的統合，而加深 ECFA 的談判與加深與中國大陸的統合，其目的竟然是在創造與中國大陸以外地區的融合機會。因此，在中國大陸步步進逼的前提下，如何將 ECFA 與大陸與外地區的統合機會平衡，在不影響臺灣獨立自主能力的狀況下，獲取臺灣的最高利益，顯然是其中最嚴肅的挑戰。

　　以臺灣的角度看，臺灣所擔心的莫過臺灣的安全，也擔心臺灣的民主、法制與法治在統合過程中喪失於中國大陸的強勢作為之中，但臺灣同時面對的不僅是主權的喪失問題，也同時必須面對遭受中國大陸武力侵犯的問題，馬英九總統，於 2011 年 6 月間多次對外表示，避免中共飛彈或武力威脅時，必須建構三道防線：一、和平發展模式，主張用貿易、投資、文化、及教育形成兩岸的緊密聯繫，任何一方意圖改變都將付出昂貴代價，終使不願急速改變現有兩岸現狀，二、增加臺灣國際能見度與對世界貢獻，三、國防與外交實力。[142]依此，推動臺灣與大陸更緊密的關係安排，將成為臺灣國民黨籍領導人維護臺灣安全的手段之一，兩岸進一步推動交流，在國民黨籍領導人（至少馬英九總統時代是如此）領導下，將不斷的與大陸更加緊交流甚至統合，但若主張臺灣獨立的政黨執政（如民進黨或臺灣團結聯盟），那必然又有另外一套思維。

　　由歐體的統合歷史證明，統合過程是起於菁英由上而下的倡導，[143]也唯有菁英才能認清這些統合的利益，一般普羅大眾僅能成為其跟隨者。看來，臺灣的領導菁英面對兩岸經濟層面的統合壓力，在中國大陸持續壓縮或控制臺灣國際活動空間，讓臺灣無法在中國大陸以外地區進行有效的各類統合時，積極提倡打破被邊緣化的唯一方法將只剩與中國大陸進行各種各樣的統合。但統合的最終目標顯然是建構政治層面的統合，甚至成為同一個國家，也就是兩岸統一。若政治統合是兩岸經濟統合的唯一目標，那所面臨的問題將是：中國大陸經濟，真的可以依目前趨勢不斷的成長？還是可能如同曾經風光一時的日本，近十五年來卻進入經濟的衰敗？[144]若中國大陸經濟成長受挫，那麼統

---

[142] 李明賢，〈大陸部署飛彈　馬提三道防線〉，《中國時報》，2011 年 6 月 16 日，第 A17 版。

[143] Haller, *European Integration as an Elite Process: The Failure of a Dream?*, p.67.

[144] James C. Hsiung, "The Age of Geoeconomics, China's Global Role, and Prospects of Cross-Strait Integration", in Baogan Guo and Sujiian Guo ed., *Great China in an Era of Globalization*, p. 33.

合指標中的臺灣「實質利益」是否因此遭受損失？而經濟統合後最終
的政治統合「制度」安排或「意識形態」或「理想」是否可以被臺灣
主流民意接受？若無法被接受兩岸關係又該何去何從？這些問題都有
待於本書後半段提出討論。

第肆章　兩岸統合趨向與迴避

　　若區域的統合係由政府的規劃所推動，或更精確一點說，是由政治菁英所推動，那麼政治菁英憑藉何種力量或資訊作為其推動或不推動兩岸統合的決策？臺灣，已是一個完全民主化的國家，因此政治菁英所推動的大陸政策，必然得依賴選民的授權，而人民何以授權予政治菁英以推動特定的決策？當然是基於人民對於其決策的利害判斷。簡單講，就是臺灣政治菁英對於兩岸統合的取捨，維繫於臺灣普羅大眾對於該政策利弊得失的判斷。因此，理解兩岸統合與否的利弊得失，就成為研究兩岸是否推動統合的關鍵，更是研究兩岸是否進一步統合的關鍵。進一步說，在大陸對臺政策貫性且穩定的狀況下，臺灣民意對於統合利弊得失的判準，就成為兩岸統合推動與否的關鍵力量。

　　依目前情勢，兩岸的統合也只能在經濟、文化、族群等政治以外領域進行，連安全議題的討論，都各有顧忌難以順利推動。不可否認的是兩岸目前所正進行如火如荼的經濟統合，同時夾雜著文化、族群的統合，也因此情勢，在臺灣統合理論的盛行，讓一般人認為經由經濟的依賴與統合，將不斷的擴及非經濟領域的統合，終造成兩岸的統一，這種認知使支持臺灣獨立者，極其排拒與中國大陸進行如《海峽兩岸經濟合作架構協議》（ECFA）等協議的簽訂，甚至反對各類的交流，以免使兩岸最終統合成為一個國家。但現實卻逼使臺灣必須與大陸進行相關的交流。因此，民進黨在堅決反對兩岸簽訂 ECFA 後，因現實需要改變策略，主張「概括承受 ECFA」。[1]

---

[1]　林政忠，〈兩岸論述　藍綠交火　民進黨：概括承受 ECFA　不會公投〉，《聯合報》，2011 年 8 月 23 日，第 A3 版。

　　若連主張臺灣獨立的民進黨都概括承受 ECFA，那麼是否意味著兩岸經濟統合無法避免，若經濟統合無法避免？則是否也意味著政治統合也無法避免？本章將對此進行討論。

第一節　兩岸統合趨勢

　　中共領導者師承毛澤東思想，一直以愛國主義、國家團結及反對帝國主義霸權等，作為中國共產黨的統治合法性基礎，但在全球化趨勢下，中共的外交與內政政策日漸不可分割，這使得對內作為支撐中共統治合法性的愛國主義、國家團結、反霸等，因與對外事務的日漸緊密，使前述強調人民對外的憤怒以團結人民的方法，將因此危及中國大陸的經濟發展甚至是中共的統治，致使前述方法逐漸喪失支撐中共的統治合法性效力後，[2]連大陸的學者都認為，目前中共的統治合法性極大部分必須建築在經濟持續發展的基礎上；[3]中共只能以經濟的高速建設與發展，讓大陸人民從中獲得經濟的實際利益，並希冀人民將此「獲利」轉換成對中國共產黨的支持與擁戴。簡言之，當前中共對大陸的統治合法性，竟然是建構在「以鈔票換合法性」的模式上，使經濟發展成為中共統治大陸得以維繫的重要依賴。因為中共對於政權維繫的重視，因此，對於經濟發展當然不敢輕忽，致使中國大陸在可見的未來大力推動經濟發展，已經成為其無可迴避的選擇。因為經濟建設，使臺灣依附其經濟發展並從中獲利充滿吸引力，也形成兩岸經濟層面統合的拉力。

　　從國際局勢的角度看，中共對外宣稱絕不稱霸，但對於東亞地區的作為，卻因為攸關中國大陸的國際利益，因此極盡所能的排除其他

---

[2]　Christopher R. Hughes, *Chinese Nationalism in the Global Era* (New York: Routledge, 2006), pp. 151-153.

[3]　Zhang Liping, "A Rising China and a Lonely Superpower America", in Zhang Yunling ed., *Making New Partnership: A Rising China and its Neighbors* (Beijing: 社會科學文獻出版社，2011), p. 328.

強國，如美國的可能干預；[4]中國大陸欲成為東亞地區的強國企圖極為明顯，為此目的，中國大陸近年極為強調「軟實力」，如在全球各地廣設孔子學院，強調中國特色與中國模式等等，意圖改變現有國際秩序，使對中國大陸的發展有利，但單單軟實力的存在並無法支撐中國大陸對外的影響力，若中國大陸沒有經濟與軍事實力，則無法在二十一世紀成就其領導群倫的目標。[5]在臺北、北京、華盛頓的三角關係中，北京更明顯以經濟實力影響臺灣內政的發展，影響美國的外交動向，並進入該地區的自由貿易區安排，表現出排拒美國介入的態勢，甚至可被形容為亞洲版的「門羅主義」，而也讓臺灣對兩岸經濟的連結日深無法迴避。[6]

眾所周知，若臺灣宣布獨立，或長期不統一，或臺灣內部混亂，或國外勢力介入臺灣，是中共認為對臺動武的理由。雖然中共此種理由宣示性的意義大於實際執行的可能，但若中共真正面臨這些環境，在經過仔細評估認為對臺進行武力壓迫是必要行為時，中共顯然也不會猶豫。中共面對臺灣獨立運動，若無適切的反應，將進一步危及北京對內的統治合法性。因此，中共顯然必須對臺灣獨立運動做出經濟制裁、斷絕交流、加緊國際活動空間封殺……等等作為。但以過去經驗看，這些作為的結果似乎不夠立即與明顯，因此最終可能被迫必須以實質的「武嚇」反應，以遏止臺灣獨立的進行。而做出「武嚇」反應，就可能引發美國的介入，若美國介入，中國大陸就必須面對如下的可能威脅：[7]

---

[4] Thomas Cieslik, "The Role of Greater China in Latin America", in Sujian Guo and Baogang Guo ed(s)., *Greater China in an Era of Globalization* (United Kingdom: Lexington Books, 2010), p. 165.

[5] Baogan Guo and Sujiian Guo, "Introduction Great China in an Era of Globalization", in Sujiian Guo and Baogan Guo ed., *Great China in an Era of Globalization*, p. 9.

[6] Peter C. Y. Chow, "The shifting paradigm in US, China and Taiwan relations: causes and implications for US economic, security and strategic interests", in Peter C.Y. Chow ed., *Economic Integration, Democratization and National Security in East Asia* (Cheltenham: Edward Elgar Publishing Limited, 2007), p. 6.

[7] David M. Lampton, *The Three Faces of Chinese Power* (California: University

一、北京的核子威嚇能力，可能遭美國以傳統武器加以毀滅的結果，而美國的戰區飛彈防禦系統，及新發展的小型的、實際可用的核武，對中共亦構成極大的威脅。

二、沿海地區是中國大陸的經濟發展命脈，極易在戰時遭遇攻擊。

三、原油海運路線；預估中國大陸在 2025 年有 70%-80%的原油購自國外，更有估算外購原油中的一半以上來自中東地區，而中東地區的原油經由海路運抵中國大陸當然難以避免，此海運路線極易遭受他國，尤其是美國的武力威脅。

簡單說，從大陸的立場看，中共絕不能接受與臺灣的分離狀態，甚至可能因為分離而造成臺灣更進一步追求獨立。那麼，以現有的狀況看，可能引發不可收拾的武力衝突，而衝突的結果，最後卻造成中國大陸無法彌補的傷害，甚至亡黨亡國。縱使美國不介入臺海的衝突，僅以臺灣的軍事力量，若對大陸沿海集中的經濟命脈區發動反擊，都足以讓中國大陸對臺動武的意念受挫。因此，中國大陸以統合消溶臺灣對大陸的敵視情緒，達到不戰而屈人之兵的戰略目標，才是戰略的上策。以臺灣的立場看，則除非有不得已的需求，也不用提升至兩岸武力衝突的地步，以免危及本身利益。

當前中國大陸局勢的發展，中共已將自身統治合法性在相當程度上與經濟發展緊緊綁在一起，中共為持續統治大陸，因此必將盡一切力量維持經濟增長，那麼臺灣與中國大陸的經濟統合，使兩岸因此獲利，自然是理性的推估。

兩岸關係因為緩和所創造出的「和平紅利」（peace dividend），如外資因此而比過去更加願意投入臺灣、軍購壓力因此減輕、兩岸旅遊人數因此增加、兩岸貿易成本降低、股票上漲幅度……等等，雖可明確感受，但因「和平紅利」的因果關係無法明確釐清，故並不容易被精確計算，[8]但若由兩岸所簽訂的正式協議，當作兩岸「和平紅利」指

---

of California Press, 2008), pp. 40-41.

[8] S. V. 〈和平紅利〉，2012 年 8 月 7 日下載，《互動百科》，http://www.hudong.com/wiki/%E5%92%8C%E5%B9%B3%E7%BA%A2%E5%88%A9。依據《互

標，同時在必要時作為兩岸統合的實質計算方式則較具體。兩岸統計由 2008 年至 2012 年所簽訂的 18 項協議，加以排列整理可得如下結果：

表 4-1　兩岸協議簽訂分布

會議＼年份	2008	2009	2010	2011	2012～
第一次江陳會	1、海峽兩岸包機會談紀要 2、海峽兩岸關於大陸居民赴臺灣旅遊協議				
第二次江陳會		1、海峽兩岸空運協議 2、海峽兩岸海運協議 3、海峽兩岸郵政協議 4、海峽兩岸食品安全協議			
第三次江陳會		1、海峽兩岸共同打擊犯罪及司法互助協議 2、海峽兩岸空運補充協議 3、海峽兩岸金融合作協議			
第四次江陳會			1、兩岸標準計量檢驗認證合作協議 2、兩岸漁船船員勞務合作協議 3、兩岸農產品檢驗檢疫協議		
第五次江陳會			1、海峽兩岸經濟合作架構協議 2、海峽兩岸智慧財產權保護合作協議		
第六次江陳會				1、海峽兩岸醫藥衛生合作協議	
第七次江陳會					1、兩岸核電安全合作協議

動百科》的說法，臺灣認為如果兩岸和解，臺灣每年可以享受超過 2200 億新臺幣的和平紅利：1.因實現直接三通節約的運輸成本，空運方面每年 500 億新臺幣，航運方面 300 億；2.開放大陸遊客入臺，每年可增加 1000 億收入；3.臺灣的防衛預算減少 15%，可達 400 億。如果加上因此而來的兩岸經貿擴大，這種因經貿交流擴大而增加的經濟收入，將遠遠超過 2200 億這個數字。不但臺灣，大陸也會因此享受巨額的和平紅利，美國也會從中得益。

					1、海峽兩岸投資保障和促進協議 2、兩岸海關合作協議
第八次 江陳會					

資料來源：作者自行製作

說明：依兩岸簽訂 18 項協議（2008 年至 2012 年）之月份劃分本表（一次江陳會簽署協議 2008 年 6 月、第二次江陳會 2008 年 11 月、第三次江陳會 2009 年 4 月、第四次江陳會 2009 年 12 月、第五次江陳會 2010 年 6 月、第六次江陳會 2010 年 12 月、第七次江陳會 2011 年 10 月、第八次江陳會 2012 年 8 月）

　　依據兩岸所簽訂的各種協議觀察，兩岸所進行的統合作為並不完全侷限於經濟層面議題，其中：《海峽兩岸食品安全協議》、《海峽兩岸共同打擊犯罪及司法互助協議》、《海峽兩岸醫藥衛生合作協議》、《兩岸核電安全合作協議》等三項，已跨越純經濟議題，若以兩岸公權力合作以共同打擊犯罪、維護食品安全、醫藥及核能安全角度，兩岸或可宣布早已由經濟議題邁入安全議題的正式協議簽訂。因此，兩岸的統合有逐步加大加深的趨勢並無疑義，這種趨勢與統合論所強調由某一議題的合作逐漸外溢至其他層面的合作相互吻合，但同時也發現，兩岸的統合並不是經由單一的經濟統合向其他方向的統合外溢，而是跳躍式包含於各項議題的協商與協議簽訂。其中由經濟議題為主體內容的《海峽兩岸包機會談紀要》、《海峽兩岸關於大陸居民赴臺灣旅遊協議》、《海峽兩岸空運協議》、《海峽兩岸海運協議》、《海峽兩岸郵政協議》，跳至離經濟議題較遠的《海峽兩岸食品安全協議》、《海峽兩岸共同打擊犯罪及司法互助協議》，又跳回較偏向或純經濟議題的《海峽兩岸空運補充協議》、《海峽兩岸金融合作協議》、《兩岸標準檢測及認驗證合作協議》、《兩岸漁船船員勞務合作協議》、《兩岸農產品檢驗檢疫協議》、《海峽兩岸經濟合作架構協議》、《海峽兩岸智慧財產權保護合作協議》，之後又跳至安全議題的《海峽兩岸醫藥衛生合作協議》、《兩岸核電安全合作協議》，至 2012 年又再度跳回經濟議題的《海峽兩岸

投資保障和促進協議》、《兩岸海關合作協議》。兩岸統合的過程，顯然是依據雙方的需求契合程度進行，因此，基本上都是雙方可以容忍且歡迎的議題才會簽署相關協議，而容忍與歡迎，正代表著這種統合對雙方有利。

為避免空洞的理解雙方統合的利益，宜回到最足以維繫兩個個體間相互合作，且最易觀察與測量的經濟議題層面討論，在經濟層面的統合，則又可發現兩岸經濟統合的應然與實然面都朝進一步統合邁進中。

學者卡司那（Scott L. Kastner）曾在研究兩岸政治衝突與經貿關係發展時，設定假設如下圖：

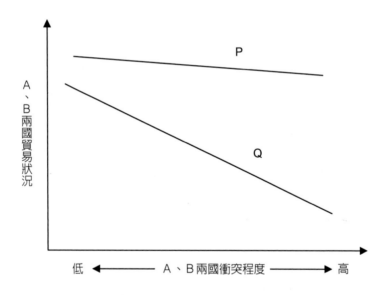

圖 4-1　兩國緊張關係與依賴外貿強度互動

資料來源：Scott L. Kastner, *Political Conflict and Economic Interdependence Across the Taiwan Strait and Beyond*（California: Lendand Standford Junior University, 2009），p. 24.

依據卡司那的論證，當一國依賴國際經貿度愈高，對於兩國政治衝突對經貿的影響愈小（如 P 線），反之，若對國際經貿的依賴度愈低，則政治衝突對兩國的經貿影響愈大（如 Q 線）；[9]各國在政治衝突下對經貿政策的選擇，卻又必須依賴各自國內政治情勢支持國際經貿，或不支持國際經貿而定；若主政者的主要支持者係支持國際經貿者，則主政者自然不敢隨意停止與政治衝突國家的經貿關係，以免冒過多的政治風險；反之，若主政者的主要支持者是反對國際經貿支持者，則主政者可以大膽的對政治衝突對手國實施經貿制裁以獲取其他利益，而不用擔心政治風險。[10]

眾所周知臺灣對於國際經貿的依賴度極高，[11]大陸對於國際經貿的依賴度雖亦不斷提高，且影響及中共對外決策，[12]但其對內政治控制能力及廣大內需市場，對國際經貿的依賴上，遠比臺灣低；而兩岸各勢力，對於兩岸經貿發展的三種立場為：[13]

一、從民族主義（nationalist）的立場，要求以強硬經貿手段，如終止經貿活動等，要求對方屈服。

二、從國際主義（internationalist）的立場，以經貿利益為考量重點，其他理由可以暫緩。

---

[9] Scott L. Kastner, *Political Conflict and Economic Interdependence Across the Taiwan Strait and Beyond* (California: Lendand Standford Junior University, 2009), pp. 23～24.

[10] Kastner, *Political Conflict and Economic Interdependence Across the Taiwan Strait and Beyond*, p. 22.

[11] 〈臺灣對大陸貿易出口依賴度升逾四成〉（2008 年 01 月 10 日），2009 年 9 月 17 日下載，《新華網》，http://news.xinhuanet.com/tw/2008-01/10/content_7398801.htm。2007 年臺灣對大陸和香港出口高達 1004.4 億美元，成長 12.6%，對其出口依賴度首度升逾 4 成，達 40.7%；對其出超也由上一年的 625.26 億美元，升至 706 億美元的新高點。

[12] Kastner, *Political Conflict and Economic Interdependence Across the Taiwan Strait and Beyond*, p. 86.

[13] Kastner, *Political Conflict and Economic Interdependence Across the Taiwan Strait and Beyond*, p. 102.

三、從保護主義（protectionist）的立場，選擇性的與對方進行經
　　貿活動以保護自身利益。

　　在臺灣這三種立場隨兩岸統獨的態度與實際經濟利益的考量而不
同，但在大陸，卻不論主張強硬或溫和對待臺灣的力量，都可以接受
與臺灣發展經貿關係，以換取統一臺灣的結果，[14]縱使保護主義者，
也在政治干預下無法對與臺灣經貿發生重大阻隔作用。

　　2000 年至 2008 年，係為民進黨主政；2002 年 8 月 2 日陳水扁政
府甚至提出「一邊一國」，嚴重衝擊兩岸關係，但兩岸經貿金額估算卻
呈現如下情景，證實前述卡司那所做的推論：

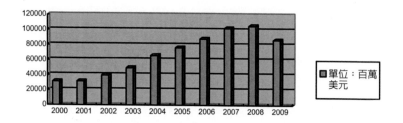

圖 4-2　民進黨執政期間兩岸經貿金額估算圖

資料來源：〈表 6　兩岸貿易金額之估算〉，2010 年 9 月 7 日下載，《行政院
　　　　　大陸委員會》，http://www.mac.gov.tw/public/Attachment/0810946458.
　　　　　pdf。

　　由圖 4-2 顯示，不論是否由主張臺灣獨立的民進黨主政，兩岸經
貿都不斷攀升，連 2003 年的 SARS 疫情都無法阻擋這種趨勢，反而是
2008 底開始的金融風暴才是造成 2009 年兩岸貿易額下跌的原因。

　　換言之，中國大陸對臺的經貿作為，其政治動機，顯然高於對外
經貿動機。因此，在民進黨執政時期中共不因此而減緩與臺灣的經貿

---

[14] Kastner, *Political Conflict and Economic Interdependence Across the Taiwan
　　Strait and Beyond*, p. 103.

作為，而不主張臺灣獨立的國民黨自 2008 年起持續執政至今，中共對臺灣加強經貿交流的傾向，更快速的增長，果如預期。

學者佛藍卡（Jeffery Frankel）的研究更認為，同語言的兩國貿易量比不同語言的兩國貿易量會多出 50%，[15]兩岸既然同文同種，又有相互經貿的需求，故不論任何政黨在臺灣執政，緊密的經貿關係發展似乎難以避免。

因中共這種以政治目的進行對臺經貿交流的傾向，讓兩岸的經濟事務統合不斷密切，作為累積進一步政治事務統合的基礎。

因中國大陸幅員大人口多，造成中國大陸雖在改革開放後取得相當的經濟發展成果，但卻有低個人所得的情形，[16]甚至有可能於成為世界最大經濟體後，但卻有數億人民仍然貧窮的矛盾現象。[17]當然東西、南北、城鄉的巨大差距更為外人所矚目。依據學者賀哲（Carsten A. Holz）的研究，在經濟發展過程中，南韓農業勞動力由 1963 年的占 63%快速下降至 2003 年的 9%，臺灣從 1965 年的 46%快速下降至 2003 年的 7%，兩國都快速用光了農業勞動人口，但中國大陸卻由 1978 年的 71%緩慢下降至 2003 年的 49%，每年下降不到 1%的農業勞動人口，依此推斷，中國大陸自 2003 年算起，仍可維持約 40 年的充裕勞動力供應，[18]也就是在條件不變的情況下，到 2043 年，才能用完農業勞動人口；充裕勞動力的供應雖一方面代表著經濟持續成長的潛力，

---

[15] Jeffery Frankel, "Globalization of the Economy", in Joseph S. Nye Jr. and John D. Donahue ed(s)., *Governance in A Globalizing World* (Washington D. C.: Brookings Institution, 2000), p. 54.

[16] Juwono Sudarsono, "China as an Economic Power: A Regional View", in Chan Heng Chee ed., *The New Asia- Pacific Order* (Singapore: Institute of Southeast Asian Studies, 1997), p. 93.

[17] Sudarsono, "China as an Economic Power: A Regional View", P. 100.

[18] Carsten A. Holz, "Why China's Rise Is Sustainable", *Far Eastern Economic Review*, vol. 169, no 3,April 2006, pp. 41-46. cited by James C. Hsiung, "The Age of Geoeconomics, China's Global Role, and Prospects of Cross-Strait Integration", in Sujian Guo and Baogang Guo ed(s)., *Greater China in an Era of Globalization*, p. 34.

換言之，臺灣若依賴中國大陸經濟的成長並從中獲利的戰略規劃，在客觀情勢上應屬可行。

再就中國大陸發展經濟的策略而言，中國大陸不僅在內部必須持續維持經濟發展以維持住其統治合法性，為維持內部的經濟發展態勢，在全球化的脈絡中，中國大陸也必須推動與他國的政治、經濟、文化、安全……等等統合，而其中最明顯且最易量測的作為，就是與他國簽署自由貿易區。截至 2011 年大陸與東協、巴基斯坦、智利、新加坡等十個經濟體簽署自貿協定（FTA、CEPA 或 ECFA），除哥斯大黎加外，其他九個自貿協定已開始實施；正在談判的自貿區有六個；完成官方研究並研議中有三個。若加上其雙邊貿易占中國大陸總體外貿比重臚列，則如下表之結果。

表 4-2　大陸自貿區占外貿比重

	自由貿易區	雙邊貿易占外貿比重（％）
已簽協定	大陸－香港（2003） 大陸－澳門（2003） 大陸－東協（2004） 大陸－智利（2005） 大陸－巴基斯坦（2006） 大陸－新加坡（2008） 大陸－紐西蘭（2008） 大陸－秘魯（2009） 大陸－哥斯達黎加（2010） 大陸－臺灣（2010）	24.1
正在談判	大陸－海灣合作委員會（2004） 大陸－南部非洲關稅同盟（2004） 大陸－澳大利亞（2005） 大陸－挪威（2008） 大陸－冰島（2008） 大陸－瑞士（2011）	7.8

官方研究	大陸－印度（2006～2008 結束） 大陸－韓國（2006～2010 結束） 中日韓（2010～2011 年結束）	19.1

資料來源：〈大陸推動自由貿易區戰略〉，《大陸情勢雙週報》，第 1624 期（中華民國 101 年 7 月 11 日），頁 18-19。

　　對大陸而言，兩岸簽訂 ECFA 對其外貿比重僅是 24.1%的一小部分，因此，ECFA 對於大陸經貿的貢獻程度有限，也因此，中國大陸對臺灣的各項經貿談判，可以「讓利」作為基礎，尤其在中國大陸對臺設定以政治統合為最終目的的狀況下，「讓利」更是中國大陸牢牢控制住臺灣經濟力量所應該有的極理性選擇。若完全依據雙邊貿易所占中國大陸外貿比重觀察，則中國大陸持續對臺「讓利」的空間仍大，相對的臺灣則可以利用大陸的這種「讓利」基礎，攫取重大的經濟利益，致使兩岸經濟層面的統合，也將更得以持續進行。

　　兩岸的統合，若以國力的角度來看，其帶領國家則非中國大陸莫屬，但以分離力量的呈現，卻又必須考量臺灣不願被統合的強烈意圖。兩岸統合在某種程度上是代表著兩岸的和諧，也代表著臺灣不尋求獨立，至少在短期內不尋求獨立。而臺灣不尋求獨立所進一步代表的意義，是兩岸關係平穩，讓中國大陸獲得持續發展經濟提振國力的環境。

　　兩岸統合的好處似乎極多，但其中最被臺灣民眾所擔心的，莫過於因為統合使臺灣過度依賴大陸，終使臺灣失去當前獨立自主地位。但相關的研究卻顯示，中國大陸無力對任何國家或地區進行經濟制裁，其理由是：[19]

一、因為大陸吸收包含臺灣在內的龐大投資（FDI），使大陸的穩定與發展與包含臺灣在內的 FDI 擁有者的關係極為密切，2004 年的統計，大陸人民竟有八千萬人的工作與外資企業有關，若中國大陸威脅包含臺灣在內的外資擁有者，當然就威脅及本身的穩定與成長。

---

[19] Lampton, *The Three Faces of Chinese Power*, pp. 67-68.

二、北京必須維持其能保護外國投資者的決心與能力，才能持續吸引外資投入。

三、外資在遭受管理成本上漲後，必然轉移至大陸境外。

四、因國際產業鏈的緊密聯繫，若中共隨意攻擊其中的一段，必將引發其他產業鏈的連鎖反應，對中國大陸不見得有利。

五、對某一對象，如：北韓的制裁，可能引發難民群的噴發湧入中國大陸境內。

六、大陸加入 WTO 及其他多邊經貿協議，既已承諾不得以政治力干擾正常經濟活動。

依此，中國大陸對臺灣的經濟制裁將不易執行。也就是說中國大陸意圖以經濟依賴，對臺灣予取予求的機會並不高，若然，則擔憂臺灣因與大陸地區經濟事務的緊密關係就會造成臺灣喪失獨立自主地位，雖有其可能，但若說必然發生，則未免杞人憂天。更何況，2011年臺灣主要貿易夥伴為中國大陸（含香港）、東南亞國協（十國）、美國、歐盟（二十七國）、日本，此五大貿易伙伴占臺灣出口比重達83.9%，占臺灣進口比重達 64%。就出口面觀察，2011 年臺灣第一大出口市場為中國大陸（含香港），占臺灣出口比重 40.2%，成長 8.1%；第二大出口市場為東南亞國協（十國），占臺灣出口比重 16.7%，成長22.8%；第三大出口市場為美國，占臺灣出口比重 11.8%，成長 15.6%。就進口面觀察，2011 年臺灣第一大進口市場為日本，占臺灣進口比重18.5%，成長 0.5%；第二大進口市場為中國大陸（含香港），占臺灣進口比重 16.1%，成長 20.5%；第三大進口市場為東南亞國協（十國），占臺灣進口比重 11.7%，成長 13.5%。[20]何以外界卻不擔心臺灣對美國、日本、韓國甚或東南亞國協等的經貿依賴造成與這些國家的「統合」，但卻極度擔心與大陸因經貿依賴所造的「統合」問題？顯然所謂對大

---

[20] 〈2011 年中華民國對外貿易發展概況〉（2012 年 5 月 15 日），2012 年 8 月 9 日下載，《經濟部國際貿易局經貿資訊網》，http://www.trade.gov.tw/Pages/Detail.aspx?nodeID=289&pid=350569。

陸經貿依賴並被迫「統合」的等等觀點，都包含濃厚的政治因素，而非純經濟層面的研析。

從另一個角度看待中國大陸經濟的崛起，中國大陸目前的經濟實力所發展出來的影響力基本上是「買」與「投資」，而不是「賣」。因為買與投資對於經濟伙伴而言，或許等同於獲得利益，而「賣」其效果則完全不同，如日本就是以「賣」為其經濟實力的展現，讓日本的經濟實力，讓其經濟伙伴害怕。[21]學界對於經濟統合的研究也提出經濟統合的兩面性，一方面可能是因為統合而造就更廣大的市場讓成員國可以分享其中的利益，另一方面卻也因為統合而讓成員國得以依據各自的專長發揮其獨特的優勢，從中獲取更多的利益。[22]因此中國大陸經濟崛起，在現階段受其經濟伙伴的歡迎，臺灣若自外於此波中國大陸仍在「買」與「投資」可獲利階段，對臺灣實無好處。

依據中國大陸社科院的研究，統計2004年10月家庭資產在18,137至36,275美元之中產階級將達全中國大陸人民的19%（2億4千7百萬人）到2020年可能到總人口的40%-50%。而西方的估算，更認為2011年中國大陸每年平均收入3,000美金的中產階級達全人口的28%，至2025年會超過10億1千萬人口。中產階級快速的成長，所代表的當然是龐大的市場。面對如此龐大的市場，在經濟面上，臺灣自然沒有不加速與其發展密切關係，甚至加速統合以從中獲利的理由；而龐大的中產階級人口，一方面可能促成中國大陸政治情勢往民主化方向前進，另一方面，龐大的中產階級穩定力量，將穩固當前的政治局勢，兩相折衝，最終將促成大陸的民主化或維持中國大陸目前威權但穩定的政治局勢不變，雖無定論，[23]但就臺灣而言，縱使大陸

---

[21] Lampton, *The Three Faces of Chinese Power*, pp. 114-115.

[22] Koji Nishikimi, "Specialization and agglomeration force of economic integration", in Masahisa Fujita, Satoru Kumagai and Koji Nishikimi ed(s)., *Economic Integration in East Asia: perspectives from Spatial Neoclassical Economics* (Massachusetts: Edward Elgar Publishing, 2008), p. 43.

[23] Lampton, *The Three Faces of Chinese Power*, pp. 83-84.

政治環境與現在相同,對於臺灣的影響也不至於壞過目前狀態,但經濟成長所形塑的龐大市場,若不加緊把握,將是臺灣現實的損失。

中國大陸當前對臺灣的戰略作為,明確的顯示,首先重在經濟互動,再來是文化交流,最後是政治統一。[24]因此,臺灣在與中國大陸進行經濟互動,並預期從中可獲得重大經濟利益的同時,也帶動兩岸文化等方面的交流,若中國大陸藉機要脅強迫臺灣與其政治統一,也就是經由經濟的統合最終進至法理的政治統合,在中國大陸仍實行一黨專政且不自由、不民主又欠缺法治的狀況下,臺灣顯然不能接受最終法理統合的結果,那麼臺灣如何一方面享受經濟利益與兩岸交流所創造的兩岸和平紅利,卻又可以抵擋中國大陸的政治統一自然是兩岸共同面臨的挑戰。

第二節　臺灣對兩岸法理統合之疑慮

在臺灣與中國大陸經濟統合並從中獲利的同時,臺灣可能也因此逐漸依賴中國大陸的市場經濟發展,甚至利用大陸對臺在經濟領域外的「讓利」獲取國際活動空間,當然相對的臺灣也經不起中國大陸在經濟事務或國際政治事務的傾力夾殺。因此,現階段臺灣為經濟增長所必須承受的經濟統合外,其他層面如文化、安全、社會……等等層面的統合,似乎也難以逃避。在臺灣尋求不統、不獨、不武的目的實現及臺灣主流民意不願與大陸地區統一的現實下,兩岸經濟、社會、安全……等等層面的統合所可能帶來的政治統合,就成為臺灣對兩岸統合的最大疑慮。

若經濟的統合甚至其他的各層面統合都為政治統合的法理統合服務,那麼必須要提出的問題是,兩岸政治是否可以統合?兩岸政治統合必然涉及政治制度的安排,那麼兩岸人民對於這種安排的支持程度

---

[24] 〈大陸面臨政治改革巨大壓力〉,《大陸情勢雙週報》(臺北),1617 期(中華民國 101 年 3 月 28 日),頁 9。

或這種制度安排在兩岸人民心目中的合法程度（legitimacy）？以當前政治發展的狀況看，臺灣不斷的朝西方式的民主前進，因此臺灣有政黨政治、選舉等等的普遍存在，且這種制度顯然不會在短期內轉變，不僅不會在短期內轉變，甚至持續發展下去的結果，將與西方民主制度更加接近。反觀中國大陸的政治制度將發展至何種面貌，則有許多討論空間。

一、大陸經濟發展與政治發展關係預判

雖然影響中國大陸當前發展政策的因素很多，但其中臺灣問題及其可能造成中國大陸與美國的衝突，必然是其中最重要的因素之一，而對中國大陸最大的挑戰，絕非軍事，而是意識形態與經濟。[25]依據西方政治發展的主流意見，認為經濟發展後在特定條件的配合下，該國家或地區將發展成西方式的民主政治，如政黨政治、選舉、自由、法治、不重視意識形態等等。而此種說法的代表學者，如：杭廷頓（Samuel P. Huntington）與道爾（Robert A. Dahl）等，依據這些西方政治發展學主流意見的看法，中國大陸當前的經濟發展，終將迫使中國大陸政治發展朝向西方式的民主前進，縱使因為中國大陸的幅員廣闊或東西方時空背景的差異而有不同的發展道路，或說縱使中國大陸無法在一夕之間全面的民主化，但部分經濟發達地區，也理應進行民主化運動，而事實卻是中國大陸至今未見有規模足以與中國共產黨抗衡的在野勢力出現，也因此無法斷言中國大陸將因經濟發展而促成民主化的實現；此中國大陸因經濟發展卻未出現民主化的現實，與杭廷頓認為西方式民主化的變革，非單一以經濟發展為唯一條件的論述相互吻合。[26]

---

[25] Lampton, *The Three Faces of Chinese Power*, pp. 6-7.

[26] 劉軍寧譯，Samuel P. Huntington 著，《第三波》（The Third Wave: Democratization in the Last Twentieth Century）（臺北：五南，1994），頁 67。

　　杭廷頓主張，民主化的前提，除經濟發展因素外，尚與因經濟發展造就出來的許多有統治能力者（中產階級）的動向有密切關係，也認為與擁有高度民主思想但卻沒有經濟發展而貧困的廣大人民群眾有關，[27]更可能與外國壓力及中共當前主政者面對大陸民眾民主化要求的反應有關。其中中產階級，不僅可能作為推動民主的主力，但也可能成為維持情勢穩定，進而成為阻卻民主化快速發展的力量。[28]

　　學者巴克（Rodney Barker）主張，黨國體制的統治合法性是建築在受治者相信統治者更了解真理，並接受其統治而不提出質疑。[29]賀德（David Held）則認為，統治的服從是因為：一、人民沒有選擇、被鎮壓；二、傳統；三、民眾的冷漠；四、雖不喜歡卻默認；五、為了長遠的利益；六、蕭規曹隨；七、根據訊息做出最好的決定(服從)等原因所造成。[30]其意，是指由現有的訊息決定未來的服從。[31]

　　在中共有計劃封鎖輿論、不准反對勢力籌組，甚至被統治人民有服從共產黨統治可獲得更好經濟利益的當下，可見未來，中國大陸一方面經濟持續發展，一方面持續專政統治就成為全球不得不面對的現實。這個現實，也再度造成對西方經濟發展促成民主化理論架構並需更加周延推論以符合實際的衝擊。

　　當然中共對於內外輿論、訊息的監控，及對於當前最重要的訊息傳遞工具網路以「與外界實體隔離」（intranet）的方式管理，[32]也隔絕了大部分民眾對民主化資訊的獲取與理解。依現有人類政治制度的安

[27] 劉軍寧譯，Samuel P. Huntington 著，《第三波》，頁 70。

[28] Tony Saich, *Governance and Politics of China*, (New York: Palgrave Macmillan, 2011), p. 388.

[29] Rodney Barker, *Political Legitimacy and the State* (New York: Oxford University Press, 1990), p. 84.

[30] David Held, "Power and Legitimacy in Contemporary Britain" in Gregor McLenna, David Held, and Stuart Hall ed., *State and Society in Contemporary Britain: A Critical Introduction* (U.K.:Cambridge 1984), pp. 301~302. cited by Rodney Barker, *Political Legitimacy and the State*, p. 35.

[31] Barker, *Political Legitimacy and the Sate*, p. 36.

[32] Saich, *Governance and Politics of China*, p. 383.

排經驗、認知與知識看，目前最好的政治改革目標還是仿照西方式民主，但西方式的民主化必須符合競爭的基本原則，更必須讓所有競爭者得以在公平競爭過程中，不用害怕被消滅，而其保證是在憲法的規定，也就是政治制度安排的穩妥。[33]但以中國大陸現有的憲法，卻明文規定中國共產黨的領導地位不容其他政治勢力挑戰；同時，從對中央黨校幹部的調查也發現，中共幹部並不支持民主化，因為，民主化將使黨的幹部置於人民的監督之下，在人民監督下必然危及黨與個人的利益；中共為逃脫民主化的監督，甚至誇大民主化的弊端，如指因民主化使臺灣前總統陳水扁在臺得以貪污、印度因民主化而政治僵局難解、美國更因民主化使選舉必需支付大量金錢等等，作為拒絕民主化的藉口。[34]各種抵擋政治進一步改革，或說抵擋進一步朝西方方式民主趨近的理由，只為向其境內、外明確表示中國拒絕民主的決心，希冀外國因此放棄壓力，內部人民因此放棄要求。而 1979 年 3 月 30 日，鄧小平在「黨的理論工作務虛會」上提出：堅持中國共產黨的領導、堅持社會主義路線、堅持馬克思列寧主義毛澤東思想、人民民主專政等四個堅持，[35]後被寫入 1982 年憲法序言中。其中中國共產黨的堅持是此四項堅持的核心，更是中共在改革開放浪潮中，對大陸統治不可受挑戰的基礎。因為只有中國共產黨的堅持，才得以將其他三項堅持順利推動。

　　因此，國際社會對中國大陸民主化的期盼，或因中國大陸內部新生成的中產階級，無力、無知或無意願追求西方式的民主，或因廣大的農村貧困人口欠缺追求民主的意願，甚或因中國大陸相對於西方社

---

[33] William M. Reisinger, "Choice Facing the Builders of a Liberal Democracy", in Robert D. Grey ed., *Democratic Theory and Post-Communist Change* (New Jersey: Prentice Hall, 1997), p.32.

[34] Cheng LI, "Introduction: Assessing China's Political Development", in Cheng LI ed., *China's Changing Political Landscape: Prospects for Democracy* (Washington D. C.: Brookings Institution Press, 2008), p.6.

[35] 〈領袖人物資料庫〉，2012 年 9 月 11 日下載，《人民網》，http://zg.people.com.cn/GB/33839/34943/34944/34946/2617368.html。

會更加嚴密的資訊控制下,使廣大民眾根本不理解何為民主,致使國際社會的期盼將於相當時間內持續落空,似乎已成命定。

依據杭廷頓的研究認為,在 70 年代年平均國民生產毛額(人均GDP),若按 1960 年代的幣值計算,應該是 500 至 1,000 美元之間,會促成政治民主化的發生,甚至可推算出在 1970 年代中期,國民生產毛額在 1,000 至 3,000 美元間,則民主化幾乎無法抵擋。[36]那麼檢視中國大陸近年的 GDP 發展卻呈現如下現象:

表 4-3　中國大陸 GDP 與人均 GDP 比較表(2005-2010)

年度	國內生產總值 GDP(人民幣/億)	全國人均 GDP(人民幣/元)
2005	184,937.4	14,185(約美金 1,773.1 元)
2006	216,314.4	16,500(約美金 2,062.5 元)
2007	265,810.3	20,169(約美金 2,521.1 元)
2008	314,045.4	23,708(約美金 3,386.8 元)
2009	340,902.8	25,608(約美金 3,658.2 元)
2010	401,202.0	29,992(約美金 4,284.5 元)

資料來源:〈2-1 國內生產總值〉,中華人民共和國國家統計局編,《2011 中國統計年鑑》(北京:中國統計出版社,2011 年 9 月),頁 44。

說明:〈歷年人民幣美元匯率〉,2012 年 6 月 18 日下載,《深圳天捷國際》,http://www.foblc.com/waihui/Before_RMB_USD_Exchange_Rate.html 。2005 年 1 月 1 號人民幣美元匯率(中間價):1:8.0702。2006 年 1 月 1 號人民幣美元匯率(中間價):1:8.0702。2007 年 1 月 1 號人民幣美元匯率(中間價):1:7.8087。2008 年 1 月 1 號人民幣美元匯率(中間價):1:7.3046。2009 年 1 月 1 號人民幣美元匯率(中間價):1:6.8346。2010 年 1 月 1 號人民幣美元匯率(中間價):1:6.8282;2010 年 6 月 30 號人民幣美元匯率(中間價):1:6.7909。故 2005、2006、2007 年以 1:8 為換算參考,2008、2009、2010 年以 1:7 為換算參考。

---

[36] 劉軍寧譯,Samuel P. Huntington 著,《第三波》,頁 65、67。

　　若以地區區分，2010 年東部地區人均 GDP 達人民幣 46,354 元，中部地區人均 GDP 達人民幣 24,242 元，西部地區人均 GDP 達 22,476 元，東北地區人均 GDP 達人民幣 34,303 元，[37]再以 2010 年人民幣與美金匯率比約 7 比 1 計算，則東部人均 GDP 約美金 6,622 元，中部地區人均 GDP 約達美金 3,463.1 元，西部地區人均 GDP 約美金 3,210.8 元，東北部地區約達美金 4,900.4 元；更精準一點換算（約 1：6.769），可將 2010 年人均超過 3,000 美元的個別經濟發達省市盧列如下表：

表 4-4　經濟較發達省市個人年均 GDP 比較表（2010）

省份	人民幣（元）	美金（元）	省份	人民幣（元）	美金（元）
上海	73,297 元	約合 10,827 美元	陝西	26,847 元	約合 3,965 美元
天津	70,402 元	約合 10,399 美元	黑龍江	26,101 元	約合 3,855 美元
北京	70,251 元	約合 10,377 美元	寧夏	26,073 元	約合 3,851 美元
江蘇	51,999 元	約合 7,681 美元	新疆	24,841 元	約合 3,669 美元
浙江	49791 元	約合 7,355 美元	湖南	24210 元，	約合 3,576 美元
內蒙古	47,032 元	約合 6,947 美元	青海	24,000 元	約合 3,545 美元
廣東	43,596 元	約合 6,440 美元	海南	23,665 元	約合 3,495 美元
山東	41,147 元	約合 6,078 美元	河南	23,398 元	約合 3,456 美元
遼寧	40,003 元	約合 5,909 美元	江西	21,170 元	約合 3,127 美元
福建	37,404 元	約合 5,525 美元	四川	21,013 元	約合 3,104 美元
吉林	31,232 元	約合 4,613 美元	廣西	20,645 元	約合 3,049 美元
河北	28,108 元	約合 4,152 美元	安徽	20,610 元	約合 3,044 美元
湖北	27,614 元	約合 4,079 美元	山西	20,391 元	約合 3,012 美元

資料來源：〈中國各省人均 GDP 對比世界各國　上海≈沙特〉（2012 年 2 月 2 日），2012 年 6 月 18 日下載，《中國經濟網》，http://www.ce.cn/xwzx/gnsz/gdxw/201202/02/t20120202_23036060.shtml。

---

[37]　〈1-6　按區域分的國民經濟和社會發展主要指標（2010 年）〉，中華人民共和國國家統計局編，《2011 中國統計年鑑》（北京：中國統計出版社，2011 年 9 月），頁 18-19。

　　這些數據，早已達到或遠遠超過杭廷頓 1970 年代 1 至 3 千美元的標準。若以臺灣 1981 年國民平均生產毛額僅 2,730 元美金，[38]臺灣卻早在 1977 年就發生中壢事件，隨後民進黨於 1986 年 9 月成立，1987 年 7 月臺灣宣布解嚴，臺灣的民主運動就已然成燎原之勢作為參考架構，大陸的東部與東北部地區民主化壓力必然極大。著名政治學者戴蒙（Larry Diamond）於 2011 年 8 月 24 日在臺北的研討會上，仍稱：一旦大陸富有程度能與 1987 年的韓國，或 1990 年代初期的臺灣國民所得相比擬，大陸承受的民主化壓力就會越來越大，甚至變成一種趨勢。[39]縱使如前述戴蒙所主張，若大陸富有程度如臺灣 1990 年代初期程度，才會帶給大陸極大民主化壓力，而 1991 年到 1993 年臺灣的人均 GDP 分別是：9,016、10,625、11,079 美元，[40]那麼當前中國大陸的上海、天津、北京等大城市，也理應出現類似於臺灣的西方式民主化變革。但國際觀察自由民主發展的「自由之家」(Freedom House)，對全球自由化程度的觀察中，卻印證了中國大陸經濟發展不必然促成民主化發展的推論，其中最重要的支持證據就是，2005 年認定中國大陸不容反對勢力的存在，無法更換政權，共產黨掌管一切權力；[41]2006 年，認定中共持續限制人民政治權力，並不准批評主政者；[42]2007 年，

38　〈國民所得統計常用資料〉，2012 年 6 月 20 日下載，《行政院主計處》，http://www.dgbas.gov.tw/public/Attachment/2525163102.xls。

39　王光慈，〈美國民主化理論大師：大陸越富有　民主化壓力越大〉，《聯合報》，2011 年 8 月 25 日，第 A4 版。

40　〈國民所得統計常用資料〉。

41　"China/Freedom in the World 2005", last visited 2012/6/21, *Freedom House,* http://www.freedomhouse.org/report/freedom-world/2005/china。Chinese citizens cannot change their government democratically or express their opposition to its policies. The CCP holds all political power, and party members hold almost all top national and local governmental, police, and military posts.

42　"China/Freedom in the World 2006", last visited 2012/6/21, *Freedom House,* http://www.freedomhouse.org/template.cfm?page=22&year=2006&country=6941。The Chinese government continued to restrict political rights and repress critics of the regime in 2005.

認定中共為了政權穩定，更進一步限制政治權利、通訊權力；[43]與俄羅斯等國同樣是抵抗民主演進的國家；[44]2008 年，認定中國大陸民眾中雖可擁有私有財產，但絕不被允許要求更換任何一階層的主政者；[45]至 2009 年，中國大陸人均 GDP 更高時，卻被認定全球自由化程度已連續倒退 3 年，[46]而其倒退原因，除明指薩哈拉沙漠以南諸國及前蘇聯各共和國的倒退外，還特別點名中國大陸由主政者強力主導反對自由民主，是造成 2009 年世界自由民主進程倒退的主因之一。[47]2010 年中共人均 GDP 又更高時，「自由之家」卻又提出，在全球有二、三十

---

[43] "China/Freedom in the World 2007", last visited 2011/6/16, *Freedom House,* http://www.freedomhouse.org/template.cfm?page=22&year=2007&country=7155。Preoccupation with political stability, however, also prompted the Chinese government to further restrict political rights and repress critics of the regime in 2006, with a number of high-profile detentions and arrests of dissidents, journalists, and lawyers. Restrictions on communication were tightened that year, new rules aimed at limiting media coverage of judicial proceedings were issued in September, and a draft emergency management law is under review that if enacted would prevent Chinese and foreign journalists from reporting on "emergencies" without government approval. Regulations authorizing China's official news agency, Xinhua, to censor and regulate the content of foreign news agencies' reports were widely criticized by the international community.

[44] "Map of Freedom in the World 2007", last visited 2012/6/21, *Freedom House,* http://www.freedomhouse.org/template.cfm?page=363&year=2007 。 Freedom House also noted that the trends reflected the growing pushback against democracy driven by authoritarian regimes, including Russia, Venezuela, China, Iran, and Zimbabwe, threatening to further erode the gains made in the last thirty years.

[45] "China/Freedom in the World 2008", last visited 2012/6/21, *Freedom House,* http://www.freedomhouse.org/template.cfm?page=22&year=2008&country=7372。China is not an electoral democracy. Although the state has permitted the growth of private sector economic activity, Chinese citizens cannot democratically change their leaders at any level of government.

[46] Arch Puddington, "Freedom in the World 2009: Setbacks and Resilience", 2012/6/21, *Freedom House,* http://sup.kathimerini.gr/xtra/media/files/kathimerini/pdf/politic130109.pdf。

[47] "Freedom in the World 2009 Survey Release"（2009/1/12）, last visited 2012/6/21, *beSpacific,* http://www.bespacific.com/mt/archives/020288.html。

億人生活在基本政治與公民自由未被尊重的社會中，中國大陸就占一半。[48]縱使受中東地區民主運動的衝擊，2011 中共對內的控制並沒有鬆動，甚至更加緊縮，[49]面對這些觀察，促使諸多學者，更大膽的預測中共可以免去因經濟發展而促其民主化的走向，[50]更有部分專家認為經濟發展與民主化沒有必然的關係。[51]

至 2004 年，仍有持悲觀論的學者具體化中共無法於短期內走向民主的理由認為：

（一）依現有事實狀況評斷，中共持續的經濟發展與政治事務的對外開放，未來雖難逃混亂或垮臺；但就整體而論，中共一黨專政仍可維持 25 年到 30 年之久。[52]

---

[48] "Freedom in the World 2010: Global Erosion of Freedom"（2010/1/12），last visited 2012/6/18, *Freedom House,* http://www.freedomhouse.org/template.cfm?page=70&release=1120。Not Free: The number of countries deemed to be Not Free increased to 47, or 24 percent of the total number of countries. Over 2.3 billion people live in societies where fundamental political rights and civil liberties are not respected. China accounts for half of this number.

[49] "China/ Freedom in the world 2012", last visited 2012/6/18, *Freedom House,* http://www.freedomhouse.org/report/freedom-world/2012/china-0。With a sensitive change of leadership approaching in 2012 and popular uprisings against authoritarian regimes occurring across the Middle East, the ruling Chinese Communist Party showed no signs of loosening its grip on power in 2011. Despite minor legal improvements regarding the death penalty and urban property confiscation, the government stalled or even reversed previous reforms related to the rule of law, while security forces resorted to extralegal forms of repression. Growing public frustration over corruption and injustice fueled tens of thousands of protests and several large outbursts of online criticism during the year. The party responded by committing more resources to internal security forces and intelligence agencies, engaging in the systematic enforced disappearance of dozens of human rights lawyers and bloggers, and enhancing controls over online social media.

[50] See James Mann, *The China Fantasy*(New York: Penguin Group, 2007)and Bruce Gilley, *China Democratic Future*(New York: Columbia University Press, 2004) etc..

[51] See Francis Fukuyama, *State Building*(London: Profile Books LTD, 2004).

[52] Mann, *The China Fantasy*, p. 10.

（二）美國的強力施壓，促使南韓與臺灣因經濟發展而促成了兩國的民主化，但美國卻因其政治菁英中，布滿親中國大陸的勢力，使美國對中國大陸民主化的壓力難以發揮。美國學、政界菁英，甚至都抱持在任內或退休後，藉過去與中共建立的關係而從中獲利的心態，對中共不民主的情勢不敢批判，而使美國欠缺督促中共民主化的動力。[53]

（三）中國大陸不民主，就不用顧慮其境內反對勢力的糾纏，進而確保壓低外商在中國大陸的經營成本。因此，中國大陸的不民主，對美國的商業利攫取有利，[54]不僅對美國商業利益的獲得有利，對其他國籍外商也同樣有利，也因此國際社會對於壓迫中國大陸民主化的興趣自然消極，以免損及利其經濟利益的攫取。

　　中共在胡錦濤主政下，雖主張和諧世界、和諧社會，並主張穩定以發展經濟，而和諧與穩定，在某種程度上就是指政權的穩定，而政權的穩定又相當程度代表著「國家內部沒有挑戰」與「政權的內外行為都保持一致且可以被預測」。[55]若以國家內部沒有挑戰的需求而言，中共面臨的內部異議勢力，可能必須不斷的以各種方式化解或鎮壓才得以達成。[56]過去，雖然中國大陸人民主觀上對於政府仍抱持「天高皇帝遠」態度，在各國人民主觀認為政府干預其日常生活的比較中，也呈現中國大陸不比其他國家高的現象，如下表。

---

[53] Mann, *The China Fantasy*, pp. 13. 61.

[54] Mann, *The China Fantasy*, pp. 66-67.

[55] Baogang Guo, "China's Peaceful Development, Regime Stability and Political Legitimacy", in Sujian Guo ed., *China's "Peaceful Rise" in the 21st Century*（Burlington: Ashgate, 2006）, p. 41.

[56] Andrew Wedeman, "Strategic Repression and Regime Stability in China's Peaceful Development", in Sujian Guo ed., *China's "Peaceful Rise" in the 21st Century,* pp. 90-91.

表 4-5　各國政府干預日常生活程度比較表

政府干預日常生活主觀認知	中國大陸	美國	英國	德國	義大利	墨西哥
非常大	9.7%	41%	33%	38%	23%	7%
有一些效果	11.7%	44%	40%	32%	31%	23%
沒有效果	71.8%	11%	23%	17%	19%	23%
其他	---	0	---	---	3%	---
不知道	6.7%	4%	4%	12%	24%	3%
總百分比	100.0%	100%	100%	99%	100%	99%
總數	2896	970	963	955	995	1007

資料來源：Andrew J. Nathan and Tianjian Shi, "Culture Requisites for Democracy in China: Finding from a Survey", in Tue Wei-ming ed., *China in Transformation*（Massachusetts: Harvard University Press, 1996 second printing）, p. 100.

　　中國大陸人民對於中國大陸政府是否干預人民日常生活的認知反應，明顯與外部對於中國大陸係威權國家的認知不相符。其原因可能是人民已習慣於被干預，因此對於被政府干預的反應冷淡；也因為反應冷淡，反而無法促成西方式的民主發展，[57]因民主的要求冷淡，所以中國大陸政府得以更加得心應手的進行對人民的鎮壓。2007 年初，外界視為胡錦濤重要智囊的中共中央編譯局副局長俞可平，曾公開發表〈民主是個好東西〉文章，仍要求民主必須具有中國特色，[58]縱使至 2010 年溫家寶、胡錦濤相繼公開表達要進行政治改革，也只能說中共高層意圖從「限權」入手進行政改，而「限權」是指限制政府部門

---

[57] Andrew J. Nathan and Tianjian Shi, "Culture Requisites for Democracy in China: Finding from a Survey", in Tue Wei-ming ed., *China in Transformation*（Massachusetts: Harvard University Press, 1996 second printing）, p. 104

[58] 〈俞可平：民主是個好東西〉（2006 年 12 月 28 日）2012 年 9 月 10 日下載，《人民網》，http://theory.people.com.cn/GB/41038/5224259.html。

的權利但卻拒絕用「分權」、「放權」的方式進行改革，[59]與西方的方式顯然不同。

　　中共目前亦面臨全球化的壓力。對於全球化是否造成全世界雷同的市民社會問題，雖有部分學者認為這種脫離西發利亞國家系統（Westphalian state system）的發展具有可能性，但也有部分學者持反對的態度；而持馬克思或新馬克思主義觀點的學者，卻將全球民主化浪潮視為霸權國家的不友善行為，因此認為，共產國家在面對全球民主化壓力，反而應該更加集權。[60]若中國共產黨為本身的意識形態或實質利益，而反對以走向西方式政黨政治的政治發展方向，或說與臺灣的政治發展方向無法契合，那麼在臺灣絕大多數民眾支持目前與西方民主政治形態契合的政治發展，將形成無可避免的衝突，意既臺灣認為中國大陸民主化程度不足，將不足以吸引臺灣民眾對其認同，為此兩岸要進一步完成政治層面的統合自然是極其困難的事情。

　　另外，為中國大陸持續經濟發展提供充足勞動力的龐大中國大陸農村人口，相對的卻意味著龐大且收入相對偏低的農業人口，無法於短期內消除，因此，也將持續成為拖累中國大陸發展不均衡的問題。也可能因此造成具有改變政治現狀能力的中產階級相對比例不足的現象持續多年，這種現實對於中國大陸的民主化，當然形成不利的影響。龐大的農村人口除提供中國大陸持續的經濟發展基礎，也相對的因為經濟持續發展提供了中共持續以一黨專政統治的合法性，兩者互為因果，更造就中國大陸難以民主化的結果。

　　中國大陸因經濟發展直接促成民主化的現實顯然不易實現。

---

[59] 李春，〈溫家寶談政改　高層共識：限權入手〉，《聯合報》，2010年10月1日，第A23版。

[60] Margret P. Karns and Karen A. Mingst, *International Organizations: The Political and Processes of Global Governance(1)* (London: Lynne Rienner publishers, 2010 second edition), p. 230.

二、中共對共產黨意識形態的堅持

在民主化的論述中，將經濟發展再加上其他因素才造成與民主化的提法已成常態。但中共對於共產黨意識形態的堅持，並因此意識形態造成對經濟發展促成民主化的干擾卻少見學界討論。

一般認為，經濟發展造成中共維持政權統制意識形態的低落，為彌補此意識形態的空缺，而以民族主義作為替代，[61]以維持中共的統治合法性（現行中共憲法「序言」中規定，要反對大民族主義，主要是大漢族主義，同時在憲法二十四條中明文規定要提倡愛國主義，其民族主義與愛國主義兩者確有其差別，但經常被外界，尤其是國外研究者混用）；當前民族主義（或愛國主義）常用於對外宣稱獨立，但對內卻也用於壓抑內部分離主義，要求內部各族群無條件對國家效忠。[62]

民族主義（或愛國主義）更被部分學者認為是政治動員的工具。[63]政治文化學者裴魯恂（Lucian Pye）認為，中國人傳統上要想盡辦法維持共識與和諧，中共的政治文化亦繼承此觀念，[64]中國人傳統上也強調意識形態與階級，而馬列主義正加強了這種傾向。[65]換言之，當前中共的統治，是以共產主義包裝並維持中國傳統的治者與被治者階層與行為準則。[66]因此，中共必須讓人民相信其政策完美無缺，不允許任何人給予檢視與批判，[67]以致造成不穩定與不和諧，而打亂共產黨

[61] Joshua Kurlantzick, *Charm Offensive* (New Haven: Yale University, 2007), p. 33.

[62] Craig Calhour, *Nationalism* (Minneapolis: University of Minnesota Press, 1997), p. 124.

[63] Calhour, *Nationalism*, p. 54.

[64] 胡祖慶譯，Lucian Pye 著，《中國政治的變與常》（臺北：五南，1989），頁5。當然裴魯恂也強調關係才是安全的保障。

[65] 胡祖慶譯，Lucian Pye 著，《中國政治的變與常》，頁 81。

[66] Baogang Guo, "China's Peaceful Development, Regime Stability and Political Legitimacy", in Sujian Guo ed., *China's "Peaceful Rise" in 21st Century*, pp. 43-44.

[67] 胡祖慶譯，Lucian Pye 著，《中國政治的變與常》，頁 100。

所主導的階層安排。更因此，中共反對西方式相互爭奪、衝撞的民主，就成為必然的選擇；若由此角度看，中共近年提倡「和諧」與「合作」，當然具有其價值中心。[68]這種維護共產黨統治的堅定作為，也造成在國際局勢促使共產主義死亡，但列寧式的政權運作模式卻依然健在的現象。[69]眾所周知，列寧式政黨的特性之一，「地方服從中央、下級服從上級、少數服從多數」；表現在政治體制上是黨國體制；專政政黨是唯一的法定執政黨；組織上，政黨在政府、軍隊等單位設置「支部」，以直接指揮；簡單說，黨就是國家；由西方的觀點看，政黨與國家間的關係完全錯置。這種列寧式的黨國體制模式，短期內在中國大陸似無消逝跡象。

依據馬克思與恩格斯在〈共產黨宣言〉裡的說法，認為：「如果說無產階級在反對資產階級的鬥爭中一定要聯合為階級，通過革命使自己成為統治階級，並以統治階級的資格用暴力消滅舊的生產關係，那麼它在消滅這種生產關係的同時，也就消滅了階級對立的存在條件，消滅了階級本身的存在條件，從而消滅了它自己這個階級的統治」；[70]馬克思在〈哥達綱領批判〉中，表明：「在資本主義社會和共產主義社會之間，有一個從前者變為後者的革命轉變時期。同這個時期相適應的也有一個政治上的過渡時期，這個時期的國家只能是無產階級的革命專政」。[71]毛澤東在〈論人民民主專政〉一文中，則主張：「消滅階級，消滅國家權力，消滅黨，全世界都要走這樣的一條路的，問題是

---

[68] Samuel P. Huntington, "The Future of the Third Wave", in Marc F. Plattner and João Carlos Espada ed(s)., *The Democratic Invention* (Maryland: Johns Hopkins University press, 2000), p. 10.

[69] Larry Diamond, "The End of the Third Wave and the Start of the fourth", in Marc F. Plattner and João Carlos Espada ed(s)., *The Democratic Invention*, p. 25.

[70] 馬克思，〈共產黨宣言〉，王君、蔡銳華編，《馬列著作選編》（北京：中共中央黨校，2011），頁 226。

[71] 馬克思，〈哥達綱領批判〉，《馬克思恩格斯選集》（第三卷）（北京：人民出版社，1975 年 4 刷），頁 12、21。

時間和條件」。[72]若說社會主義最終將成為共產主義社會,依據馬克思主義的觀點,認為無產階級國家最終將消亡,而消亡前的所有作為,如與國外資本主義的鬥爭、對內的專政及各種政治、經濟、社會的建設等都為消亡而準備。[73]

中共依據馬克思主義作為其建政基礎,其意識形態中,當然有國家最終必須消亡的堅持,問題只是何時實現國家的消亡?中間又要經過什麼樣的過程?

中共前領導人趙紫陽,曾於 1987 年中共十三大時,提出中國大陸自 1950 年起開始處於「社會主義初級階段」,並稱「這階段至少需要上百年」。現行中共黨章的「總綱」中,亦載明「我國正處於並將長期處於社會主義初級階段,……,需上百年時間」、「中國共產黨在社會主義初級階段的基本路線是:領導和團結全國各族人民,以經濟建設為中心,堅持四項堅持,改革開放……為……社會主義現代化國家而奮鬥」。

---

[72] 毛澤東,〈論人民民主專政〉,《毛澤東選集》第四卷(北京:人民出版社,1966 年),頁 1405。

[73] 〈國家隨著階級的完全消滅而消亡〉,2010 年 10 月 1 日下載,《馬克思主義研究網》,http://myy.cass.cn/file/200512082666.html。國家必將隨著階級的完全消滅而消亡。國家伴隨著階級的產生而出現,也必將隨著階級的完全消滅而自行消亡。所謂國家的消亡,指的是無產階級的國家。無產階級國家對無產階級和廣大勞動群眾實行真正的民主,對極少數剝削者和反社會主義分子實行專政;它要消滅一切剝削制度和剝削階級,消滅一切階級差別和社會差別,使社會從社會主義向共產主義過渡;為此,它致力於社會主義的經濟的、政治的、思想文化的建設,大力發展生產力,建設高度的物質文明和社會主義精神文明,為國家的消亡準備條件。無產階級國家已不是原來意義的國家,在一定意義上說,無產階級國家的建立,就是國家消亡的開始。由於作為階級的剝削階級被消滅後,階級鬥爭仍在一定範圍內長期存在,而且社會主義全面建設的任務十分艱巨;由於帝國主義時代經濟政治發展不平衡規律的作用,社會主義將較長期地處於資本主義的包圍之中,無產階級國家的對內和對外職能仍然存在,因此,國家機器還必須鞏固和加強。強化國家機器是為了國家的最後消亡,這是歷史的辯證法。

　　中國共產黨將目前中國大陸政治、社會、經濟、文化等各方面的
發展狀況，自我定位為社會主義初級階段（下簡稱「初階論」），若統
合馬克思、恩格斯及毛澤東的前述思維，其意自然是指在共產革命推
翻資本主義體制後，政治、社會、經濟、文化等各方面的發展，正逐
步由資本主義社會邁向共產主義社會的初步階段。

　　依據馬克思對資本主義社會到共產主義社會的主張，相關理論家
推論出各種各樣的前進途徑，如：[74]

一、由「社會主義社會」，經過「過渡時期」再進入「共產主義社
　　會」。

二、由「社會主義社會」經過一段「過渡時期」後，先進入「共產
　　主義社會第一階段（社會主義社會），再進入「共產主義社會」。

三、由「社會主義社會」經過「過渡時期」到「不發達的社會主
　　義」，再到「發達的社會主義」最後進入「共產主義社會」。

四、由「半殖民地半封建社會」到「社會主義初級階段」，但其中
　　必須經過「社會主義改造」手段；而從「社會主義初級階段」
　　再進到「共產主義社會」，中間則必須經過「社會主義現代化」
　　階段。

　　不論社會主義社會經過何種階段，最終都將進入共產主義社會，
其過程中不可忘記的是，共產主義是為革資本主義的命而起，換言之，
所謂社會主義初級階段，是指由資本主義社會在經過革命作為後，進
入共產主義社會前的初級階段之謂。而初級階段，必須花費上百年才
得以進入下一階段。在經歷上百年社會主義初級階段結束後，是否有
社會主義第二階段、第三階段、第四階段……？或其他名稱的任何階
段？每一階段要花多少時間？每一階段的內涵為何？中共至今都沒有
說明。但若從「初階論」要花上百年時間推論，姑且不論其內涵為何，

---

[74] 高輝，《社會主義再認識——中共「初階論」之研究》（臺北：永業出版
社，1991），頁20、22、32。

在進入共產主義革命目標的完成階段，就可能要經歷無數個百年。依此，資本主義、初階論與共產主義社會的關係亦可如下圖顯示：

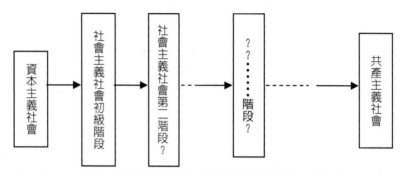

圖4-3　資本主義社會經社會主義各階段過渡至共產主義社會過程

資料來源：作者自行製作

更令人不安的是，界定社會主義發展到何種階段，及每一階段的內涵，卻又掌握在中共手裡。而實現馬克思在〈哥達綱領批判〉中所提由資本主義社會轉變成共產主義社會前的「相適應的政治過渡時期」，就是無產階級專政，就是中國共產黨專政。

若中共欲無限期拖延進入共產主義社會時程，讓中共持續享有統治特權，則其他政治主張亦無從置喙。

目前中國大陸依據共產主義所建構的各類制度與社會型態，都是為進一步進入共產主義社會而鋪陳。因此，以共產主義為目標的中國大陸的各類發展成就，當然不應該再回頭進入資本主義社會。

依據共產主義的經典論述與中共所堅持的「初階論」，中國共產黨執政的最終目的，終將造成國家與政黨的消亡並進入共產主義的天堂，若國家與政黨都已消亡，又何來西方式民主政治？

毛澤東認為社會主義是由資本主義社會過渡到共產主義社會的階段，此階段不可能是和諧與穩定的狀況，而是必須不斷的進行上層建

築與下層建築的鬥爭，同時必須進行不同階級間的鬥爭，[75]因應目前經濟的發展，共產黨更應該加強對國家的專政統治，以更加澈底消滅殘留的資產階級敵人，並防止資產階級復辟。因此，縱使經濟高度發展，也絕無讓資產階級依附的西方式民主復活的道理。

在共產黨的意識形態中，經濟發展目的是在創造「物資泉湧、各取所需」的共產主義天堂，其最終目的是讓國家、政黨等壓迫與被壓迫的任何組織自然消亡於共產主義天堂之中。若依共產黨的意識形態，共產黨絕不會放棄往「共產主義天堂」前進的道路，當然更不會退卻轉入與資本主義相匹配的西方式民主主義的政治建設方向，因此，在中國共產黨的統治下絕無民主化的可能，除非中共的統治被迫放棄其理想或被以革命的方式去除其統治地位，否則共產黨絕不會支持西方式的民主。若共產黨支持西方式的民主，則共產黨就不再是共產黨。

三、中共政治發展預判

中共當前的發展，不論從現實面或意識形態面觀察，短期顯然都無轉換成西方式民主的跡象。更簡單的說，中共對待大陸的統治方向，僅是追求共產黨統治能延續下去，而不在追求是更加社會主義或更加資本主義化，或更加符合世界潮流民化。[76]引領思潮的中國大陸知識界更基於：一、蘇聯垮臺的教訓；二、政府內部資本主義階級或資本階級幹部的出現；及三、民族主義的興起等因素，使新保守派學者力量興起，而這些學者拒絕接受中國大陸快速民主化，認為必須抱持漸進式的演變才能行穩致遠，此種態度不僅包含強烈民族主義性格，更是當前中國大陸思想界的主宰。[77]這種思維也促使中國大陸的思想

---

[75] Saich, *Governance and Politics of China*, p. 62.

[76] Saich, *Governance and Politics of China*, p. 32.

[77] Werner Meissner, "New Intellectual Currents in the People's Republic of China", in David C. B. Theater and David C. B. Teather and Herbert S. Yee

界，在敵視西方與現實考量雙重影響下，而不願在大陸境內推動西方式的民主制度。這種漸進作為的思想，似乎已成為中國大陸進一步民主化的阻礙，甚至也有學者認為，這種不敢一步到位的演變策略，根本就是新威權主義（neo-authoritarism）的展現；[78]而新威權主義應用在中國大陸的發展，其可能選項如下：

表 4-6　新威權主義在中國大陸的可能轉變模式

傳統	轉變	未來
計畫經濟	通貨膨脹危機	市場經濟
威權政治	腐敗	民主化
文化同一	信心危機	多元化
人治	混亂	法治

資料來源：Werner Meissner, "New Intellectual Currents in the People's Republic of China", in David C. B. Theater and Herbert S. Tee ed(s)., *China in Transition*(London: Macmillan Press, 1999），p.17.

　　因新威權主義同時包含著威權政體過渡到民主或退回更為保守落伍的中介角色，[79]而無法保證新威權主義必然向民主過渡。研究威權主義的大陸學者孫哲，認為中共在中國大陸實行「絕對的紅色專制」，民主只能供非敵人享受，若為敵人則係專政的對象，無權享有民主。縱使享有民主的群眾，其享受也必須與黨的利益相符合，決不允許西方式的自由表達、多頭競爭等出現；甚至認為，中共給予人民「民主」的目的，只是為了更能動員人民群眾，為黨的目標奮鬥而已。[80]因此，當前被中國大陸內部諸多學者或中共本身所推崇的新威權主義的統治模式，轉向民主的機率顯然不高。更何況，新權威主義對於，若新的

---

ed(s)., *China in Transition* (New York: ST. Martin's Press, 1999), p.19.與鄭永年，《政治漸進主義》（臺北：吉虹文化，2000），頁 19-20。

[78] 趙建民，《當代中共政治分析》（臺北：五南，1997），頁 279-280。

[79] 蕭功秦、朱偉，〈痛苦的兩難抉擇〉，齊墨編，《新權威主義》（臺北：唐山，1991 年 10 月 30 日初版 1 刷），頁 17。

[80] 孫哲，《獨裁政治學》（臺北：揚智文化，1995），頁 292。

強勢領導人執意要轉回威權統治，將會發生何種結果？及如何防止這種情勢的發生？都無法提出回答。[81]

　　若以新威權主義轉換成民主的時間層面觀察，那麼必須考量時間必須拖上多久？至今也無定論。若依據「初階論」的提法，認為社會主義初級階段必須維持一百年，是存在於 1950 年至 2050 年之間，[82]那麼是否間接說明，共產黨當前掌權卻不推動西方式民主的時間必須至 2050 年，2050 年後卻仍無法保證必然走向民主？若然，則西方式的民主，對中共的政治發展而言，顯然渺不可及。

　　那麼，中共統治的合法性（legitimacy）[83]是否可以在改革開放與經濟成長持續的狀態下無限期的維持，就成為下一個必須解答的問題。中共統治合法性近年因經濟發展與對外改革開放而不斷被質疑。一旦政治合法遭受質疑，為了確保政治的穩定與政權持續，其結果可能採取壓制的手段。[84]嚴密監控或壓制可能挑戰中共統治的各類團體，[85]使挑戰中共統制的各類勢力難以成型。

　　近年中共領導人溫家寶與胡錦濤，雖不斷的公開表示為確保經濟建設成果必須進行政治改革作為政治改革，並強調人民監督政府、法律秩序、民主選舉及人民的參政權利等，但也強調「中國共產黨領導的多黨合作和政治協商制度」堅持「社會主義初級階段的長期性」「在深化經濟體制改革同時，也要推進與搞好政治體制改革，只有這樣，

---

[81] Meissner, "New Intellectual Currents in the People's Republic of China", in Teather and Yee ed(s)., *China in Transition*, p.17.

[82] 高輝，《社會主義再認識——中共「初階論」之研究》，頁 29。

[83] Rodney Barker, *Political Legitimacy and the State* (New York: Oxford University Press, 1990), p. 27.政治（或統治）的合法性，是一種治者與被治者關係的表現，也是人民對政府具有統治權力的信念。

[84] 楊日青等譯，Andrew Heywood 著，《政治學新論》（臺北：韋伯文化，2002 年 3 月），頁 337～338。

[85] Kan Xiaoguang and Han Heng, "Graduated Controls: The State-Society Relationship in Contemporary China", *Modern China*, vol. 34, No.4 (Jan., 2008), p. 38.

經濟體制改革才能最終成功，現代化建設才能持續發展」，[86]但這些言論，卻從沒承諾其政治改革內涵是西方式的民主與法治（與法制）形態。

[86] 〈溫家寶：社會主義民主歸根結底是讓人民當家作主〉，2010 年 6 月 2 日下載，《新華網》，http://news.xinhuanet.com/misc/2007-03/16/content_5855588. htm。中共總理溫家寶，在第十屆全國人大第五次會議（2007 年 3 月）期間舉行的記者招待會上，回答法國記者有關提問時，表示：「民主制度同任何真理一樣，都要接受實踐的考驗，任何地區和國家，民主制度的狀況、優劣，都要以實踐為標準，社會主義民主歸根結底是讓人民當家做主」、「需要保證人民的民主選舉、民主決策、民主管理和民主監督的權利；就是要創造一種條件，讓人民監督和批評政府」、「社會主義民主與法制不是背離的。民主、法制、自由、人權、平等、博愛，不是資本主義所特有的，這是整個世界在漫長的歷史過程中共同形成的文明成果，也是人類共同追求的價值觀」、「世界上有 2000 多個民族，200 多個國家和地區，他們的社會歷史發展不同，他們的發展水準不同，民主的形式和途徑也是不相同的」。〈胡錦濤在黨的十七大上的報告〉，2010 年 6 月 2 日下載，《新華網特專題：中國共產黨第十七次全國代表大會》，http://news.xinhuanet.com/newscenter/ 2007-10/24/content_6938568_5.htm。中共總書記胡錦濤，於中共黨十七大（2007 年 10 月）上的報告稱：「發展社會主義民主政治是我們黨始終不渝的奮鬥目標」、「要堅持中國特色社會主義政治發展道路，堅持黨的領導、人民當家作主、依法治國有機統一，堅持和完善人民代表大會制度、中國共產黨領導的多黨合作和政治協商制度、民族區域自治制度以及基層群眾自治制度，不斷推進社會主義政治制度自我完善和發展」、「深化政治體制改革，必須堅持正確政治方向，以保證人民當家作主為根本，以增強黨和國家活力、調動人民積極性為目標，擴大社會主義民主，建設社會主義法治國家，發展社會主義政治文明」、「堅持社會主義政治制度的特點和優勢，推進社會主義民主政治制度化、規範化、程式化，為黨和國家長治久安提供政治和法律制度保障」、「人民當家作主是社會主義民主政治的本質和核心。要健全民主制度，豐富民主形式，拓寬民主管道，依法實行民主選舉、民主決策、民主管理、民主監督，保障人民的知情權、參與權、表達權、監督權」、「發展基層民主……必須作為發展社會主義民主政治的基礎性工程重點推進」、「依法治國是社會主義民主政治的基本要求」、「社會主義愈發展，民主也愈發展。在發展中國特色社會主義的歷史進程中，中國共產黨人和中國人民一定能夠不斷發展具有強大生命力的社會主義民主政治」。〈溫家寶：政經改革停滯倒退是死路一條〉，2010 年 11 月 12 日下載，《鳳凰網》，http://big5.ifeng.com/gate/big5/news.ifeng.com/mainland/detail_2010_08/22/20491 23_0.shtml。傅依傑，〈在聯大·破天荒溫家寶倡中國要政改〉，《聯合報》，2010 年 9 月 25 日，第 A1 版。魏碧洲、曹健、賴錦宏，〈沒政治改革 經改成果會得而復失〉，《聯合報》，2010 年 9 月 24 日，第 A2 版。

近期的諸多研究更認為，胡錦濤以「新左派」方式統治中國大陸，[87]其目的是以「新左派」政策改善社會各類差距，讓社會穩定以利經濟持續發展。[88]中共此種穩定壓倒一切的政策推動，顯然不會於短期內，准許以相互競爭與衝撞為本質的西方式民主出現，而一般民眾也無法接受震盪療法式（shock therapy）的突轉向西方式民主；中國大陸菁英份子更爭辯認為俄國、印尼、伊拉克及臺灣，都受低劣民主（democracy deficit）之害，對這些國家的經濟、政治事務等表現都有不良影響。因此，中共就算遭受西方式民主化的壓力，其所能接受的民主形態也必與西方式的民主不同。[89]中共領導階層對於「政改」的高度共識，顯然僅是利用政改作為經濟發展的有利工具，與民主政治的推動無關。[90]

中共全國政協主席賈慶林，在中共經濟改革獲得相當成績，並已普遍獲國際認定之 2009 年 1 月間，卻還在中共重要理論刊物《求是》雜誌上，以《高舉中國特色社會主義偉大旗幟，把人民政協事業不斷推向前進》為題，撰文明白表示：「要始終堅持正確的政治方向，堅定不移地走中國特色社會主義政治發展道路」、「築牢抵禦西方兩黨制、多黨制、兩院制和三權鼎立等各種錯誤思想干擾的防線」，[91]中國大陸全國人民代表大會委員長吳邦國，更於 2011 年 3 月 10 日十一屆人大四次會議舉行全體會議中報告，稱：「從中國國情出發，鄭重表明我們不搞多黨輪流執政，不搞指導思想多元化，不搞『三權鼎立』和兩院

---

[87] C. Fred Bergsten, Bates Gill, Nicholas R. Lardy and Derek Mitchell, *China: The Balance Sheet* (New York: PublicAffairs, 2006), p. 60.

[88] Barry Naughton, "China's Left Tilt: Pendulum Swing or Midcourse Correction?" in Chen Li ed., *China's Changing Political Landscape*, p. 144.

[89] Bergsten, Gill, Lardy and Mitchell, *China: The Balance Sheet*, p. 71.

[90] Saich, *Governance and Politics of China*, pp. 133-134.

[91] 〈賈慶林《求是》撰文：把人民政協事業不斷推向前進〉，2009 年 1 月 19 日下載，《中國共產黨新聞網》，http://theory.people.com.cn/GB/49169/49171/8687469.html。

制，不搞聯邦制，不搞私有化」。[92]表明中共為穩固統治合法性，並抵禦西方式民主化演變的決心。

中國追求民主的歷史上，曾存有百日維新失敗、民國初年袁世凱稱帝、民主中國與日本發生戰爭、國共內戰、號稱民主的中共政權卻又有文革動亂、爭民主而爆發武力鎮壓的天安門事件等等令人不快的記憶。[93]但在經濟發展促成內部逐漸多元及全球化壓力下，使中共承受朝西方式民主制度轉變的壓力陡增，但中共卻常以美國的漫長民主化過程，作為抵制迅速民主化的藉口。[94]美國充分民主化的過程：1776年獨立、1787（獨立 11 年後）制訂憲法、1865（獨立 89 年後）廢止奴隸制度、1920（獨立 144 年後）婦女始擁有投票權、1964（188 年後）憲法保障才遍及所有公民的過程。[95]美國花了近兩百年才具有當前民主化的初步面貌，若外界期望中共於短期內，竟因經濟發展與全球化的壓力，而蛻變成如美國的民主制度，顯然也不合理。更何況，就歷史的經驗來看，中共未來對國際社會的反應，不光憑其國力，同時也被其歷史經驗及對國際社會對中國大陸的動向的認知所影響，[96]若中共認為民主化，將對共產黨的威權統治及中國大陸持續的穩定構成威脅，或認為是西方世界對中國大陸進行和平演變的手段，那麼中共全力抵抗西方式民主化的反應將可被預期。

---

[92] 〈十一屆人大四次會議舉行全體會議　吳邦國作報告〉(2011 年 3 月 10 日)，2012 年 6 月 20 日下載，《2011 年全國『兩會』》，http://www.gov.cn/2011lh/content_1821675_2.htm。

[93] John L. Thornton, "Long Time Coming: The Prospects for Democracy in China", Foreign Affairs(U.S.),Vol. 87, No. 1(Jun./ Feb. 2008), p. 19.

[94] Thornton, "Long Time Coming: The Prospects for Democracy in China", p. 20.

[95] Samuel P. Huntington, "The West: Unique, Not Universal", *Foreign Affairs*, 75, November-December 1996, pp.28-46. cited by Jean Daniel, "Democracy and the Nation", *in* Marc F. Plattner and João Carlos Espada ed(s)., *The Democratic Invention*, p. 85.

[96] Jeffrey W. Legro, "Purpose Transitions: China's Rise and the American Response", in Robert S. Ross and Zhu Feng ed(s)., *China's Ascent*（Ithaca: Cornell University: 2008）, p. 187.

　　若以保障共產黨的領導作為政治改革甚至民主建設的前提，那麼中共領導人期許推動的政治改革與民主建設，顯然是「社會主義民主」。而現代的「社會主義民主」[97]顯與西方盛行的自由主義、經濟保守主義、古典自由主義所提倡的民主主義不盡相同；[98]但社會民主主義也受到左翼的批評，認為其「太過依賴資本主義系統」、「放棄建立『社會主義社會』的目標，與資本主義體制合作而不是去推翻」、「逐漸腐化並和生意人的遊說團及其他利益集團同流合污」等等。[99]由這些批判，正好凸顯社會主義民主面臨未來發展的兩難至今無法定論：

（一）社會主義民主朝西方民主主義過渡？

（二）社會主義民主有其獨特的發展方向，與西方民主主義完全不同？

---

[97] s. v.〈社會主義民主〉，2010 年 6 月 2 日下載，《維基百科》，http://zh.wikipedia.org/zh/%E7%A4%BE%E6%9C%83%E6%B0%91%E4%B8%BB%E4%B8%BB%E7%BE%A9#.E7.8F.BE.E4.BB.A3.E7.A4.BE.E6.9C.83.E6.B0.91.E4.B8.BB.E4.B8.BB.E7.BE.A9.E7.9A.84.E4.B8.BB.E5.BC.B5。「社會主義民主」內容包含：一、經由一套管理體制管理民營企業以確保勞工、消費者和中小企業的利益。二、社會市場經濟超越自由市場，或者，在某些情況和範圍下，進行計畫經濟。三、擁護公平貿易超越自由貿易。四、廣泛的社會福利體制。五、由政府持有或者由政府補助，為所有人民提供教育、醫療系統、孩童照顧等等的服務。六、從中等至偏高比率的稅率，並實施累進稅率制度。七、一套規範產業的制度（法定的最低工資，確保工作環境，保護勞工免受資方隨意的解雇）。八、環境保護的法規。九、移民和多元文化政策。十、現世主義和前衛開放的社會政策。十一、支持民主的外交政策，並保護人權。如果可能的話，支持有效的國際多邊主義。

[98] s. v.〈社會主義民主〉。其不同處，正可由這些主義對「社會主義民主」的批評中發現，這些批判一般包括：一、社會民主主義的制度太過限制個人權利，尤其是在經濟上的自由；個人選擇的自由往往被巨大的制度所蓋過。二、社會民主主義的政策只會讓社會趨於平庸，而資本主義國則鼓勵人們競爭邁向成功。三、社會民主主義的政策妨害了市場機制，鼓勵大量的預算赤字和限制企業自由將會傷害經濟的發展。四、古典自由主義者並且批評，社會民主主義對於資本主義的批評往往是針對由國家所控制的社團主義體制，那其實是偏向法西斯主義而不是真正的自由市場經濟。五、社會民主主義為了其理想的目標，而限制了個人在政治和法律上的權利。

[99] s. v.〈社會主義民主〉。

雖然在前述的經濟發展可能最後促成社會民主主義發展為西方式的民主主義，亦可能在事實逆反與意識形態逆反的支撐下，走向完全不同於西方式民主主義的發展方向，何者為真，似乎只有等待時間加以證明。[100]這結果也間接證明，西方對於有關經濟發展將促成政治民主化的推論，縱使加入許多非經濟因素以周延其推論，但卻不能忽視中共意識形態對於阻攔經濟發展與民主化的因果關係。

若兩岸經由各類，尤其是經濟事務的統合其最終目標就是促成兩岸法理統合，就是統合在以北京政府所推崇的政治理想與政治制度之下，但中國大陸卻顯然無法成就民主政治，那麼兩岸最終的統合結果，就等於剝奪臺灣的民主自由生活，這種結果當然不會被當前臺灣主流民意接受，而這種統合安排，自然將衝突不斷，更將成為兩岸統合的最大隱憂。

第三節　臺灣對兩岸法理統合之迴避

馬英九總統的「不統、不獨、不武」政策，充分顯示臺灣主流民意對兩岸法理統合的迴避。

若法理統合是統合的極致，而兩岸關係中法理統合又是實質統合的最終目的，在中國大陸政治制度發展顯然不易走入民主化，臺灣就自然不願與大陸進行法理統合。若實質統合可能促成法理統合的推論正確，那麼為避免法理統合自然就必須迴避與大陸的實質統合。兩岸實質統合真的能迴避？若由台灣在遭受國際社會邊緣化的壓力角度觀察，臺灣難以逃避與大陸進行經濟的實質統合，甚至也難以逃避因而引發之其他領域統合，但現階段極力逃避法理統合則是臺灣主流民意的選擇。

---

[100] William R. Reisinger, "Establishing and Strengthening Democracy", in Robert D. Grey ed., *Democratic Theory and Post-Communist Change* (New Jersey: Prentice Hall, 1997), p. 73.

　　若依據 1993 年 9 月 1 日，中共發表的〈臺灣問題與中國統一〉白皮書內容，顯示如下重點：[101]

一、「中國政府解決臺灣問題的基本方針是『和平統一、一國兩制』」。

二、「一個中國。世界上只有一個中國，臺灣是中國不可分割的一部分，中央政府在北京。這是舉世公認的事實，也是和平解決臺灣問題的前提」。

三、「統一後，臺灣將成為特別行政區」、「在一個中國的前提下，什麼問題都可以談，包括談判的方式，參加的黨派、團體和各界代表人士，以及臺灣方面關心的其他一切問題」。

四、「世界上凡與中國建交的國家，……，承諾不與臺灣建立任何官方性質的關係」。

五、「中華人民共和國政府作為中國的唯一合法政府，有權利也有義務在國際組織中行使國家主權，代表整個中國」。

六、「其他政府間國際組織，原則上臺灣也無權參加」、「與中國建交國家的官方航空公司當然不可與臺灣通航，而其民間航空公司如欲同臺灣通航，則須由其政府與中國政府磋商。在徵得中國政府同意後，其民間航空公司始可同臺灣的私營航空公司互飛」。

　　而 2000 年 2 月 1 日，中共發表的〈一個中國的原則與臺灣問題〉的重要內容則有：[102]

一、「臺灣是中國不可分割的一部分」、「1949 年 10 月 1 日，中華人民共和國中央人民政府宣告成立，取代中華民國政府成

---

[101] 〈臺灣問題與中國統一〉（1993 年 9 月 1 日），2012 年 3 月 6 日下載，《國務院臺灣事務辦公室》，http://www.gwytb.gov.cn/zt/baipishu/201101/t20110118_1700018.htm。

[102] 〈一個中國的原則與臺灣問題〉（2000 年 2 月 1 日），2012 年 3 月 6 日下載，《國務院臺灣事務辦公室》，http://www.gwytb.gov.cn/zt/baipishu/201101/t20110118_1700148.htm。

為全中國的唯一合法政府和在國際上的唯一合法代表，中華民國從此結束了它的歷史地位。這是在同一國際法主體沒有發生變化的情況下新政權取代舊政權，中國的主權和固有領土疆域並未由此而改變，中華人民共和國政府理所當然地完全享有和行使中國的主權，其中包括對臺灣的主權」。

二、「在一個中國原則下什麼都可以談」。

三、「（兩國論等等理由）這些理由是根本不能成立的，也絕對不能得出臺灣可以『中華民國』的名義自立為一個國家和海峽兩岸已經分裂為兩個國家的結論」。

四、「1949 年中華人民共和國政府取代中華民國政府成為全中國的唯一合法政府，已經享有和行使包括臺灣在內的全中國的主權」。

五、「國際社會承認只有一個中國、臺灣是中國的一部分、中華人民共和國政府是中國的唯一合法政府」。

六、「臺灣的前途只有一條，就是走向與祖國大陸的統一，而決不能走向分裂」。顯示中國大陸對於臺灣國際空間的嚴肅箝制與毫不退讓態度。

面對中國大陸的政策主張，2001 年時仍在野的國民黨主席連戰出版《新藍圖新動力》一書，提出兩岸可以「邦聯」方式解決，意圖作為兩岸關係解凍的提議。[103]

國民黨於 2001 年更曾提議將「邦聯」列入該黨綱領但未竟其功。至 2005 國民黨仍推出「邦聯」公開說帖意圖努力尋求兩岸關係的出路，其重要主張：[104]

國民黨必依其政綱草案的大陸政策為：「依循國統綱領。在『一個中國，各自表述』的『九二共識』基礎上，追求兩岸和平穩定關係，建立軍事互信機制，建構臺海和平區；在臺灣優先的前提下，推動階

---

[103] 請參閱，連戰，《新藍圖新動力》（臺北：天下文化，2001）一書。

[104] 〈國民黨『邦聯』說帖〉（2005 年 12 月 27 日），2012 年 3 月 6 日下載，《你好臺灣》，http://www.hellotw.com/wx/mcjd/200706/t20070621_8358.htm。

段性的『邦聯』，邁向民主、自由、均富的統一」，並認為，「邦聯」的含意包括：

一、依循《國統綱領》，追求兩岸穩定。（《國統綱領》卻被陳水扁政府於 2006 年 2 月 27 日宣布廢止，國民黨於 2008 年再度執政後亦未見將其恢復）

二、「邦聯」為兩岸關係發展過程中的一個階段：「邦聯」既非大陸政策的立即目標，也不是兩岸關係的最終解決方案。

三、「邦聯」的通則有助解決兩岸問題。

四、「邦聯」之內涵可依兩岸特性協商處理，兩岸關係中的「邦聯」應該是：（一）合乎對等分治與和平漸進的原則，將來「邦聯」的內涵必須顧及臺灣地區民眾當家做主的意願，也應顧及民主統一的目標。（二）不是「臺獨」，也不是急統。「邦聯」是在兩岸分治的基礎上，建構共同的屋頂，所以它不是「臺獨」的另一種方式，而同時兩岸在同一屋頂下，對等共存，和平共處，所以也不是尋求急統。（三）不是「國協」，也不是「聯邦」。「國協」是一種更為鬆散的組合，並不以統一作為目標，而「聯邦」之下的各邦則不具備完整的自主權，各邦和「中央」的關係有從屬關係，因此，兩者均不適用於兩岸關係的處理。

五、凝聚共識，突破僵局。

縱使國民黨有意將「邦聯」從新定義並給予新的內涵，以有別於傳統對「邦聯」的定義，更有別於中國大陸所堅持的「一國兩制」，以作為新的兩岸關係安排，但連戰所提的「邦聯」不僅尚未成為國民黨的大陸政策，縱使國民黨於 2008 年起再度執政，也未見將此「邦聯」建議轉化為中華民國的大陸政策，充其量，僅能是當前國民黨政府大陸政策的選項之一；此「邦聯」的提議，顯然也未見中國大陸對臺政策的正式對應。致使兩岸如何統合仍限於各說各話階段。

面對中國大陸以統一臺灣為職志，卻又不接受臺灣為一主權獨立國家，甚至不接受臺灣有關兩岸關係鋪陳建議的事實，馬英九總統卻

不斷的提出對兩岸政策的意見或政見，這些意見或政見除於兩次總統競選期間所提出的內容外，更因其具有國家領導人地位，使馬總統對於大陸與兩岸關係政策，散見於與馬總統的各類談話與相關文件中，綜合其重要內容包括：[105]

一、兩岸政策將以「不統、不獨、不武」的新三不政策處理，並且將和中共進行協商，承諾臺海一百年和平。

二、承認大陸地區學校學歷。

三、開放兩岸三通，推動兩岸共同市場，促進海峽兩岸人事物之交流。

四、開啟兩岸經貿協商新時代：全面展開兩岸經貿協商，建立應有制度及規範，以符合國家長遠的利益。

五、全球連結參與全球經濟整合活動：在 WTO 架構下推動與各國洽簽自由貿易協定（FTA）或全面經濟合作協定（CECA）；積極推動 APEC 架構下的「自由貿易協定」；積極參與國際貨幣基金（IMF）、世界銀行（World Bank）及經濟合作暨發展組織（OECD）等國際財經活動。

六、推動兩岸經貿動態調整：以「活水計畫」取代「鳥籠政策」，開放兩岸海空直航，初期以桃園、臺中清泉崗、臺北松山、高雄小港、澎湖馬公、花蓮、臺東七個機場列為兩岸直航機場；展開兩岸直航談判，實現兩岸直航；開放陸資來臺投資生產事業；適度鬆綁對大陸投資的 40%淨值比例上限及產業別的投資限制，但鼓勵關鍵技術留臺。

七、以臺灣為核心，整合全球與大陸市場商機：推動「雙黃金航圈」及「雙營運中心」計畫，利用臺灣地理優勢，推動東北亞及東南亞雙航圈；利用臺灣科技產業利基及經營大陸市場

---

[105] s. v. 〈2008 年中華民國總統選舉〉，2011 年 2 月 21 日下載，《維基百科》，http://zh.wikipedia.org/zh/2008%E5%B9%B4%E4%B8%AD%E8%8F%AF%E6%B0%91%E5%9C%8B%E7%B8%BD%E7%B5%B1%E9%81%B8%E8%88%89#.E5.85.B6.E4.BB.96.E6.94.BF.E8.A6.8B_2。

優勢，建構高科技業之「雙黃金三角」，以「矽谷—臺北—上海」及「東京－臺北－上海」的策略性連結，提升臺灣在全球高科技發展的關鍵角色。

八、以兩岸連結突破參與區域合作瓶頸：結合產官學力量，推動「東亞區域整合論壇」，邀集東亞各國產官學界參與，為形塑涵蓋臺灣的制度化區域經濟整合，凝聚共識，參加東協加三、東協十加六等區域經濟整合安排；逐步實現「全臺自由貿易區」。

九、國防政策——打造精銳新國軍，確保臺海無戰事。

十、面對中國大陸崛起，臺灣應該以文化為前鋒，對大陸輸出創意和價值，發揮燈塔效應，促進大陸的社會發展，同時為臺灣創造和平紅利。主張全面開放兩岸文化交流，包括兩岸媒體相互駐點採訪正常化；支持各級學校與大陸學校交換學生；鼓勵民間基金會深入大陸；發起華文世界的「諾貝爾獎」，以文學、戲劇、音樂為主，促進華文世界的價值交流；促成兩岸合作編纂「二十一世紀華文大辭典」，透過文化平臺，讓兩岸超越政治紛爭。[106]

若檢視至今兩岸關係的推展，馬政府確實達成或逐步推動的績效包括：

一、執行「不統、不獨、不武」政策，並因此政策，帶來諸多和平紅利。[107]

二、承認大陸學歷；在陸生三法（大學法、專科學校法及兩岸人民關係條例）修正通過立法後，亦已積極推行。[108]

---

[106] 〈文化白皮書　馬承諾：年文化預算 200 億〉，2011 年 2 月 21 日下載，《臺灣向前行》，http://www.wretch.cc/blog/ma192008/20852257。

[107] 簡威瑟，〈歷史經驗，大陸兩會結束後，政策利多發酵……中概內需通路 蓄勢強彈〉，《經濟日報》，2011 年 3 月 11 日，第 B2 版。

[108] 陳智華、薛荷玉，〈41 校學歷　9 月起採認〉，《聯合報》，2010 年 8 月 20 日，第 A2 版。

三、開放兩岸三通、建立兩岸制度性協商、在世界貿易組織（WTO）
　　架構下洽簽自由貿易協定之規劃，在兩岸簽訂 ECFA 之後，已
　　幾乎完全完成。

四、展開兩岸直航談判，實現兩岸直航；開放陸資來臺投資生產事
　　業亦已逐步進行。[109]行政院第 3101 次院會通過經濟部「大陸
　　投資金額上限鬆綁及審查便捷化方案」，於 2008 年 8 月 1 日
　　起，廠商赴大陸地區投資金額上限將依下列原則辦理：（一）
　　個人：由現行新臺幣 8,000 萬元，放寬為每年 500 萬美元。（二）
　　中小企業：新臺幣 8,000 萬元外或採淨值或合併淨值之 60%
　　（較高者）。（三）非中小企業：由現行淨值或合併淨值百分
　　之 40-30-20，一律放寬為淨值或合併淨值之 60%。[110]

五、為保衛臺灣安全除持續爭取對美國購買先進武器外，配合實
　　施的募兵制也預定於 104 年實施，[111]使縮短義務兵役服役期
　　限的政策規劃逐步落實。

---

[109] 呂雪彗、潘羿菁，〈陸資來臺開放 30 項〉，《工商時報》，2011 年 3 月 2 日，
第 A1 版。經濟部公布第 2 波陸資來臺開放清單。高科技產業開放 IC 製造、
封測及面板等 3 類，服務業開放港埠業、倉儲業、運動娛樂休閒、產業機械
設備及安裝等多項，總計近 30 項。第 1 波開放約 100 項，吸引陸資投資約
1.39 億美金，創造超過 3 千個就業機會，〈第二波陸資入臺　賴士葆：項目
還是太少〉（2011 年 3 月 3 日），2011 年 3 月 28 日下載，《中國評論新聞網》，
http://www.chinareviewnews.com/doc/1016/1/6/3/101616361.html?coluid=10
&kindid=254&docid=101616361&mdate=0303112025。

[110] 〈放寬大陸投資金額上限及審查便捷化（97.7.17 提報行政院、97.8.1 實施）〉
（2008 年 12 月），2011 年 4 月 1 日下載，《行政院大陸委員會》，http://www.mac.
gov.tw/ct.asp?xItem=44263&ctNode=5613&mp=1。〈鬆綁大陸投資上限，奠
定全球發展利基〉（2008 年 7 月 17 日），2011 年 4 月 1 日下載，《行政院》，
http://www.ey.gov.tw/ct.asp?xItem=43509&ctNode=2313&mp=1。

[111] 〈實施募兵制對替代役制度之影響評估〉（2010 年 10 月 13 日），2011 年 3 月 28
日下載，《我的 E 政府》，http://blog.www.gov.tw/blog/2e896527-4194-4859-9682-
06bb6aec7934/post.aspx?id=cb049908-995f-490b-8609-85e61fac8ba4。另有一
說，行政院長吳敦義認為因財政問題將延後實施募兵，但卻隨即遭國防部
認為係誤傳，但不論是否於 104 年實行募兵，政府逐步規劃實行募兵卻是
事實。秦蕙媛、吳明杰，〈104 年募兵　吳揆：有困難〉，《中國時報》，2011

六、兩岸文化進一步融合，如兩岸共同編訂「中華大辭典」，未來
　　兩岸將共同建構「中華語文雲端資料庫」，並合辦「閩南文化
　　節」；[112]兩岸合編「中華大辭典」網路版於 2011 年底啟用，
　　2012 年 6 月出版問世，[113]而兩岸合作建置的「中華語文知識
　　庫」也在 2012 年 2 月 8 日在兩岸同步上線。因兩岸直航及政
　　府積極推動「搭橋專案」，[114]使兩岸產業分工得以整合並創造
　　雙贏，使創造兩岸高科技產業與美國西岸高科技產業相互結
　　合並提高產能與經濟價值的「雙黃金雙角」計畫，[115]及兩岸
　　媒體相互駐點正常化，[116]也取得初步成果。

　若加以更仔細的檢視，發現馬英九總統對於兩岸的政見或政策
提議，除「凝聚共識，參加東協加三、東協十加六等區域經濟整合
安排」、「鼓勵民間基金會深入大陸；發起華文世界的『諾貝爾獎』，

年 3 月 29 日，第 A4 版。

[112] 陳洛薇、李明賢，〈劉兆玄銜命登陸　兩岸雲端見……共建華文資料庫〉，《聯
合報》，2010 年 5 月 21 日，第 A19 版。

[113] 陳洛薇，〈中華語文知識庫　兩岸同步上線〉，《聯合報》，2012 年 2 月 8 日，
第 A13 版。

[114] 曾志超，〈搭橋專案成果豐碩〉（2010 年 2 月 1 日），2011 年 3 月 29 日下載，
《財團法人國家政策研究基金會》，http://www.npf.org.tw/post/3/7017。

[115] 黃鎮台，〈建構「黃金三角」，再創臺灣奇蹟〉，《國家政策論壇》（臺北），
第一卷第二期，（民國 90 年 4 月），頁 56-58。強調以兩岸的交通便利帶動
兩岸高科技產業的互補，並與美國西岸舊金山灣高科技產業結合，使臺灣
高科技產業得以進一步提升。

[116] 自 2008 年 5 月 20 日起，共同意福建東南衛視、福建日報社、廈門衛視、
湖南電視臺等地方性媒體及新華社、人民日報、中央電視臺、中央人民廣
播電臺、中國新聞社等 5 家全國性媒體來臺駐點採訪，媒體駐臺人員，在
臺停留時間，從 1 個月放寬至 3 個月，並可延長 3 個月；發給 1 年效期逐
次加簽入出境許可證；每家媒體駐點人數最多可達 5 人；並於 2009 年 11
月取消大陸記者離開臺北駐地採訪須事前報備的規定，讓大陸記者充分享
受臺灣自由採訪環境，期望大陸媒體能多元報導臺灣社會與經濟發展情
形，促進兩岸人民相互了解及兩岸關係穩健發展。〈同意大陸地方媒體深圳
報業集團來臺駐點採訪〉（2010 年 5 月 18 日），2011 年 4 月 1 日下載，《中
華民國行政院新聞局》，http://info.gio.gov.tw/ct.asp?xItem=64651&ctNode=
3763。

以文學、戲劇、音樂為主，促進華文世界的價值交流；」、「積極推動
APEC 架構下的『自由貿易協定』；積極參與國際貨幣基金（IMF）、
世界銀行（World Bank）及經濟合作暨發展組織（OECD）等國際財
經活動」等項，因涉及國家主權爭議的成分較高，或其他原因，[117]因
此未見具體成效外，其他大部分兩岸政策都已取得初步成果，而尚未
有具體成效者，或可能因為必須有時間醞釀，或成效不易彰顯，或許
假以時日真有實現可能。換言之，在馬英九政府任內，兩岸的實質統
合不斷的增進。

在馬英九政府執政前兩岸的僵持與緊張中，中國大陸卻從不放棄
對臺增強實質統合的作為，中共統戰重要機關「全國政治協商會議」
主席賈慶林，就於 2006 年 3 月兩會開會期間，公開表示中共「可與鐵
桿臺獨分子接觸」，[118]在某種程度上也代表著中共有意發展與主張臺灣
獨立的堅定支持者的接觸，顯見中共對臺灣全面交流與爭取認同的熱
衷。隨著時空環境的改變，民進黨籍菁英謝長廷，終於 2012 年 10 月
4 日以「受邀參加國際調酒大賽」名義，前往大陸進行五天四夜的訪
問，[119]謝長廷的訪陸活動，雖未見民進黨以黨的名義予以支持，亦未
見民進黨以黨的名義予以反對，民進黨似也預留進一步與中國大陸交
往的迴旋空間。從另一個角度看，面對中共對臺的軟的攻勢如加強文
教交流，或以經貿的事務拉攏臺灣民心，如大量舉辦兩岸文教交流，
或收購臺灣滯銷水果等等，使臺灣民眾因文化的凝結與利益的吸引，
不僅心甘情願接受中共的「統戰作為」，也壓迫臺灣的主政者接受中共

---

[117] 如「臺灣書院」在美國的設立，就面臨是否涉及營利的問題，而遭美國政
府質疑，但此技術問題應不難解決。陳洛薇，〈馬政見臺灣書院　在美受
阻〉，《聯合報》，2011 年 4 月 5 日，第 A1 版；劉永祥、王光慈、何定照，
〈只要不營利　美方無意見〉，《聯合報》，2011 年 4 月 5 日，第 A2 版。

[118] 〈鄭立中：接觸鐵桿臺獨　限民間、個人〉，2006 年 3 月 11 日下載，《中
國評論新聞網》，http://www.chinareviewnews.com/doc/1001/0/8/5/100108582.
html? coluid=18&kindid=151&docid=100108582。

[119] 林河名，〈今日我足跡，未來後人路　謝長廷今登陸　引詩強調平常心〉，《聯
合報》，2012 年 10 月 4 日，第 A17 版。

的「統戰作為」，縱使主張臺灣應該獨立，兩岸應該減少接觸與依賴的民進黨政府，面對中共的這種攻勢也束手無策。[120]更遑論原就不排斥與中國大陸發展更親密關係的國民黨政府。

2011 年 6 月 12 日在廈門舉行第三屆「海峽論壇」前夕，中共政協主席賈慶林於 6 月 11 日發表相關談話稱，兩岸「一定要前進、一定要穩定、一定要團結、一定要共贏」的四個「一定要」。[121]總理溫家寶，於 2012 年 3 月 5 日在第十一屆全國人大第五次會議上做工作報告，再次將此企圖明白表達，溫家寶稱：「我們要繼續堅持中央對臺工作的大政方針，增強兩岸關係發展的政治、經濟、文化和民意基礎，拓展兩岸關係和平發展新局面。要全面深化經濟金融合作，推動兩岸經濟合作框架協議後續商談取得新進展。加快海峽西岸經濟區建設。積極擴大各界往來，開展文化、教育等交流，使兩岸同胞聯繫更緊密，感情更貼近，利益更融合」。[122]更透露出中國大陸領導階層對於兩岸關係未來走向的強烈企圖。

隨著地區主義及地區自由貿易區簽訂的興起，臺灣遭受的壓力已如前述，時至 2012 年 5 月 2 日，中國大陸商務部長陳德銘與南韓外交通商部通商交涉本部長樸泰鈞，在北京宣布，雙方自由貿易協定（FTA）談判正式啟動，希望在 2 年內完成談判。接著，中國大陸、日本、南韓三方經貿部長會議於 5 月 12 日在北京舉行，13 日至 14 日則進行領導人會議。該等會議有二項核心任務，一是簽署「關於促進、便利和保護投資的協定」，為未來建立三邊自由貿易區建立一個重要的基礎；另一則是宣布將於年內啟動三邊 FTA 談判。以上幾項宣布，立時對臺

---

[120] Kaocheng Wang, "The Rise of China and East Asian Security", Tai Wan-chin ed., *New Development in Asia Pacific and the World* （臺北：時英，2006），p. 294.

[121] 林克倫，〈兩岸民眾利益綁一起　北京更務實〉，《中國時報》，2011 年 6 月 13 日，第 A2 版。

[122] 〈溫家寶代表國務院向大會作政府工作報告〉（2012 年 3 月 5 日），2012 年 3 月 6 日下載，《全國兩會特別報導》，http://sp.wenweipo.com/lh2012/?action-viewnews-itemid-647-page-3。

灣形成了嚴峻的壓力。與主要貿易夥伴洽簽 FTA 的成果方面，臺灣是遠落於南韓之後。迄 2012 年 3 月底，南韓已簽署生效的 FTA 主要有八項，包括美國、歐盟、東協、印度、秘魯、智利、歐洲自由貿易聯盟（EFTA）、新加坡等，依 2010 年的統計，該等 FTA 夥伴占南韓總貿易額的 35%；另外，上述南韓 FTA 夥伴與我國的貿易約占我總貿易額的 39.5%，但是我與該等國家迄目前仍皆無 FTA 相關協定的簽署。[123] 在東北亞地區，我國經濟發展的競爭力逐漸不如韓國，當然更不如日本，在東南亞地區又無法獲得東南亞國協的接納，在中國大陸的政治封殺下，臺灣無法加入周邊國家的自由貿易區，使臺灣在周邊地區唯一的自由貿易區出口僅剩中國大陸一方，成為不爭的事實。而其具體實現就是逼使兩岸簽訂 ECFA，逼使民進黨也必須「概括承受 ECFA」。

　　若再由「南向政策」的失敗觀察，其失敗原因不外是中國大陸對東南亞國家的施壓，[124]迫使臺灣無法在東南亞國家進行政治與經濟的正常活動，而必須在經濟上依賴中國大陸市場，在國際政治上接受中國大度的操控。這個經驗或許正好提供當前兩岸關係中，臺灣在國際政治環境孤立下，僅能與中國大陸進行經濟等層面的各類交流甚至統合外，似乎別無其他選擇。尤其是中國大陸當前配合東亞地區防堵東亞以外勢力，全力排除美國在東亞地區的影響力，及美國對臺灣問題

---

[123] 〈與中國大陸談判協定的競賽從此開展〉（2012 年 5 月 4 日），2012 年 8 月 7 日下載，《行政院經濟建設委員會》，http://www.cepd.gov.tw/m1.aspx?sNo =0016909。

[124] 南向政策係指臺灣以經濟交流方式，鼓勵臺商到東南亞投資，該政策的執行，係臺商向南投資日增，1994 年中華民國政府通過《加強對東南亞地區經貿合作綱領》，加強泰國、馬來西亞、等多個國家，初期獲致相當成果。但到李登輝時代後期，南向政策漸漸失效，尤其是在 1997 年亞洲金融風暴後，令使臺商蒙受巨大損失。到陳水扁時代，為擴闊外交空間，更將南向政策政治化，試圖經濟議題綑綁國際動空間，但遭致中國大陸強力反制，又因 2002 年副總統呂秀蓮以私人旅遊名義到印尼峇里島，意圖會見印尼領導人卻遭拒絕，印尼政府甚至表明「永不歡迎中華民國總統到訪」，至此，南向政策也無法持續推動，最終南向政策也因政治因素宣告失敗。

的影響力的情況下更是如此。[125]臺灣與全球各國一般，離不開中國大陸的市場是既定的事實，大陸對臺灣當然不放棄以統合的手段將臺灣「融入」大陸。

另一方面，因全球化盛行，卻對中國大陸至少造成兩方面的影響，一方面讓中國大陸更容易取得西方的技術、與融入國際貿易體系，讓中國大陸在經濟與軍事上更加現代化，另一方面，則因全球化讓中國大陸與香港、臺灣、澳門華人更加融合，也讓中國大陸透過這些地方的華人與世界更加緊密結合。[126]而全球快速發展的網路與其他通訊科技，卻讓中共無法有效控制大陸的政治與經濟發展。[127]因此，在全球化趨勢下兩岸統合雖成為必然走向，但也造成中國大陸無法阻絕於全球化之外，相對的是否也代表著無法完全主導兩岸的統合進程。

從政治經濟學的角度，有學者形容，全球化是一種社會化的過程，而地區主義卻是國家的計劃執行，兩者雖屬性不同但並不相違背。[128]若此種論述正確，那麼兩岸統合的地區主義，與全球化的關係必然相輔相成，也就是說，兩岸關係的統合無法自外於全球化的過程。全球化的壓力，也將逼使兩岸統合進一步發展。這種趨勢，縱使一時的政治力量能阻擋，但只要全球化的力量常在，則兩岸統合即無力避免。

在 2012 年，南海諸島主權爭議高漲氛圍中，美國著名智庫「戰略暨國際研究中心」（CSIS）資深研究員葛來儀（Bonnie S. Glaser），於 2012 年 8 月發表名為〈中國脅迫式的經濟外交──新而令人憂心的趨勢〉

---

[125] Robert Sutter, "Dealing with a Rising China: US Strategy and Policy", in Zhang Yunling ed., *Making New Partnership: A Rising China and its Neighbors*, pp. 359-360.

[126] Baogan Guo and Sujiian Guo, "Introduction Great China in an Era of Globalization", in Baogan Guo and Sujiian Guo ed., *Great China in an Era of Globalization*, p. 1.

[127] Guo and Guo, "Introduction Great China in an Era of Globalization", p. 2.

[128] Anthony Payne and Andrew Gamble, "Introduction: The Political Economy of Regionalism and World Order", in Andrew Gamble and Anthony Payne ed(s)., *Regionalism and World Order*(London: Macmillan press, 1996), p. 2.

（China's Coercive Economic Diplomacy: A New and Worrying Trend）文章，表示東南亞國家協會高峰會最近在柬埔寨舉行，四十五年來第一次，閉幕時未發表聯合公報，這是中國大陸在背後施壓所致。葛來儀表示，這種藉由經濟脅迫達到政治目的之作法，中國大陸方也拿來對付菲律賓、日本、挪威等國。如：中國大陸對東南亞國協是以經濟援助要求東南亞國協制定對中國大陸有利的各種政策；對菲律賓農產品嚴加檢驗及禁止大陸遊客赴菲律賓旅遊等，壓迫菲律賓對黃岩島主權主張的退讓；以禁止稀土出口壓迫日本無條件釋放闖入釣魚臺海域的大陸籍船長；以停止自由貿易協定談判報復瑞典政府支持大陸異議人士劉曉波獲得諾貝爾和平獎，[129]顯示中國大陸處處運用經濟手段迫使他國改變外交政策，若中國大陸可以運用經濟力量箝制或吸引其他國家作對中國大陸有利的決策，那麼實在難以想像中國大陸不會以相同的手段與思維逼迫臺灣就範。

　　若集中在經濟層面，尤其是兩岸 ECFA 簽訂的觀察，則臺灣不與大陸簽訂 ECFA，是否仍可享受簽訂 ECFA 的利益？簽訂 ECFA 是否反而成為臺灣融入國際區域組織的障礙？早被反對簽訂 ECFA 者質疑；又在兩岸經濟規模相差懸殊的狀況下，臺灣是否終將遭受中國大陸的欺壓？仍是不斷爭辯與有待觀察的事項。更重要的是，兩岸簽訂 ECFA 這種地區性經濟組織後，其最終結果未必可嘉惠雙方所有人民，以北美自由貿易區為例，就發現雖然該協議的簽訂對成員國經濟有極大助益，但美國工人卻抱怨遭墨西哥工人搶走工作機會，美國環保團體抱怨污染工廠可搬至墨西哥境內逃避美國查緝，卻又持續污染美國，墨國工人又抱怨美國高效率低成本優勢衝擊墨國產業，且墨國南部也抱怨未因北美自由貿易區而脫貧，加拿大則抱怨因北美自由貿

---

[129] Bonnie S. Glaser, "China's Coercive Economic Diplomacy: A New and Worrying Trend", (2012/8/6), last visited 2012/8/8, *Center for Strategic & International Study*, http://csis.org/publication/chinas-coercive-economic-diplomacy-new-and-worrying-trend.

易區而淪為美國的自然資源供應國等等。[130]兩岸簽訂 ECFA 屬於地區經貿組織之一種型態，當然也面臨前述的爭辯。

依據各種模型研究也顯示，不同形態與不同成員的 FTA 對不同產業也構成不同的利弊結果。[131]換言之，ECFA 的簽訂，對臺灣利弊參半？或利多於弊？或弊多餘利？端看未來 ECFA 的執行情形而定。

再從另一角度看待兩岸統合過程中，目前所簽訂對兩岸最為有利的 ECFA，其實行或許對臺有經濟層面的龐大利益，也有效促使日本、美國、新加坡等周邊國家，加緊與臺灣進行相關的經濟貿易協商與簽訂相關互惠條約的功能，如，2011 年 9 月日本與臺灣簽訂《臺日投資保障協議》，就是因為日本有意利用 ECFA 進軍大陸市場的具體表現，但日本與南韓及中國大陸也同時協商簽定《日「中」韓自由貿易協定》，若此三國協定簽署成功，則 ECFA 的優勢盡失，[132]其結果是臺灣無法自 ECFA 中獲得操作他國與臺灣緊密貿易關係安排的槓桿力量，甚至可能形成 ECFA 促成臺灣對大陸的經濟依賴，而臺灣持續被國際社會邊緣化，臺灣為求生存，必須越依賴中國大陸市場的惡性循環；若此推論正確，那麼，臺灣是否還能保持在兩岸關係中僅獲取經濟利益卻拒絕政治統合戰略設定，則頗令反對 ECFA 者憂心。

包含經濟統合在內的所有兩岸交流作為，都如同牛頓第三定律一般：「任何作用必然有其反作用」。兩岸的交流進程，不論是政治、經濟、文化、安全……等各層面，都有其正面與負面的結果。兩岸縱使經濟、安全、文化……等層面，雖依循統合論相關的觀點逐漸統合，但若相互比較其中強弱，在臺灣政治發展以民主、法治、自由的內涵，

---

[130] Margaret P. Karns and Karen A. Mingst, *International Organization—The Politics and Processes of Global Governance(2)* (Colorado: Reinner Publishers, 2010), pp. 432-433.

[131] Jiang and Mckibbin, "What does a Free Trade Area of the Asia-Pacific mean to China?", in Chunlai Chen ed., *China's Integration with the Global Economy* (Massachusetts: Edward Elgar Publishing Limited, 2009), pp. 88-89.

[132] 〈日本自由貿易政策與進程〉，《大陸情勢雙週報》（臺北），1617 期（中華民國 101 年 3 月 28 日），頁 19-22。

明顯優於中國大陸的發展，在臺灣人民追求更民主自由與法治生活的理性選擇假設下，兩岸要追求法理的統合，似乎難於短期內達成。中國大陸本身是否可能因發展的不平均等因素而分崩離析，尤其是 1989 年天安門事件後，更是中國大陸問題學者所關心的問題。在 1989 年天安門事件後，諸多研究認為中國大陸將難以維持統一，但事實證明中國大陸自我進行了許多調整，至今仍維持統一不墜，不僅維持統一更在近年逐漸由世界大國向世界強國方向邁進。[133]但這種統一的維持，並不是沒有挑戰，有研究就認為，在中國大陸社會逐漸多元化，為國家整體發展必須讓地方更加自主的環境下，使得中央集權與地方分權力量的拉扯日益擴大。[134]若連中國大陸內部都必須以幹部輪調、加強黨的統治，甚至以西部大開發等等各種方式，方足以維持中國大陸的統合與完整，那麼，如何跨越臺灣海峽，逼迫臺灣對其依賴，並對臺灣進行以中國大陸為主體的法理統合？

雖然，兩岸不能完全排除法理統合的可能，但就實際面向加以檢視，又不得不提出，有關大中華經濟區域的各種組合，如：中國大陸、香港與臺灣，或：中國大陸、香港、臺灣與澳門；或：廣東、福建、香港、臺灣；或：廣東、香港等，一般都以地區接近、政治地位互不隸屬的地區經濟團體組合，並讓各成員從經濟互動中獲利為該區問題核心，但其重要特點卻是，各區在過去從來就沒有出現過正式的組織安排，也未形成研究的重點。[135]縱使香港、澳門在相繼回歸中國大陸後，才分別與中國大陸簽訂 CEPA，若將回歸視為中國大陸與港、澳

---

[133] Barry J. Naughton and Dali L. Yang, "Holding China Together: Introduction", in Barry J. Naughton and Dali L. Yang ed(s)., *Holding China Together: Diversity and National Integration in the Post-Deng Era* (Cambridge: Cambridge University Press, 2004), pp. 2-4.

[134] Cheng Li, "Political Localism Versus Institutional Restraints: Elite Recruitment in the Jiang Era", in Barry J. Naughton and Dali L. Yang ed., *Holding China Together: Diversity and National Integration in the Post-Deng Era*, p. 35.

[135] Katsuhiro Sasuga, *Microregionalism and Governance in East Asia* (New York: Routledge, 2004), p. 2.

間最高層次的統合制度安排，那麼顯然其經濟統合安排的 CEPA 慢於回歸所形成的「一國兩制」架構，而中國大陸與臺灣則在沒有最高層次或稱法理的政治統合架構之前就簽訂 ECFA，但因為主、客觀因素的掣肘，卻無人敢保證兩岸在 ECFA 後會進一步簽訂最高層次的統合架構。

早在 1968 年 Ernst Hass 的研究就認為，起於經濟的統合不一定會發展成政治事務的統合。[136]而在歐盟統合的研究中，也發現，歐盟成立晚期加入許多其他國家後，歐盟的經貿關係則呈現與歐盟外的經貿數量急速增加的現象。依此推論，兩岸的經貿縱使統合，也並不表示兩岸各自對外的經貿關係發展就會停滯，如在兩岸關係改善，簽訂 18 個協議（包含 ECFA）後，臺灣與日本簽定了投資保障協議，若此種推論正確，那麼以臺灣的立場看，則將引進更多的外援力量，擴大國際社會的安身立命空間，屆時臺灣願不願意與大陸進行政治統合，實有待進一步思考。

在研究拉丁美洲與美國協定相關自由貿易契約的經驗中發現，美國在廣大市場、資金（外國直接投資；FDI）等獨強情況下，與美國協商的拉丁美洲國家，其決策空間顯然被美國壓縮，拉丁美洲國家為吸引美國資金投入，對於與美國的合作，除對自然資源的利用有益外，其他都占下風。[137]若此說成立，那麼在兩岸各類的統合過程中，臺灣是否必須依賴大陸市場，其命運終將任由大陸予取予求？但從另一角度看，在全球化與國際化影響下，跨國公司的介入，使政府對於企業

---

[136] John B. Sutcliffe, "Critical Interpretations of Integration in North America and the European Union: A Comparative Evaluation", in Finn Laursen ed., *Comparative Regional Integration: Europe and Beyond* (Burlington: Ashgate Publishing Company, 2010), p. 68.

[137] Luis Abugattas and Eva Paus, "Policy Space for a Capability-Centered Development Strategy for Latin America", in Diego Sánchez-Ancochea and Kenneth C. Shadlen ed(s)., *The Political Economy of Hemispheric Integration* (New York: Palgrave Macmillan, 2008), pp. 128、131.

的主導力量因而降低，[138]那麼大陸對臺灣真的可予取予求？或是全球化的力量將迫使中國大陸更貼近比中國大陸更早國際化的臺灣，並遵循臺灣的相關規定與行事作為，若然，則中國大陸可能被迫與臺灣接近，而不是臺灣被迫與中國大陸接近。

　　若將統合分為實質統合與法理統合，兩岸的實質統合已開始進行數十年，不論在經濟、文化、安全、教育……等各層面都已達到相當水平，若依據全球化、地區主義、中國大陸的有意安排讓臺灣在國際社會孤立等情況觀察，未來兩岸各類型、各層次的統合，若無其他意外挑起兩岸的仇恨或以政治力強加攔阻，似乎將不斷加深加廣，若從民族的建立、民族主義的衍生立場觀察，有研究者考據過去少數民族逐步融入大民族的過程，認為其途徑有二：一、非計劃性的統合：主要是經由工業化的過程，讓少數民族離開原居住地，進入較大民族生活圈中，且因相互的接觸、大量的交流、廣大的市場環境，最終將少數民族社會化（socialization）融入成為大民族的一部份；二、計劃性的統合：經由政府推動統一的語言，讓少數民族使用較大民族的語言，最終讓民族界線消失，如過去法國政府排擠「不列塔尼語（Breton）」、英國以「蘇格蘭語（Scots）」取代「蓋爾語（Gaelic）」的作為，[139]日本殖民臺灣時也禁止公務員使用臺語，在臺北州、花蓮港等地亦有因不使用日語，而被指責懶惰並課以罰鍰，甚至遭到解聘的事例。[140]兩岸同文同種，早就具有統合的基礎，若加上以「胡六點」為指導，所積極推動的文化與教育交流，強固兩岸血濃於水的情感，與不斷穩固的兩岸制度性會談，並因此建構的各類互動架構，則兩岸逐步統合，自非不可能。

---

[138] Diego Sánchez-Ancochea, "State and Society: The Political Economy of RR-CAFTA in Costa Rica, the Dominican Republic, and El Salvador", in Diego Sánchez-Ancochea and Kenneth C. Shadlen ed(s)., *The Political Economy of Hemispheric Integration*, p. 181.

[139] Anthony H. Birch, *Nationalism and National Integration* (Mass.: Unwin Hyman Inc., 1989), pp. 10-11.

[140] 荊子馨著，鄭力軒譯，《成為日本人》（臺北：麥田，2006），第 137-138 頁。

　　再從中國大陸國臺辦主任王毅，於 2012 年 10 月在中共重要理論雜誌《求是》上，以〈十年來對台工作的實踐成就和理論創新〉為題發表相關文章的思維脈絡看，王毅回顧中共十六大以來對臺工作成果和形成的兩岸關係重政策理論，重要內容包括：五大成就和六項理論創新內容，其中還包含系統建構兩岸和平發展框架和兩岸共同維護一個中國等政策主張；而五大成就分別是：

　　一、堅決挫敗「臺獨」圖謀，有力維護國家主權安全；二、確立兩岸關係政治基礎，推動兩岸協商談判不斷取得成果；三、實現兩岸全面直接雙向三通，形成兩岸各界大交流局面；四、大力爭取臺灣民心，廣泛團結臺灣同胞，促進兩岸關係發展；五、妥善處理臺灣涉外事務，鞏固國際社會奉行一個中國政策的格局。而六項理論創新，則是：揭示和平統一和兩岸發展的辯證統一關係；系統提出構建兩岸關係和平發展框架的政策主張；創造性地提出兩岸共同擁護一個中國框架的主張；強調對臺工作要貫徹以人為本的理念；在與國家和平發展戰略的聯繫中把握和推進兩岸關係和平發展；推進民族復興的歷史進程中開闢兩岸關係的發展前途。至於「系統提出構建兩岸關係和平發展框架的政策主張」，王毅認為，推動兩岸關係和平發展，應該把反對臺獨分裂活動作為必要條件，並據此從政治、經濟、文化、社會、涉外事務、軍事安全等六個方面全面系統提出政策主張。而兩岸和平發展的政策主張包括：恪守一個中國，增進政治互信；推進經濟合作，促進共同發展；弘揚中華文化，加強精神紐帶；加強人員往來，擴大各界交流；維護國家主權，協商涉外事務；結束敵對狀態，達成和平協議。[141]凸顯中國大陸對臺統合作為，已被中國大陸評估作出成果，也將持續推動深化工作，此種趨勢顯然無法於短期內改變。

　　由不同角度的檢視發現，兩岸實質統合縱有利弊得失，但卻無法避免，但法理統合是否將隨實質統合發生？在中國大陸不斷促進法理

---

[141] 汪莉絹，〈對臺工作 10 年　王毅列 5 成就、6 創新〉，《聯合報》，2012 年 10 月 17 日，第 A13 版。

統合的狀況下，是否接受兩岸法理統合，就成為臺灣單方面的決定，而中華民國第十三屆總統選舉前的 2011 年底，馬總統提出國家發展未來的「黃金十年」規劃，其中第五場記者會，以第七個願景「和平兩岸」及第八個願景「友善國際」，並進行總結，有關「兩岸和平」的內容，馬英九總統的重點意念包含：[142]

一、在「兩岸關係」方面的具體作為包括：第一，發揚臺灣的核心價值，即「自由、民主、人權與法治」。第二，兩岸政策有一些基本理念，即強調在中華民國憲法架構下，維持臺海「不統、不獨、不武」現狀，其中很重要的一項互動原則為：雙方「互不承認主權、互不否認治權」，有了如此良性的互動後，雙方才能放心向前走，兩岸關係才能夠真正和平發展。

二、審慎斟酌未來是否洽簽「兩岸和平協議」，其前提是：第一，國內民意高度支持；第二，國家確實有需要；第三，必須在國會監督情況下，才會踏出這一步。

三、兩岸經貿互補。加緊與大陸協商「兩岸經濟協議」（ECFA）早收清單以外的數千個項目，並一步步規劃雙方關稅減讓、排除非關稅障礙等，適時放寬兩岸金融往來。就陸資來臺而言，未來的「黃金十年」亦會逐漸擴大。

四、加強「國防安全」。

五、目標在 10 年內加入「跨太平洋經濟夥伴協定」（TPP）。達成「壯大臺灣、連結亞太、布局全球」目標。

由馬英九總統的意念顯示，兩岸未來將在維護臺灣安全前提下，持續與中國大陸加強各類的交流，尤其是經貿交流，以獲取臺灣發展基礎，並同時發展國際關係，避免臺灣對大陸的關係過於傾斜。行政院大陸委員會更依據馬英九總統的意念，公開表示，未來兩岸關係的策略是：「鞏固主權、和平護國」、「持續推動制度化協商，建構兩岸穩

---

[142] 〈和平兩岸　友善國際〉（2011 年 10 月 18 日），2012 年 8 月 13 日下載，《中華民國總統府》，http://www.president.gov.tw/Default.aspx?tabid=1103&itemid=25593&rmid=2780。

定、機制化的互動模式」、「完備兩岸經貿往來等相關安全管理機制」、「循序漸進推動兩岸經貿制度化之交流及合作」、「推廣臺灣核心價值與軟實力」、「發展兩岸在國際社會良性互動的新模式」、「強化兩岸交流長期觀察機制，促進兩岸關係良性互動、有序的發展」。[143]（全文請見本章章末）簡單說，兩岸關係在馬英九總統主政下，臺灣對於大陸關係的鋪陳不僅希望保持臺灣的獨立性，同時亦發展臺灣對大陸以外地區關係，更希望以臺灣的民主、自由、法治軟實力影響中國大陸，更簡單說，在安全可以兼顧的情況下，臺灣有意願與中國大陸持續發展緊密關係。

　　為防範兩岸關係過度傾向中國大陸，及化解臺灣主流民意對於兩岸統合最終可能走向法理統合的疑慮，馬英九總統於 2011 年 10 月 18 日公開主張未來十年內，在「國家需要、民意支持、國會監督」的前提之下才會審慎推動，洽簽兩岸和平協議，引來在野的民進黨猛烈抨擊。對此民進黨主席及總統參選人蔡英文，仍認為與中國大陸簽訂和平協定，將使臺灣四個危險：[144]

　　一、犧牲臺灣主權：中國最近兩任領導人多次提出「在一個中國的原則下，終止兩岸敵對的狀態，簽署和平協議」的主張，試圖凸顯兩岸是國內議題，並確立「一個中國」原則。馬（英九）不知是有意還是無意忽視此一政治現實，附和這個「和平協議」的說法。

　　二、改變臺海現狀：簽署兩岸政治協議前提，必須先明確認定兩岸雙方的主權定位，這必然將改變過去半個世紀臺海主權互不隸屬的現狀。

　　三、危及民主價值：馬總統逕自將此一高度爭議、影響臺灣前途的議題列為重大政策，非但不尊重民意，且製造社會的爭議和對立。

---

[143] 〈黃金十年　國家遠景〉，2012 年 7 月 6 日下載，《行政院大陸委員會》，http://www.mac.gov.tw/public/Data/1101716392271.pdf。

[144] 何明國，〈蔡：推臺灣入險境〉，《中國時報》，2011 年 10 月 20 日，第 A2 版。

四、破壞戰略縱深：將「和平協議」納入「黃金十年」當中，言明要在十年內處理，無異於設定了政治談判的時間表，讓臺灣失去了兩岸折衝時所需要的籌碼。

2011 年 10 月 19 日，總統府發言人范姜泰基對前述蔡英文的論點公開回應表示，未來若推動兩岸和平協議，一定會先交付公投；若公投未通過，絕對不會推動簽署兩岸和平協議。更表示其中「民意支持」一項，指的就是要透過公投取得人民的支持。[145]讓馬英九總統的主張被「公投」所緊緊監督。依據臺灣過去全國性公投難度極高的經驗，兩岸要進一步進入和平協議或具政治性的協定簽署，其難度將極高。

馬英九總統更為此，再於 2011 年 10 月 24 日公開說明，洽簽兩岸和平協議主張，提出「十大保證」做為簽署協議的前提；強調唯有滿足十大保證的各項條件，才會與大陸洽簽和平協議，而且之前一定先經過全民公投。十大保證包括：「一個架構」，即在中華民國憲法架構下，維持臺海不統、不獨、不武的現狀；「兩個前提」是國內民眾達成高度共識，兩岸累積足夠互信；「三個原則」是國家需要、民意支持、國會監督；「四個確保」則是確保中華民國主權獨立與完整、確保臺灣的安全與繁榮，確保族群和諧與兩岸和平、確保永續環境與公義的社會。並稱洽簽兩岸和平協議，是為確保臺灣安全，不是為了兩岸統一，目的在於透過此一程序來保障臺灣可大可久的和平環境。和平協議主張沒有時間表，因為控制推動洽談協議速度的不是時間，而是條件、前提和原則。[146]2012 年 3 月間，副總統當選人吳敦義前往海南參加博鰲論壇時，更向媒體表示，兩岸政治對話，必須要以三要件為前提：一、兩岸誠意和善意；二、臺灣內部高度共識；及三、國內民意支持。[147]若必

---

[145] 仇佩芬，〈府：公投過　才推兩岸和平協議〉，《中國時報》，2011 年 10 月 20 日，第 A11 版。

[146] 仇佩芬，〈推動和平協議　馬提 10 大保證〉，《中國時報》，2011 年 10 月 25 日，第 A2 版。

[147] 陳洛薇、劉永祥，〈兩岸政治對話　吳拋三要件〉，《聯合報》，2012 年 4 月 3 日，第 A13 版。

須由民意支持，做為兩岸洽簽「和平協議」等高度政治意涵與可能促成法理統合的關鍵，則在當前臺灣內部統獨意識形態對峙高漲，讓臺灣內部民意與是否能夠建構共識都被高度懷疑的情況下，若從兩岸的交流日益密切或友善，就推論出兩岸必然走向統合，顯然不足以說服他人。

　　顯見，短期內大陸對臺統合工作的推動，將更著重於以文化、經貿及各類問題解決的協議簽訂，以實質統合奠定政治層面的法理統合工作正積極推動；面對大陸的實質統合攻勢，站在利益的面向（縱使長遠有遭中共經濟箝制的憂慮），不論主張臺灣不獨的泛藍陣營或主張台灣獨立的泛綠陣營，都無逃避的理由及可能，但由兩岸政府所共同推動的法理統合，則因臺灣對於中國大陸的政治發展預判，與臺灣內部藍、綠陣營的對峙，而抱持能迴避則迴避的態度甚至是絕不妥協的態度，至於兩岸統合的真實狀況，則待下一章論證。

「黃金十年願景七：和平兩岸」的策略

1. 鞏固主權、和平護國
   1.1 在中華民國憲法架構下，維持「不統、不獨、不武」的臺海現狀。
   1.2 維護國家主權，堅守臺灣主體性，透過兩岸交流對話，創造有利國家發展的和平大局。
2. 持續推動制度化協商，建構兩岸穩定、機制化的互動模式
   2.1 秉持「九二共識、一中各表」的兩岸制度化協商基礎，及「對等、尊嚴、互惠」、「以臺灣為主、對人民有利」、「先急後緩、先易後難、先經後政」等原則，深化制度化協商，推動有利國家發展與提升民生福祉之兩岸協商議題，建構兩岸良性互動模式。
   2.2 積極落實並擴大兩岸已簽署之海空運、旅遊、共同打擊犯罪、食品安全、醫藥衛生，以及「海峽兩岸經濟合作架構協議」(ECFA)等各項協議執行成效；有序推動 ECFA 後續及其他議題之協商，包括：投資保障、貨品貿易、服務貿易、爭端解決、海關合作、產業合作、貨幣清算等議題之協商。
   2.3 常態化兩岸人員往來機制，落實民眾權益保障，完善法制規範。
   2.4 循序穩健推動兩岸互設辦事機構。
   2.5 在國內民意達成高度共識，兩岸累積足夠互信的前提下，秉持「國家需要、民意支持、國會監督」的原則，通盤評估國內外情勢發展，審酌推動兩岸商簽和平協議，以維護兩岸永續和平。
3. 完備兩岸經貿往來等相關安全管理機制
   3.1 強化兩岸經貿相關安全管理機制，確保臺灣經濟的主體性及安全性。
   3.2 在確保國內金融體系穩定及有效風險控管前提下，適時檢討放寬兩岸金融業務往來相關規範，使我金融服務業更具競爭力，並協助臺商發展。
   3.3 考量兩岸經濟量體懸殊，在開放兩岸經貿政策中，確保弱勢傳統產業在本土的發展權益，及協助其拓展空間。
4. 循序漸進推動兩岸經貿制度化之交流及合作
   4.1 適時調整兩岸經貿政策，建構具國際吸引力及永續發展之投資環境，加強吸引臺商及外商來臺投資。

4.2 秉持優勢互補原則，協助國內產業發展及促進就業，進一步開放陸資來臺投資。

4.3 確保臺灣產業優勢下，加強兩岸製造業及服務業合作，積極創造兩岸產業合作的機會，並強化連結跨國企業進行全球布局。

4.4 輔導臺商轉型升級，協助拓展大陸內需市場。

4.5 有效利用臺灣海空運地理優勢，結合兩岸與全球海空運網路，增益臺灣海空樞紐地位。

4.6 擴大大陸人民來臺觀光並確保優質旅遊，進一步吸引赴大陸旅遊的國際觀光客來臺。

5. 推廣臺灣核心價值與軟實力

5.1 發揮臺灣軟實力與自由、民主、人權、法治的核心價值，深化兩岸環保、人權、婦女、勞工、新聞等領域民間團體的交流，成為兩岸公民社會相互提升的動力。

5.2 促進兩岸資訊對等傳播，拓展臺灣影音、出版品進入大陸，推廣媒體改革、資訊開放之理念。

5.3 穩健推動陸生來臺就學，強化兩岸青年交流與相互瞭解，分享民主、人權等普世價值。

5.4 發揮具臺灣特色的中華文化優勢，強化臺灣多元、民主價值觀的影響力，提倡正體字，共創優質的中華文化。

6. 發展兩岸在國際社會良性互動的新模式

6.1 在對等、尊嚴原則上，針對氣候變遷、環保、人道救援、綠色能源、公共衛生、糧食安全等全球新興議題，倡議兩岸合作交流，並推動國際多邊合作。

6.2 持續發揮兩岸關係和緩的和平紅利，強化國際社會支持我國推動參與國際組織與活動，並促使大陸在「對等、尊嚴、互惠」的原則下，共同在國際間發展良性的互動關係。

6.3 促成臺灣的非政府組織（NGO）有尊嚴地、廣泛參與國際社會、為臺灣發聲，與大陸的非政府組織（NGO）共同貢獻國際社會。

7. 強化兩岸交流長期觀察機制，促進兩岸關係良性互動、有序的發展。針對兩岸交流可能產生的社會、經濟、文化、教育衝擊，建立觀察指標，例如：就業安全、環境安全、食品安全、公共衛生、公平貿易、產業衝擊、教育領域的影響、文創產品的流通自由度、新聞與網路的流通自由度等，引導兩岸交流健全發展。

第伍章　兩岸統合的實際

　　臺灣縱使因藍、綠陣營對於國家認同的相互拉扯，致使對於是否與中國大陸進行統合有不同的看法，但在實務面上，藍綠陣營都無法忽視大陸市場的存在，而利用大陸市場所進行的經濟交流，就無法避免兩岸經濟的統合，兩岸同文同種，就無法避免文化的統合，兩岸距離接近，就無法避免共同面對核能安全、公共衛生、跨境犯罪……等各種層面的統合，那就更無法避免因分歧效應所引發的其他領域的統合。在面對兩岸進行且擴大中的實質統合，兩岸未來的統合程度縱使無法預測但實際執行面上，似乎有檢視當前統合的實際狀況需要，而檢視實際統合狀況，就必須包括檢視臺灣民意、主要政黨走向並用前述的「理想或意識形態」、「實質利益」、「制度」及「實質進展」等指標加以量測的必要。

第一節　進一步統合的可能

　　兩岸當前或許可在緊密交流中，相互獲得政治與經濟利益。但隨著時空環境的向前推移，兩岸的統合是因為統合後的情勢改變，而按照傳統統合的說法，會促成分枝效應（ramification）而持續加深加廣的進行統合，或因主流民意要求終止統合而走向相反結果，至今任何人都不敢提出保證。

　　以英國工黨面對歐體（EC）與歐盟（EU）態度轉變的經驗，在2000年歐洲各政府間對於歐盟未來發展的會議，使歐洲情勢改變，迫使原本持保留態度的英國必須加以面對，遂於2001年改變支持歐盟憲法的制定，與過去英國強調英國必須在歐盟中保持其自由的態度不

同，[1]顯然，國際局勢的改變將影響各國的態度。兩岸統合是否進一步孳長，當然也受國際情勢尤其是臺海周邊國際環境的深刻影響。

依據歐盟的經驗，兩岸不同的政治制度、國家認同都比歐盟各會員國相相對單純，外加同文同種，依此角度其統合顯然要比歐盟要容易得多。而眾所周知，歐盟的統合發起與維持和平、重振經濟、與美國及蘇聯抗衡等理由密不可分，而兩岸的統合目標，不論以臺灣或大陸的立場看，都不脫經濟因素與安全因素。從經貿角度看，若兩個政治體基於過去的交流基礎慣性，而促進進一步的貿易交流，將更有可能促成進一步的統合。[2]經濟因素在於臺灣可找到更大的大陸市場，在於大陸則可獲取臺灣更多的管理知識及資金挹注，安全因素讓臺灣獲取大陸不對臺灣動武承諾，大陸則得以維持對內外的穩定。因此，在法理統合之外的各類實質統合對追求穩定兩岸關係，追求雙贏，對兩岸都有無法抗拒的吸引能力。

兩岸關係由兩蔣時代定位為正朔之爭；到李登輝、陳水扁總統時期定位為兩國之爭；再到馬英九總統時期定位為制度之爭，脈絡極其明顯。這個脈絡的起承轉合，也暗示著必須兩岸同時負有與對方和解的意願，才有可能緩和兩岸關係，並進至實質統合甚至法理統合。過去兩岸關係的緊張到近年的緩和，也實質反應著兩岸對對方的政策需求不相契合到契合的轉變。若將兩岸領導人對對方政策的綱領性談話加以比對，可呈現如下景象：

---

[1] Hussein Kassim, "The Labour Party and European integration: An awkward relationship", in Dionyssis G. Dimitrakopoulos ed., *Social Democracy and European Integration: The politics of preference formation* (New York: Routledge, 2011), p. 99.

[2] Joaquín Roy, "Why do Latin American Integration Systems Differ from the EU model?", in Finn Laursen ed., *Comparative Regional Integration: Europe and Beyond* (Burlington:Ashgate,2010), p.162.

表 5-1　兩岸對對岸綱領性文件相互契合比較表

大陸		臺灣		相互契合與否
文件名稱與發表時間	重要提議	文件名稱與發表時間	重要提議	
1979 年《告臺灣同胞書》	儘快結束目前分裂局面,加強各方交流。實現祖國統一。[3]	1979 年三不政策	1979 年,美國與中華人民共和國正式建立外交關係後,蔣經國主政的中華民國政府對中華人民共和國採取不接觸、不談判、不妥協的三不政策。	x
1981 年《有關和平統一臺灣的九條方針政策》(葉九條)	中國國民黨與中國共產黨兩黨可以對等談判、加強交流、臺灣可成為特別行政區,保有軍隊等等。[4]	1982 年成立「三民主義統一中國大同盟」	「三民主義統一中國」的成為中國國民黨第十二次全國代表大會的政治綱領,並順勢成立三民主義統一中國大同盟。[5]以三民主義對抗共產主義態勢明顯。	x

---

[3]　《告臺灣同胞書》重點包括:一、儘快結束目前分裂局面。實現祖國統一。二、在解決統一問題時尊重臺灣現狀和臺灣各界人士的意見,採取合情合理的政策和辦法,不使臺灣人民蒙受損失。三、寄希望於一千七百萬臺灣人民,也寄希望於臺灣當局。四、停止對金門等島嶼的炮擊。五、雙方儘快實現通航通郵,以利雙方同胞直接接觸,互通訊息,探親訪友,旅遊參觀,進行學術文化體育工藝觀摩。六、相互之間應當發展貿易,互通有無,進行經濟交流。

[4]　《有關和平統一臺灣的九條方針政策》(葉九條)重點包括:一、中國國民黨與中國共產黨兩黨可以對等談判;二、雙方在通郵、通商、通航、探親、旅遊及開展學術、文化、體育交流達成協議;三、統一後的臺灣可保留軍隊,作為特別行政區,享有特別自治權;四、臺灣社會、經濟制度、生活方式與同其他外國的經濟、文化關係不變;私人財產、房屋、土地、企業所有權、合法繼承權和外國投資不受侵犯;五、臺灣政界領袖可擔任全國性政治機構領導,參與國家管理; 六、臺灣地方財政有困難時,可由中央政府酌予補助;七、臺灣人民願回大陸定居者,保證妥善安排、來去自如、

1982 年「一國兩制」	鄧小平：「一國兩家，兩種制度」。[6]			x
1983 年「鄧六條」	建議實行國共第三次合作。但不可讓外國插手，那樣只能意味着中國還未獨立，後患無窮。[7]			
1995《為促進祖國統一大業的完成而繼續奮鬥》（江八點）	堅持一個中國原則。進行海峽兩岸和平統一談判。加速實現直接「三通」。[8]	1996 年 9 月 14 日，前總統李登輝宣示「戒急用忍」主張	規定對大陸投資：「高科技、五千萬美金以上、基礎建設」應暫緩，以免臺灣喪失研發優勢及資金過度失血。	x

　　不受歧視；八、歡迎臺灣工商界人士到大陸投資，保證合法權益與利潤；九、歡迎臺灣各界人士與團體，提供統一的建議，共商國是。

[5]　蔣經國為回應中共 1979 年葉劍英發表「告臺灣同胞書」等作為後的反制作為，先於 1980 年 6 月提出用「三民主義統一中國」的主張，其後，此一主張並成為中國國民黨第十二次全國代表大會的政治綱領，至於三民主義統一中國大同盟則是此一主張在社會上的具體落實。

[6]　鄧小平主張的「一國兩制」：兩制是可以被允許的，他們不要破壞大陸的制度，我們也不要破壞他那個制度。

[7]　「鄧六條」重點包括：一、臺灣問題的核心是祖國統一。和平統一已成為國共兩黨的共同語言。二、制度可以不同，但在國際上代表中國的，只能是中華人民共和國。三、不贊成臺灣「完全自治」的提法，「完全自治」就是「兩個中國」，而不是一個中國。自治不能沒有限度，不能損害統一的國家的利益。四、祖國統一後，臺灣特別行政區可以實行同大陸不同的制度，可以有其他省、市、自治區所沒有而為自己所獨有的某些權力。司法獨立，終審權不須到北京。臺灣還可以有自己的軍隊，只是不能構成對大陸的威脅。大陸不派人駐臺，不僅軍隊不去，行政人員也不去。臺灣的黨、政、軍等系統都由臺灣自己來管。中央政府還要給臺灣留出名額。五、和平統一不是大陸把臺灣吃掉，當然也不能是臺灣把大陸吃掉，所謂「三民主義統一中國」不現實。六、要實現統一，就要有個適當方式。建議舉行兩黨平等會談，實行國共第三次合作，而不提中央與地方談判。雙方達成協定後可以正式宣布，但萬萬不可讓外國插手，那樣只能意味着中國還未獨立，後患無窮。

[8]　「江八點」重要內容包括：一、堅持一個中國原則。二、對於臺灣同外國

| | | 1999 特殊兩國論，或稱「兩國論」 | 前總統李登輝宣稱：1991 年以後修憲之後，臺灣和中國大陸的關係早就已經是「國家與國家」，或「至少是特殊的國（state）與國（state）的關係」，[9]而非「一合法政府、一叛亂政府」，或「一中央政府、一地方政府」的「一個中國」內部關係。 | x |
| | | 2002 年 8 月 2 日提出「一邊一國」 | 臺灣跟對岸中國一邊一國，要分清楚。 | x |

發展民間性經濟文化關係，我們不持異議。但是，反對臺灣以搞「兩個中國」、「一中一臺」為目的的所謂「擴大國際生存空間」的活動。三、進行海峽兩岸和平統一談判。在一個中國的前提下，什麼問題都可以談，包括臺灣當局關心的各種問題。四、努力實現和平統一，中國人不打中國人。五、要大力發展兩岸經濟交流與合作，以利於兩岸經濟共同繁榮，造福整個中華民族。應當採取實際步驟加速實現直接「三通」，促進兩岸事務性商談。六、中華文化始終是維繫全體中國人的精神紐帶，也是實現和平統一的一個重要基礎。兩岸同胞要共同繼承和發揚中華文化的優秀傳統。七、臺灣同胞不論是臺灣省籍，還是其他省籍，都是中國人，都是骨肉同胞、手足兄弟。我們歡迎臺灣各黨派、各界人士，同我們交換有關兩岸關係與和平統一的意見，也歡迎他們前來參觀、訪問。八、我們歡迎臺灣當局的領導人以適當身份前來訪問；我們也願意接受臺灣方面的邀請前往臺灣。中國人的事我們自己辦，不需要藉助任何國際場合。

[9] 前總統李登輝宣布兩岸為兩國論稱：1991 年修憲後，已將國家領土範圍限定於臺、澎、金、馬，正副總統與國會議員也僅為臺灣地區選出，並也承認中華人民共和國的合法性。臺灣和中國大陸的關係早就已經是「國家與國家」，或「至少是特殊的國（state）與國（state）的關係」，而非「一合法政府、一叛亂政府」，或「一中央政府、一地方政府」的「一個中國」內部關係。

2008年12月31日《攜手推動兩岸關係和平發展、同心實現中華民族偉大復興》（胡六點）	恪守一個中國、推進經濟合作、弘揚中華文化、加強人員往來、維護國家主權，協商涉外事務、結束敵對狀態，達成和平協議。[10]	2008年5月20日就職演說內容	2008 年 5 月 20 日宣示在「不統、不獨、不武」政策下加強兩岸交流	O

資料來源：作者自行整理製作

　　由此相互對照表，發現在兩岸持續競爭對峙的數十年期間，因時空背景的轉換，竟然到中華人民共和國國家主席胡錦濤與中華民國總統馬英九於 2008 年分別提出對對方的綱領性談話，才相互釋出善意使雙方政策相互契合與相互可容，進而營造出兩岸比過去任何時候都緩和的契機，兩岸甚至進入兩岸「互不承認主權，互不否認治權」的地步，[11]馬總統更強調，兩岸交流必須在首先強調「人民」，政府政策必須符合「以臺灣為主，對人民有利」；其次強調「和平」，若沒有和平

---

[10] 「胡六點」內容包括：一、恪守一個中國，增進政治互信。維護國家主權和領土完整是國家核心利益。世界上只有一個中國，中國主權和領土完整不容分割。二、推進經濟合作，促進共同發展。兩岸可以為此簽定綜合性經濟合作協定，建立具有兩岸特色的經濟合作機制，以最大限度實現優勢互補、互惠互利。三、弘揚中華文化，加強精神紐帶。中華文化源遠流長、瑰麗燦爛，是兩岸同胞共同的寶貴財富，是維繫兩岸同胞民族感情的重要紐帶。四、加強人員往來，擴大各界交流。我們將繼續推動國共兩黨交流對話，共同落實「兩岸和平發展共同願景」。我們希望民進黨認清時勢，停止「臺獨」分裂活動，不要再與全民族的共同意願背道而馳。只要民進黨改變「臺獨」分裂立場，我們願意作出正面回應。五、維護國家主權，協商涉外事務。對於臺灣同外國開展民間性經濟文化往來的前景，可以視需要進一步協商。對於臺灣參與國際組織活動問題，在不造成「兩個中國」、「一中一臺」的前提下，可以通過兩岸務實協商作出合情合理安排。六、結束敵對狀態，達成和平協議。

[11] 仇佩芬，〈兩岸和平基礎　互不承認主權　互不否認治權〉，《中國時報》，2011 年 3 月 10 日，第 A12 版。

就沒有一切，但政府在追求和平時，絕不會犧牲國家的主權與尊嚴；再其次強調「民主」，兩岸政策應符合國家需要、民意支持與國會監督的原則，務使協商過程盡量透明，並充分接受國會監督的原則下進行。[12]對於臺灣民意的尊重與利益的維護及追求兩岸和平的決心，表露無疑。

以兩岸在近年關係由緊張到緩和的過程中，發現兩岸人民交流也隨著兩岸關係的緩和而大幅增加交流，2008 年後，兩岸人員交流更是快速且大幅度的增長，對於兩岸的進一步實質統合，顯然有其助力。

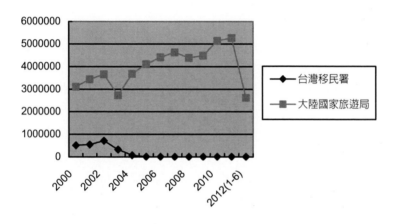

圖 5-1　台灣地區人民進入大陸地區人次統計圖

資料來源：〈101 年 6 月份兩岸交流統計比較摘要〉（2012 年 7 月），2012 年
　　　　　8 月 17 日下載，《行政院大陸委員會》，http://www.mac.gov.tw/public/
　　　　　Data/281015383971.pdf。

---

[12]　〈總統出席「海基會成立 20 週年慶祝大會」〉（2011 年 3 月 9 日），2011 年 3
　　　月 29 日下載，《中華民國總統府》，http://www.president.gov.tw/Default.aspx?
　　　tabid=131&itemid=23717&rmid=514。

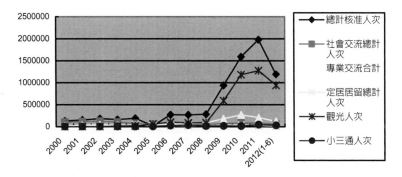

圖 5-2　大陸地區人民核准來臺總計人次（含社會、文教、經濟交流暨定居
　　　　居留、觀光、小三通及其他）統計圖

資料來源：〈101 年 6 月份兩岸交流統計比較摘要〉（2012 年 7 月），2012 年
　　　　8 月 17 日下載，《行政院大陸委員會》，http://www.mac.gov.tw/public/
　　　　Data/281015383971.pdf。

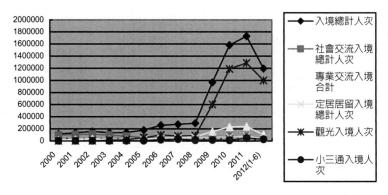

圖 5-3　大陸地區人民來臺入境總計人次（含社會、文教、經濟交流暨定居
　　　　居留、觀光、小三通及其他）統計圖

資料來源：〈101 年 6 月份兩岸交流統計比較摘要〉（2012 年 7 月），2012 年 8
　　　　月 17 日下載，《行政院大陸委員會》，http://www.mac.gov.tw/public/
　　　　Data/281015383971.pdf。

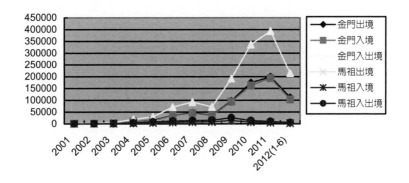

圖5-4　大陸地區人民經小三通入境人次

資料來源：〈101 年 6 月份兩岸交流統計比較摘要〉（2012 年 7 月），2012 年 8
　　　　月 17 日下載，《行政院大陸委員會》，http://www.mac.gov.tw/public/
　　　　Data/281015383971.pdf。

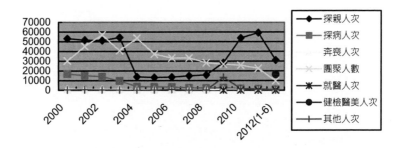

圖5-5　大陸地區人民核准來臺（探親、探病、奔喪、團聚及其他）
入境總計人次圖

資料來源：〈101 年 6 月份兩岸交流統計比較摘要〉（2012 年 7 月），2012 年 8
　　　　月 17 日下載，《行政院大陸委員會》，http://www.mac.gov.tw/public/
　　　　Data/281015383971.pdf。

　　馬英九先生就任中華民國第十三屆發表就職演說，對於兩岸關係未來的鋪陳表示，在其第二任總統任期內，將以「強化經濟成長動能」、「創造就業與落實社會公義」、「打造低碳綠能環境」、「厚植文化國力」及「積極培育延攬人才」做為國家發展的五大支柱，並揭櫫「以兩岸和解實現臺海和平」、「以活路外交拓展國際空間」、「以國防武力嚇阻外來威脅」做為確保臺灣安全的鐵三角。其中，在「以兩岸和解實現臺海和平」項下稱：二十年來兩岸的憲法定位就是「一個中華民國，兩個地區」……。兩岸之間應該要正視這個現實，求同存異，建立「互不承認主權、互不否認治權」的共識，雙方才能放心向前走。在「以活路外交拓展國際空間」項下稱：事實證明，兩岸關係的進展與我們國際空間的擴大，不但不必相互衝突，甚至可以相輔相成。未來四年，我們要擴大參與國際組織，……希望在國際非政府組織中，兩岸能彼此包容、相互協助，讓這個良性循環的模式發揮更大的正面效益。在「以國防武力嚇阻外來威脅」項下則稱：在「防衛固守、有效嚇阻」的戰略下，以「創新、不對稱」思維，建立量少但質精的堅強國防武力。同時強化我國與周邊各國關係，積極參與國際事務，推動建立制度化的戰略對話合作管道，以捍衛中華民國主權與保障臺灣安全，並對區域和平做出貢獻。[13]

　　由馬總統的就職演說衍生出，當前臺灣主政者所要求的兩岸關係是在一方面和平，一方面不阻止臺灣對中國大陸以外地區發展的平衡進行，在兩岸進行各類交流甚至統合之際，對於周邊地區甚至國際的融入也不願置身事外，因此，馬總統的兩岸政策等同於臺灣的國際活動空間範圍，而兩岸政策僅是國際活動空間範圍的一部份而已。

　　雖然現實狀況不易克服兩岸的緊密交流，但因兩岸領導人與主流民意都有與對方緊密交流的意願，因此，2008年起的兩岸關係也由緊張而緩和甚發展出制度性協商。也因此，自2008年至2012年，兩岸

---

[13]　〈中華民國第13任總統、副總統宣誓就職典禮〉（2012年05月20日），2012年05月20日下載，《中華民國總統府》，http://www.president.gov.tw/Default.aspx?tabid=131&itemid=27200&rmid=514。

共簽訂 18 項協議一項共識，代表著兩岸關係的快速緩和，但也因為兩岸情勢的特殊，造成必須先經濟後政治，或先易後難的情況。

　　兩岸的經貿縱使統合，並不表示兩岸各自對外的經貿關係發展就會停滯，如在兩岸關係改善，簽訂 ECFA 後，臺灣與日本於 2011 年 9 月底簽定了投資協議，[14] 又與新加坡、紐西蘭洽簽自由貿易協議。馬總統更於 2012 年 8 月 18 日的「經濟自由化對我國產業影響」會議上，表示臺灣必須「掃除障礙、八年入 T（TPP 跨太平洋伙伴協議）、能快就快」，若臺灣不能儘快加入 TPP 則將不敵競爭對手國，未來將像「冷水煮青蛙」失去競爭力；[15] 時至 2012 年 9 月 10 日，代表馬英九總統出席亞太經合會（APEC）在海參威舉辦年會的前副總統連戰與美國國務卿希拉蕊進行雙邊會談，雙方確定就臺美貿易暨投資架構協定（TIFA）談判展開復談預備工作，[16] 更讓臺灣獲得胡錦濤對臺灣加入國際民航組織（ICAO）的正面回應，與日本首相野田佳彥取得共同開發釣魚臺周邊漁權談判共識，與菲律賓總統艾奎諾就司法引渡及人力仲介等項目交換意見，與印尼總統蘇西洛論及摩洛泰島開發案……等等，被輿論認為係中華民國退出聯合國以來所僅見。[17] 若兩岸各自對外的經貿關係甚至外溢至政治關係，不斷發展的趨勢不因其他狀況改變，那麼以臺灣的立場看，則將引進更多的外援力量，擴大國際社會的安身立命空間，也讓兩岸統合的實質利益相對的被稀釋，則臺灣是否願意持續與大陸進行統合，則又有待進一步思考。

　　當然，縱使臺灣有意藉由與大陸地區以外的國際活動空間，以防範過度、過快與大陸進行尚未準備周全的統合，但若中國大陸國力依目前狀態持續增長，或許有可能出現如同過去以美國為霸權的穩定國

---

[14] 林安妮，〈臺日今簽投資協議　邁向 FT〉，《經濟日報》，2011 年 9 月 22 日，第 A2 版。

[15] 洪敬浤、陳秋雲、喻文玟，〈保二破功　馬新 16 字箴言拼經濟〉，《聯合報》，2012 年 8 月 19 日，第 A1 版。

[16] 仇佩芬，〈臺美證實　將重起 TIFA 協商〉，《中國時報》，2012 年 9 月 11 日，第 A1 版。

[17] 〈送給連戰的大禮〉，《聯合報》，2012 年 9 月 15 日，第 A2 版。

際秩序（Pax Americana）或以蘇聯為霸權的國際穩定秩序（Pax Sovietica）局面，而出現以中國大陸為霸權的國際穩定局勢（Pax Sinic），[18]那麼，臺灣被中國大陸壓迫持續進行與中國大陸的融合，似乎也無法避免。

　　以歐盟統合經驗中的德國各政黨為例，雖然德國各政黨當前對於歐洲的統合多半持正面的態度，德國甚至也是歐盟統合的重要推動力量之一，但自1949年迄今，德國各政黨對於統合進入歐盟的態度，卻隨著時空背景的不同，而各有起伏，不可一概而論。[19]面對統合議題，並不能排除各國各政黨的原始主張，如法國的社會黨就抱持雖支持歐洲統合，卻不能背棄實現社會主義目標的立場，甚至同一左派政黨內部尚有不同的山頭與派系立場的紛爭，[20]因此，兩岸的統合議題，就無法完全排除泛綠政黨追求臺灣獨立的黨綱，或泛藍政黨追求中國的統一，以致相互衝突的狀況，但在兩岸的統合中，所牽涉並足以影響統合進程的各政黨態度，想必也隨不同的時空背景而有不同的轉折。

　　自2008年起，國民黨主政下的兩岸關係，在必須和解的需要，及和解必須有利於臺灣人民、兩岸政策必須交由民意監督的前提下，事實已取得大量對臺利益，但仍同樣遭到臺灣內部在野黨的反對與杯葛。而這種杯葛與反對，對民主化的臺灣，國家認同分歧的臺灣而言，是難以避免的狀況。換言之，兩岸進一步統合的契機在國民黨與共產黨相互諒解下，可以極為豐富，但因擔憂臺灣對大陸過度傾斜，致使

---

[18] James C. Hsiung, "The Age of Geoeconomics, China's Global Role, and Prospects of Cross-Strait Integration", in Sujian Guo and Baogang Guo ed(s)., *Greater China in an Era of Globalization* (United Kingdom: Lexington Books, 2010), p.39.

[19] Christoph Egle, "The SPD's preferences on European integration: Always one step behind?", in Dionyssis G. Dimitrakopoulos ed., *Social Democracy and European Integration: The politics of preference formation* (New York: Routledge, 2011), p. 25.

[20] Philippe Marlière, "The French Socialist Party and European integration", in Dionyssis G. Dimitrakopoulos ed., *Social Democracy and European Integration: The politics of preference formation*, pp. 51-52.

臺灣喪失獨立性，不僅主政的國民黨將臺灣的未來發展，同時著重在與中國大陸以外的國際社會發展關係，而不願將臺灣的未來發展僅侷限於中國大陸。這也使兩岸的統合契機受到主客觀因素的限制。限制的內涵，則有待下一節分析。

第二節　各政黨態度與民意走向

　　兩岸制度的競爭過程中，兩岸都有許多人認為由經濟的接觸、統合、最終達成兩岸的和平統一，但經濟的統合不一定造成政治的統合，甚或說，經濟統合與政治統合是個別進行的事件，不一定有所關連，否則當前歐盟與中國大陸的大量經濟交流，就將引發經濟的統合，最終造成中國大陸與歐盟的政治統合；而政治的統合，是進行統合成員，都有共同的目標認為可因此獲得彼此最大的利益，或說，依據歐盟的統合經驗，成員間除了經濟合作、結構性的政治對話及貿易關係等因素外，尚須有政治的承諾，才能促成統合。[21]若將政治承諾用於兩岸的統合研究，自然必須是兩岸都有統合的意願表達，尤其是對兩岸法理統合的政治意願表達，才能進一步促成兩岸的統合。

　　而國際跨區域的統合，顯然是著重在國家或政治實體的對外關係。若再從國家或政府的層面看此對外關係的問題，國家（包含不被承認卻具有實質國家成立要件的中華民國在內）對外決策的過程，約略可以如下圖形加以形容：

---

[21] Edward Moxon-Browne, "MERCOSUR and the European Union: Polties in the Making?" in Finn Laursen ed., *Comparative Regional Integration: Europe and Beyond*, pp.139-140.155.

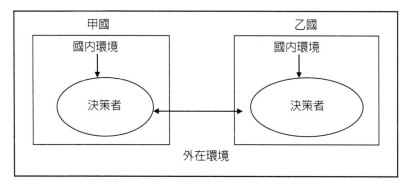

圖 5-6　外交決策途徑

資料來源：Frederic S. Pearson and Martin Rochester，胡祖慶譯，《國際關係》
（臺北：五南，2003 年 10 月 7 刷），頁 164。

　　依此圖形顯示，決策者必須評估國內環境、國外環境，甚至是自身的性格，才能做出最後決策。在全球受民主化浪潮影響下，國內民主化的要求也直接影響及國際政治的運作，這也影響包括對全球治理參與者、政府組織、非政府組織、跨國組織、專家、特殊團體，都被要求必須對行為負責，也被要求行事透明化，以便於外界的監督。[22]這種對外關係受國內政情影響的模式，連過去被美國強勢干預，並被視為其「後院」的中美洲各國，都無法避免，而美國過去的強勢作為，也激發中美洲國家內部的反對，甚至因而出現諸多他國政府作為與美國對抗，使美國利益受損。[23]

---

[22]　Margaret P. Karns and Karen A. Mingst, *International Organization: The Politics and Processes of Global Governance (1)* (Colorado: Lynne Rienner Publishers, 2010 second edition), p. 31.

[23]　Nicola Phillips, "The Politics of Trade and the Limits to U.S. Power in the Americas", in Diego Sánchez-Ancochea and Kenneth C. Shadlen ed(s)., *The Political Economy of Hemispheric Integration: Responding to Globalization in the Americas* (New York: Palgrave Macmillan, 2008), pp. 157, 163-165.

就現有的歐盟與北美自由貿易區的組成為例，各國領袖也不見得完全支持，如：英國的柴契爾夫人等人對歐體的進一步統合不見得領情。[24]同樣的在美洲，對於北美自由貿易區的爭議也屢見不鮮，連總統歐巴馬與國務卿希拉蕊自相互競爭民主黨總統提名起，都競相呼籲對北美自由貿易區進行檢討；對於歐盟與北美自由貿易區的批判，也包含有部分修訂與全面廢止等各類意見，[25]在英國保守黨更明確反對歐體所造成的歐洲集權，而要求更自由的歐洲，其他政黨也多有呼籲退出歐體的主張。美洲各政黨與政治菁英對於北美自由貿易區的態度與歐洲各政黨及政治菁英的批判態度，更所在多有。[26]美國在內政上，面對經濟發展的不如預期也常以攻擊北美自由貿易區作為爭取選民支持的手段，[27]而支持或反對統合，顯然政治菁英具有決定性的關鍵地位。

若將政治菁英在兩岸是否進行統合的過程中占有關鍵地位的論述，用於兩岸關係統合研究中，會發現以當前的狀況看中國大陸菁英對於兩岸統合意志堅定，目標明確，但臺灣的多元政治環境，尤其是主張臺灣獨立的泛綠政黨具有掣肘國民黨的能力，甚至具有主政的實力，那麼臺灣政治菁英顯然難以獲得以追求統合為目標的絕對多數主流意見支持，兩岸統一的政治承諾當然就無法輕易表達。

若從全球治理的現實主義衍生出來的戰略或理性主義（Strategic or Rational Choice Theory）觀點，強調各國因各類目的的驅使而合作，甚至為達成某種特定目的而創造一定的交往架構，[28]那麼各類協議的

24　John B. Sutcliffe, "Critical Interpretations of Integration in North America and the European Union: A Comparative Evaluation", in Finn Laursen ed., *Comparative Regional Integration: Europe and Beyond*, p. 63.

25　Sutcliffe, "Critical Interpretations of Integration in North America and the European Union: A Comparative Evaluation", p. 64.

26　Sutcliffe, "Critical Interpretations of Integration in North America and the European Union: A Comparative Evaluation", p. 69-71.

27　Isidro Morales, "The Present and Future of North American Integration: Similarities and Differences with the European Experience", in Finn Laursen ed., *Comparative Regional Integration: Europe and Beyond*, p. 87.

28　Karns and Mingst, International Organization: *The Politics and Processes of*

簽署當然就不僅包含有該協議的特定目的而已，更有意利用這些協議
創造達成其他目的（不論是政治、經濟、促進和平或其他任何目的）
之企圖。同理，兩岸在 2008 年國民黨在臺灣重新執政迄今，兩岸簽訂
多項協議。這些協議的簽署，當然不僅包含有經濟、社會、共同打擊
犯罪等等意義，雙方更有意利用這些協議創造達成各類目的（不論是
政治、經濟、促進和平或其他任何目的）之企圖。

　　國民黨於 2008 年再度執政後，因主可觀因素的掣肘，最終以不統不
獨作為對大陸的施政主軸，對民意的爭取其走向卻又呈現如下圖形式：

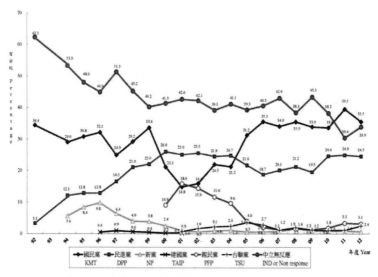

圖 5-7　臺灣民眾政黨偏好圖（1992～2012.06）

資料來源：〈臺灣民眾政黨偏好分布（1992～2012.06）〉，2012 年 8 月 17 日下
　　　　　載，《政治大學選舉研究中心》，http://esc.nccu.edu.tw/modules/tinyd2/
　　　　　content/partyID.htm。

　　2012 年 6 月止，臺灣民眾對於國民黨的好感明顯高於民進黨，或許在某個程度上是呈現臺灣民眾對於國民黨的施政績效，或大陸政策（包含簽訂 ECFA）具有好感；陸委會公布的民調也顯示，「海峽兩岸經濟合作架構協議」（ECFA）完成簽署後，最新民調顯示，61.1%的民眾對整體協商成果感到滿意，62.6%的民眾認為有助於與其他國家洽簽自由貿易協定。[29]既然臺灣主流民意贊同與大陸進行更廣泛甚至制度性的協商與交流，尤其在 ECFA 簽訂後，兩岸經貿關係及各類交流的更加頻繁，更可與大陸水乳交融，若依據前述統合理論的觀點，則兩岸人民的相互認同應逐漸提升，但在近期臺灣民意調查中卻發現，臺灣民眾中，自認為臺灣人的民眾卻呈現不斷增加，認為自己是中國人的比率卻不斷下降趨勢，如下圖。

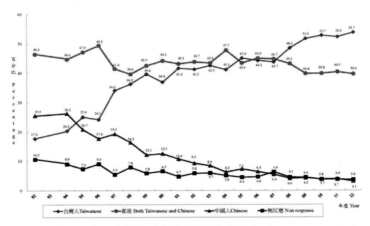

圖 5-8　臺灣民眾　臺灣人／中國人認同趨勢分布（1992～2010.06）

資料來源：〈臺灣民眾　臺灣人／中國人認同趨勢分布（1992～2010.06）〉，
　　　　　2012 年 8 月 17 日下載，《政治大學選舉研究中心》，http://esc.nccu.edu.
　　　　　tw/modules/tinyd2/content/TaiwanChineseID.htm。

---

[29]　〈ECFA／陸委會民調：62.6%認有助於與其他國家簽自貿協定〉（2010 年 7月 6 日），2011 年 3 月 18 日下載，《NOWnews》，http://www.nownews.com/2010/07/06/10844-2622897.htm。

　　這種民意調查走勢，在某個程度上是顯示臺灣民眾對於兩岸族群認同顯現日益分離趨勢。雖然實際解讀上，族群認同的分離可能包含著臺灣人、四川人、廣東人等等地域感情的成分，不一定指涉臺灣人的認同就等同於「臺灣民族」與「中華民族」的對峙，或說因為兩岸人民的大量接觸，而相互曝露各自的缺點，致使臺灣民眾不願認同對方為自身團體的一員，或自身為對方團體的一員；其未來的走勢或許可能加劇兩岸族群認同的分離，當然也可能因日久相互認識更加深入而化解彼此的隔閡。

　　若依第貳章所述，臺灣絕大多數民眾支持兩岸維持廣義現狀，正顯示，臺灣民眾對兩岸進一步統合的猶豫，也讓臺灣人認同升高，在某種程度上是表達不願與大陸統合。

　　全國政協主席賈慶林，在海協會成立 20 周年（2011 年 12 月 16 日）紀念大會講話稱：「我們一再強調，在一個中國原則的基礎上，什麼問題都可以談，包括臺灣方面關心的各種問題都可以談」、「1992 年，海協會與臺灣海基會經兩岸雙方分別授權，達成各自以口頭方式表述堅持一個中國原則的共識，也就是今天人們所說的『九二共識』，由此奠定了兩岸協商的政治基礎」、「2008 年 6 月以來，兩會協商在『九二共識』基礎上得到恢復並順利展開」，[30]再度為兩岸進一步交流表達明確方向與意願。但兩岸關係雖緩和，並因此有龐大的各類交流，然兩岸的敵意尚未消除殆盡，以臺灣國安單位為例，就認為「兩岸資金、商品與人員往來與流通，將形成新的安全問題」，為防範中國大陸對臺的不友善行為，更建議蒐集中國大陸軍方投資或具軍事目的的中國大陸投資人、陸資或陸資機構相關基本資料，並建立資料庫適時提供經濟部審查工作參考。[31]若兩岸敵意未完全消除，兩岸進行統合的基礎自然亦不穩固。

30　〈賈慶林在海協會成立 20 周年紀念大會講話全文〉（2011 年 12 月 16 日），2012 年 3 月 7 日下載，《星島環球網》，http://news.stnn.cc/china/201112/t20111217_1680650.html。

31　邱燕玲，〈國安會：兩岸金流物流人流　新國安問題〉（2011 年 5 月 15 日），

　　因主張維持現狀者眾，因此造成臺灣各政黨受其制約，使兩岸進一步的統合，無法獲得快速進展。相關研究亦主張，當前國際社會的團結統一結構組成（institutional forms of solidarity），是作為兩個以上社會願意團結統一的最高表現形式，而民族國家（nation state），常被視為這種統一團結的最具體呈現。[32]若兩岸主流民意無法因交流而造就願意進一步統合的態度，不僅無法因相互認同為同一民族，以成就民族國家的法理統合，甚至因兩岸政治發展方向的不同，連建構「同一屋頂」的形式法理統合都不易達成。

　　若中共的政治發展方向與臺灣類似的西方民主化方向不同，則兩岸政治發展的目的顯然不同，兩岸所追求的最大利益也就不同，那麼兩岸如何追求「共同的目標」？兩岸又該如何給予政治承諾？那又如何能推論出兩岸政治統合的可能？至於兩岸日漸加重的經濟互動，是否引發政治統合，以現有的資料實難加以跳躍式的推斷獲得。更何況，區域的統合本就因成員國間的各類差距而衍生出許多問題，[33]在統合過程中，成員間的貿易量雖是重要的支撐，但成員國間的比例大小，將使小國有於統合過程中喪失主權的疑慮，[34]因此，兩岸各種力量的大小的懸殊，將使臺灣更憂慮於獨立自主地位的喪失，對於兩岸進一步統合當然形成負面的因素。

2011 年 5 月 24 日下載，《自由電子報》，http://www.libertytimes.com.tw/2011/new/may/15/today-fo2.htm。

[32] Nathalie Karagiannis, "Introduction: Solidarity in Europe-Politics, Religion, Knowledge" in Nathalie Karagianni ed., *European Solidarity* (Liverpool: Liverpool Unversity, 2007), p. 1.

[33] See Joseph Francois, Pradumna B. Rana and Ganeshan Wignaraja ed(s)., *Pan-Asian Integration* (New York: Palgrave Macmillan, 2009). Masahisa Fujita, Satoru Kumagai and Koji Nishikimi, *Economic Integration in East Asia* (MA.: Edward Elgar, 2008).

[34] Finn Laursen, "Requirements for Regional Integration: A Comparative Perspective on the EU, the Americas and East Asia?", in Finn Laursen ed., *Comparative Regional Integration: Europe and Beyond*, p. 241.

　　若在實質統合後，兩岸得以進行法理統合，那麼兩岸法理統合該如何進行就成為必須面對的問題。目前中國大陸推動「一國兩制」顯然不被臺灣主流民意接受，「臺獨」亦不可行，「聯邦」是否可行？但如前述吳邦國已用「五不搞」的說法明確否認「聯邦」的可行性。

　　2012 年 3 月 22 日，國民黨榮譽主席吳伯雄在北京與中共總書記胡錦濤會面，首度當面提出「一國兩區」（臺灣地區與大陸地區）概念，指這是臺灣處理兩岸關係的法理基礎，兩岸不是國與國關係，而是特殊關係。更稱是在馬總統授權下，當面向胡錦濤表達臺灣的「一中各表」立場與「一國兩區」概念。也明確表達中華民國憲法增修條文有關規定就有「兩區」概念，臺灣推動兩岸關係的依據：《兩岸人民關係條例》，也是以「一國兩區」概念作為法理基礎，而處理兩岸事務的是大陸委員會而不是外交部；更足以說明，「兩岸不是『國與國』關係，而是特殊關係」。胡錦濤雖未直接回應吳伯雄所提「一國兩區」的概念，但談到兩岸政治現實時，胡錦濤說，「兩岸雖然還沒有統一，但中國領土和主權沒有分裂，大陸和臺灣同屬一個中國的事實沒有改變，確認這一事實，符合兩岸現行規定，應該是雙方都可以做到的」，[35]卻又似乎同意「一國兩區」的提法。在吳伯雄談話中也表達「兩岸不是『國與國』關係，而是特殊關係」，又與前總統李登輝的「特殊國與國關係」加以聯繫，同時，總統府發言人也表示所謂「一國」係指「中華民國」，目前政策仍是「不統、不獨、不武」，[36]明顯意圖讓臺灣獨派力量難以否決，以化解臺灣內部的阻力，但兩岸仍未找出可被雙方接受的法理統和制度安排。

　　至於依據前述連戰所主張的「邦聯」定義，認為邦聯不是臺獨也不是急統，且邦聯的內涵可以依兩岸的特性協商處理，而國民黨不排除以「邦聯」作為兩岸關係的過程，再綜合賈慶林與吳邦國的談話，

---

[35] 汪莉絹、錢震宇，〈會胡　吳提『一國兩區』〉，《聯合報》，2012 年 3 月 23 日，第 A1 版。

[36] 仇佩芬、劉正慶，〈府重申三不　一中式中華民國〉，《中國時報》，2012 年 3 月 23 日，第 A4 版。

則表示在一個中國各自表述的「九二共識」下（賈慶林談話），不拒絕「邦聯」的存在可能（吳邦國的「五不搞」並不包含「邦聯」），但其中卻也有「但書」規定，就是吳邦國不支持「多黨輪流執政，指導思想多元化，『三權鼎立』和兩院制，私有化」那麼，「邦聯」形式雖有可能成為兩岸法理統合形式，但中國大陸卻拒絕接受如臺灣政治運作的多黨制、思想多元化、三權（甚至五權）分（鼎）立與私有化，這些限制，能否被臺灣主流民意接受，顯然需要時間加以證明。更何況，就歐盟當前的性質分析，有人認為是比邦聯更為緊密，卻比聯邦更為鬆散的政治體，[37]不可忘記的是，歐盟目前階段是個「過程」，但到底是往一個國家統合的過程，或是經由緊密階段後由逐漸鬆散的過程，則仍是未定之天。更何況，其緊密過程是否是全球化的一環，根本就不是歐盟的特例，尚且爭論不休，兩岸的未來發展似乎也難於此時遽下定論。

　　臺灣民意對於兩岸法理統合心存懷疑，也因此讓各兩岸政黨都無法統帥臺灣主流民意走向，也因此形成兩岸三黨的角力與鬥爭環境。

　　從政黨相互爭鬥層面，若由「戰略三角」[38]的角度，看待兩岸最有執政能力與經驗的國民黨、民進黨及共產黨三個政黨對於彼此拉鋸的互動，則有如下結果：[39]

　　1、民進黨的立場：民進黨因堅持臺灣獨立立場，故視共產黨為敵人；在政權爭奪上，也視國民黨為敵人。

---

[37] Max Haller, *European Integration as an Elite Process: The Failure of a Dream?* (UK: Routledge, 2008), p. 323.

[38] 此戰略三角係指 Lowell Dittmer 所發展的戰略三角，請參閱 Lowell Dittmer, "The Strategic Triangle: A Critical Review", in IIpyong J. Kim ed., *The Strategic Triangle: China, the United States and the Soviet Union* (New York: Paragon House, 1987)。

[39] 劉文斌，〈從戰略三角評析國、民、共三黨競逐關係〉，發表於「『續與變：2008-2010 兩岸關係』學術研討會」（國立臺北大學：國立臺北大學、中共研究雜誌社、展望與探索雜誌社，2010 年 10 月 2 日），頁 159-160。

2、國民黨的立場：因執政權的爭奪及對臺灣主權詮釋的差異，
　　與民進黨為敵對關係，但為緩和兩岸關係，卻可以與共產黨
　　為朋友關係。
3、共產黨的立場：為緩和兩岸關係甚至緩和臺灣獨立訴求，而積
　　極爭取國、民兩黨的好感；可同時與國、民兩黨為朋友關係。
依據前述的論述，國、民、共三黨的戰略三角關係變成如下圖關係：

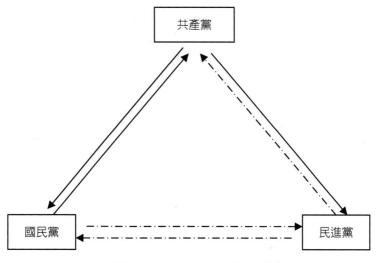

圖 5-9　現階段國、民、共三黨戰略三角競合關係

資料來源：劉文斌，〈從戰略三角評析國、民、共三黨競逐關係〉，發表於「《續
　　　　　與變：2008-2010 兩岸關係》學術研討會」（國立臺北大學：國立
　　　　　臺北大學、中共研究雜誌社、展望與探索雜誌社，2010 年 10 月 2
　　　　　日），頁 160。
說明：————▶ 拉攏－‧－‧－‧▶ 推拒

　　民進黨為擺脫國民黨與共產黨建構結盟關係，以擺脫自身的「孤
鳥」（pariah）地位，卻又無法與共產黨合作，因此，只能設法破壞國
共的結盟，但其破壞作為，卻反而加深了國共的結盟關係，讓民進黨

對於國共更為敵視。[40]因臺灣國、民兩大政黨對於臺灣獨立的追求與反對立場，在短期內難以平息，所可能平息的僅是使用手段是民粹的炒作或理性的說服不同而已。

兩岸於短期內持續不統、不獨，甚至因為兩岸持續相互釋出善意而不武，中國共產黨在前述「故人政策」的制約下，可見未來顯然仍將維持「一國兩制」的對臺政策框架，使得兩岸關係的變化，除外力的美國干涉外，最主要的決定力量，顯然繫於臺灣主要政黨的國民黨與民進黨對於兩岸關係的認知與政策釐定。依據當前中國國民黨政策綱領的主張，一方面要求「捍衛主權，發展精進自主的國防外交」，[41]另一方面也強調「創造雙贏，開展互利互惠的兩岸關係」；[42]而民進黨的黨綱則主張，「建立主權獨立自主的臺灣共和國」。[43]簡單說，民進黨強調臺灣主權必須獨立於中國大陸之外；中國共產黨強調臺灣主權屬於中華人民共和國；中國國民黨強調臺灣主權獨立但未來的走向必須經由民意決定。但經過 2012 年總統大選民進黨敗選後，民進黨對於中國大陸政策也出現檢討聲音，如：

[40] 劉文斌，〈從戰略三角評析國、民、共三黨競逐關係〉，頁 162。
[41] 「捍衛主權，發展精進自主的國防外交」，其做法包括：1.捍衛中華民國主權，維護臺灣尊嚴與主體，貫徹「以臺灣為主、對人民有利」的施政理念。2.推展活路外交，擴大國際社會活動，拓展我國國際空間；鞏固固有邦誼，擴展與無邦交國之友誼，積極發展對外關係。3.善盡國際公民責任，參與國際和平與人道行動，促進國際社會繁榮發展。4.加強海外僑民聯繫與服務，團結全球華僑。5.全力推動國防建設，強化國軍體能戰技與裝備，建構優質國軍部隊，鞏固臺灣安全。
[42] 「創造雙贏，開展互利互惠的兩岸關係」，其做法包括：1.持續推動兩岸交流，落實「連胡五項願景」，促進臺海永久和平。2.推動兩岸經貿關係正常化，建立兩岸經貿合作機制，保障臺商權益，實現兩岸互利共榮。3.促進兩岸文化教育交流，共創中華文化新局。4.加強兩岸司法互助機制，落實兩岸共同打擊犯罪，提升人民安全及權益。5.推動兩岸環保及綠色能源之開發與合作，協力因應氣候變遷影響。6.推動兩岸外交休兵，促進兩岸共同參與國際組織活動。
[43] 「建立主權獨立自主的臺灣共和國」，其具體做法是：依照臺灣主權現實獨立建國，制定新憲，使法政體系符合臺灣社會現實，並依據國際法之原則重返國際社會。

　　民進黨總統參選人蔡英文，在敗選檢討報告中認為要處理中國問題，必須「了解中國」，「要了解中國，必須在互動中去了解」，她期待民進黨能有良好的制度，讓黨員與基層可以更了解中國，從互動中為自己與臺灣找出「面對中國」的新解決方法。蔡英文的主張獲得民進黨中常委的普遍贊成，[44]但亦遭受民進黨內獨派的質疑。[45]民進黨所代表的追求臺灣獨立力量，其意識形態雖有被兩岸情勢轉變而被迫轉變的趨勢，但因受獨派團體牽制，於短期內轉型放棄臺獨似不可能，若民進黨放棄其追求臺灣獨立的黨綱，那麼民進黨就不再是民進黨，其支持者將難以忍受，[46]縱使民進黨於 2012 年 8 月恢復「中國事務部」的設立，隨後甚至設立中國事務委員會，但仍被其內部視為僅是「葉公好龍」式的表態，僅表達要其必須面對中國大陸問題的表徵（葉公四處畫龍），卻不敢真正面對中國大陸問題（葉公卻害怕面對真龍），[47]而支持臺獨的選票可能因此流向支持其他臺獨的政黨（如臺聯黨）或個人，讓民進黨無法執政，因此，民進黨無法由支持臺獨轉向放棄臺獨，是短期內不得不的選擇。若民進黨無法於可見的未來改變其意識形態，那麼在兩岸的統合過程中，臺灣執政黨對於大陸政策的制定，將被支持臺灣獨立政黨的牽制，使兩岸的統合在意識形態層面，難以順利推動。而支持臺灣獨立政黨得以生存並要脅其他類型政黨，其根源是臺灣有相當的民意支持臺灣獨立所致。

44　林河名，〈蔡英文：須在互動中了解中國〉，《聯合報》，2012 年 2 月 23 日，第 A1 版。林河名、鄭宏斌，〈蔡『要更了解中國』　綠響起掌聲〉，《聯合報》，2012 年 2 月 23 日，第 A2 版。

45　鄭閔聲，〈瞭解中國加強交流　綠中生代支持　獨派保留〉，《中國時報》，2012 年 2 月 24 日，第 A4 版。

46　黃驛淵，〈陸生納健保？　綠委擬提案　黨內論戰〉，《聯合報》，2012 年 8 月 13 日，第 A8 版。

47　洪智坤，〈民進黨中國政策……葉公好龍？〉，《聯合報》，2012 年 8 月 21 日，第 A15 版。2012 年民進黨主席蘇貞昌系統不分區立委吳秉叡首提「陸生納入健保」意見，民進黨黨內罵聲四起，黨內大老憂心「中國熱」，要求降溫；（行政院前院長游錫堃）甚至還主張擱置中國議題，先討論臺灣產經問題；民進黨市議員公開要求開除吳秉叡不分區立委的職務。

統合（integration）不是單一的必須依靠經濟事務以擴及政治、文化、生活等方式的事務，統合亦可能由非經濟事務的接觸而引發其他領域的統合。那麼，兩岸至 2012 年第八次江陳會，共簽訂十八項協議一項共識情況下，因大量的經濟與非經濟事務接觸，及其衍生出的持續談判，故可能引發其他領域的統合，更重要的是十數項協議的簽訂，代表著兩岸各層次進一步融合的企盼與進一步和解的進程，因此，兩岸顯然也願意在文化、科技、教育、農業工業等等各種領域的接觸，而這些接觸是否將觸發其他領域的統合？各政黨與民意對這種統合的觀點係支持或反對，都將影響未來兩岸統合的發展。

有學者研究認為，近年亞洲的跨國合作因一連串的危機而起（driven by crisis after crisis），如 2003 年的 SARS 造成東南亞國協與中國大陸的進一步合作防範跨境流行性疾病，[48]其他如，1996-1997 年間的東南亞金融危機，促成中國大陸與東南亞國協的進一步統合，東北亞的北韓核武問題，是造成六方會談，並有促成建構東北亞安全機制的可能，種族分離主義則與上海合作組織的建立密不可分。若說東亞地區，包含兩岸的統合係由危機而起，更應該說因為需要而起。兩岸因為相互的需要而不得不緊密接觸自不待言，但兩岸因各類接觸而可能造成的統合設想外，同時亦無法完全排除兩岸接觸後因瞭解對方而產生厭惡的結果，如加拿大魁北克省雖在加拿大境內生活時間極長，但因政治等因素的不同，仍追尋獨立就是明顯的例證。[49]

事實上，依據臺灣《聯合報》2012 年所做的「兩岸關係年度大調查」顯示，兩岸在最近三年的密集交往後。臺灣民眾對於兩岸和平雖日漸具有信心，但也出現該系列調查三年來，首次出現臺灣民意偏向

---

[48] Ren Xiao, "Between Adapting and Shaping China's role in Asian regional cooperation", in Suisheng Zhao ed., *China and East Asian Regionalism: Economic and Security Cooperation and Institution-Building* (New York: Roultedge, 2012), p. 39.

[49] Anthony H. Birch, *Nationalism and National Integration* (Boston: Unwin Hyman, 1989), pp.178-179.

認為兩岸經貿經出現競爭局勢（達 38%）；[50]臺灣民眾對大陸政府及人民觀感以負面印象居多；且對於大陸政府的印象集中在專制集權、強勢霸道、不民主、貪腐、獨裁、狡詐、虛偽、善變等；僅不超過百分之二民眾肯定大陸政府是一個有效率、經濟實力強、較過往民主、領導能力強和文明進步的政府。臺灣民眾對於大陸人民的觀感，負面印象比率由 2011 年的四成五增加到四成八，不過，好評仍優於對大陸政府的觀感，三成七對大陸民眾有好印象。臺灣民眾對大陸民眾持負面印象包括：水準待提升、霸道、惟利是圖、暴發戶及高傲自大等。僅不超過百分之二的臺灣民眾稱許大陸人民和善、積極、率直豪爽、有同胞愛等。但進一步分析顯示，兩岸實質交流提供了印象改觀的機會。[51]

　　兩岸政黨與人民在兩岸接觸後，所產生的喜好對方或厭惡對方的結果，都將影響及政黨的主張，並對執政者產生絕對的約束力量。

　　隨著全球化與地區主義的高漲，兩岸統合的壓力不容小覷，但兩岸實質統合的契機與可能受到的阻力，包含著各政黨意識形態、民意走向，甚至是政治菁英個人的傾向已如前述，而兩岸是否因此將進入法理統合，或僅止於相互攫取利益卻仍各自保持政治上高度獨立個體的實質統合，有待下一節分析。

第三節　兩岸法理統合的指標研析

　　依據上述的討論，本文將測量兩岸是否進一步達成法理統合的指標，訂為：一、理想與意識形態；二、實質利益；三、制度；及四、實質進展。若依此標準，檢視兩岸統合的進展，則呈現如下狀況：

---

[50] 聯合報系民意調查中心，〈38%認兩岸經貿趨向競爭〉，《聯合報》，2012 年 9 月 23 日，第 A1 版。

[51] 聯合報系民意調查中心，〈專制霸道　像暴發戶　對大陸觀感　負面印象仍居多〉，《聯合報》，2012 年 9 月 23 日，第 A4 版。

一、理想與意識形態

中國大陸的對臺政策，在「故人政策」的約制下，因鄧小平的崇高地位，致使其所提出的「一國兩制」仍是當前中共對臺政策的重要綱領，與其相較，「胡六點」就成為「一國兩制」的補充與執行，簡言之，就是依據「胡六點」加強與臺灣各種層面的交流，以最終完成「一國兩制」的目標。再依據「胡六點」內容所提：[52]

（一）恪守一個中國，增進政治互信。維護國家主權和領土完整是國家核心利益。世界上只有一個中國，中國主權和領土完整不容分割。

（二）推進經濟合作，促進共同發展。兩岸可以為此簽定綜合性經濟合作協定，建立具有兩岸特色的經濟合作機制，以最大限度實現優勢互補、互惠互利。

（三）弘揚中華文化，加強精神紐帶。中華文化源遠流長、瑰麗燦爛，是兩岸同胞共同的寶貴財富，是維繫兩岸同胞民族感情的重要紐帶。

（四）加強人員往來，擴大各界交流。將繼續推動國共兩黨交流對話，落實「兩岸和平發展共同願景」。希望民進黨認清時勢，停止「臺獨」分裂活動，不要再與全民族的共同意願背道而馳。只要民進黨改變「臺獨」分裂立場，我們願意作出正面回應。

（五）維護國家主權，協商涉外事務。對於臺灣同外國開展民間性經濟文化往來的前景，可以視需要進一步協商。對於臺灣參與國際組織活動問題，在不造成「兩個中國」、「一中一臺」的前提下，可以通過兩岸務實協商作出合情合理安排。

（六）結束敵對狀態，達成和平協議。

---

[52] 〈攜手推動兩岸關係和平發展　同心實現中華民族偉大復興〉（2009 年 01 月 01 日），2012 年 8 月 21 日下載，《人民網》，http://politics.people.com.cn/GB/1024/8611414.html。

依「胡六點」內容發現並不與「一國兩制」的基調扞格，甚至具有「一國兩制」政策的執行指導位階。而一國兩制當然是在兩岸之間建構一個足以號令兩岸的政治組織（不論其名稱為何），當然就是兩岸的法理統合表現。

時至 2012 年 3 月，胡溫體制的最後一次政府部門會議：第十一屆全國人大第五次會議，中共對臺政策仍然沒有改變。溫家寶在會中提出政府工作報告，對兩岸工作的規劃稱：「要繼續堅持中央對臺工作的大政方針，增強兩岸關係發展的政治、經濟、文化和民意基礎，拓展兩岸關係和平發展新局面。要全面深化經濟金融合作，推動兩岸經濟合作框架協議後續商談取得新進展。加快海峽西岸經濟區建設。積極擴大各界往來，開展文化、教育等交流，使兩岸同胞聯繫更緊密，感情更貼近，利益更融合。全體中華兒女要更加緊密地團結起來，為完成祖國統一大業、實現中華民族偉大復興而努力奮鬥」，[53]因前述溫家寶的工作報告，明確表示以「一國兩制」政策處理臺灣問題，而兩岸加強各類交流與統合，其目的當然是達成「一國兩制」，而「一國兩制」所代表的正是進一步促成法理統合。

當前中國大陸對臺政策重要智囊，黃嘉樹教授曾發表文章詮釋中國大陸對臺「一國兩制」政策稱：[54]

> （兩岸關係轉變）最為困難的「兩府整合為一府」的問題，將放到第二步、第三步……來解決。屆時雙方將按照平等協商、共同規劃、共議統一的方式，尋找能為雙方接受的具體的解決方案。「江八點」指出：「在一個中國的前提下，什麼問題都可以談，當然也包括臺灣當局所關心的各種問題」。近年來中共中央的領導人在會見外賓及臺灣客人時也多次表示，在未來的統

---

[53] 溫家寶，〈政府工作報告〉（2012 年 3 月 5 日），2012 年 8 月 21 日下載，《中國人大網》，http://www.npc.gov.cn/npc/xinwen/2012-03/16/content_1714307.htm。

[54] 〈黃嘉樹：求同存異、與時俱進——從解決『兩府爭端』的角度看『一國兩制』的發展〉，2012 年 8 月 21 日下載，《華夏經緯網》，http://big5.huaxia.com/zt/2002-07/83794.html。

一談判中，臺灣當局所關心的國際空間問題以至國號、國旗、國歌的問題都可以討論。既然是雙方平等協商、共同規劃、共議統一，最後談出來的結果就必然是雙方都要有所妥協、有所改變，而不可能只是一方被改變或「被消滅」。因此，所謂「一國兩制就是要消滅中華民國」的說法是聳人聽聞的不實之辭，我們憧憬的是雙方共同為祖國的完全統一作貢獻，兩岸攜手完成鳳凰涅槃，共同迎接中華民族偉大復興的輝煌。

依據黃嘉樹教授的說法，一國兩制並不要求消滅中華民國，而一國兩制下連國旗、國號都可改變，那麼，若兩岸經過談判所設定的新國旗、新國號，兩岸人民是否可能接受中華民國與中華人民共和國國號、國旗因談判而毀棄的結果？當前臺灣民意，顯然不願改變當前現況已如前述，若強加改變是否又真能改變臺灣主流民意對兩岸統合的認同？

以 1997 年香港「回歸」迄今，所呈現的香港民意走向或許可為參考。依據香港大學民意研究機構於 2012 年 6 月 26 日公布的民意調查過程與結果顯示：[55]

為避免「香港人」、「中國的香港人」、「中國人」、及「香港的中國人」四者可能意識重疊，四擇其一未必能夠反映各項身分認同的強弱；因此，以 0 至 10 分同時測試市民對「香港人」及「中國人」的認同程度，同步研究身分認同感的不同層次。2007 年 6 月開始，研究計劃把香港市民身分認同感的研究擴充，加入「中華人民共和國的國民身分」、「中華民族的一份子」、「亞洲人身分」及「世界公民身分」四個單獨測試項目。及至 2008 年 12 月，有關研究再度擴充，加入市民對不同身分的重視程度評分，再以幾何平均方式計算各種「身分認同指數」。在 95%信心水準，最高抽樣誤差為+/-4 個百分比，評分誤差另計，

---

[55] 〈港大民研發放最新香港市民身分認同調查結果〉（2012 年 6 月 26 日），2012 年 6 月 27 日下載，《香港大學民意研究計劃》，http://hkupop.hku.hk/chinese/release/release937.html。

調查回應率 68% 狀況下，最新香港市民身分認同調查結果，依據此研究計劃總監鍾庭耀分析：「最新調查顯示，以絕對評分計，市民對『香港人』身分的認同感對比六個月前略為回落，但對『中國人』身分的認同感就下跌至 1999 年底以來十三年新低。深入分析更加顯示，年齡未及三十歲的被訪者，對『中國人』身分的認同評分自 2009 年中開始下跌，過去半年更加急劇下瀉至 5 分邊緣。若把『香港人』和『中國人』的身分二元對立比較，香港市民中無論是狹義或廣義地自稱為『香港人』的比率，都比狹義或廣義地自稱為『中國人』的比率高，大約有 28 至 38 個百分比的差距。年齡未及 30 歲的被訪者，差距則達到 60 至 72 個百分比之間。以整體樣本計，市民自稱為『香港人』或『廣義香港人』（包括『香港人』或『中國的香港人』）的比率，都上升至九七回歸以來的新高。此外，若以 0 至 100 分的『身分認同指數』計算（指數愈高，正面感覺愈強），香港市民對『香港人』的感覺最強，然後是『中華民族一份子』、『亞洲人』、『中國人』、『世界公民』和『中華人民共和國國民』。綜合各種測試顯示，香港市民最認同『香港人』的身分，然後是一系列的文化認同。對『中華人民共和國國民』身分的認同程度，就相對低於其他身分認同」。

表 5-2　香港市民各項身分認同感獨立評分數字表

調查日期		13-16/12/10		17-22/6/11		12-20/12/11		13-20/6/12		最新變化	
樣本基數		528-550		503-596		534-551		527-601		--	
最新結果		結果		結果		結果		結果及誤差		--	
「香港人」認同感	「香港人」認同指數	8.12	77.7	7.63	74.7	8.23	79.1	8.11 +/-0.18	77.4 +/-1.8	-0.12	-1.7
「香港人」重要度		7.62		7.50		7.78		7.64 +/-0.20		-0.14	
「中華民族一份子」認同感	「中華民族一份子」認同指數	7.42	72.1	7.29	70.8	7.46	72.5	7.26 +/-0.22	69.5 +/-2.1	-0.20	-3.0
「中華民族一份子」重要度[9]		7.12		7.06		7.18		6.82 +/-0.22		-0.36[8]	
「亞洲人」認同感	「亞洲人」認同指數	7.45	69.3	7.63	71.2[8]	7.65	72.1	7.45 +/-0.20	69.2 +/-2.0	-0.20	-2.9
「亞洲人」重要度		6.67		6.88		6.96		6.69 +/-0.22		-0.27	
「中國人」認同感	「中國人」認同指數	7.10	69.7	7.24	70.7	7.01	67.9	6.99 +/-0.22	67.0 +/-2.2	-0.02	-0.9
「中國人」重要度		7.01		7.08		6.80		6.66 +/-0.23		-0.14	
「世界公民」認同感	「世界公民」認同指數	6.66	64.6	6.88	67.0	6.91	67.0	6.61 +/-0.23	63.6 +/-2.1	-0.30[8]	-3.4
「世界公民」重要度		6.47		6.65		6.68		6.35 +/-0.25		-0.33[8]	
「中華人民共和國國民」認同感	「中華人民共和國國民」認同指數	6.27	60.8	6.41	62.3	6.28	61.1	6.12 +/-0.26	59.0 +/-2.5	-0.16	-2.1
「中華人民共和國國民」重要度[9]		6.07		6.31		6.12		5.85 +/-0.26		-0.27[8]	

資料來源：〈港大民研發放最新香港市民身分認同調查結果〉（2012 年 6 月 26 日），2012 年 6 月 27 日下載，《香港大學民意研究計劃》，http:// hkupop.hku.hk/chinese/release/release937.html。

說明：

一、以上數字全部來自獨立評分題目，完全沒有涉及「香港人」與「中國人」身分對立的問題。最新數字顯示，被訪市民對「香港人」、「亞洲人」及「中華民族一份子」的認同感分別為 8.11、7.45 及 7.26 分，而市民對「中國人」、「世界公民」及「中華人民共和國國民」的評分則分別為 6.99、6.61 及 6.12 分。重要程度方面，被訪市民對「香港人」及「中華民族一份子」的重要度分別為 7.64 及 6.82 分，而市民對「亞洲人」、「中國人」、「世界公民」及「中華人民共和國國民」的重要度則分別為 6.69、6.66、6.35 及 5.85 分。

二、把個別樣本之認同感評分乘以同一樣本之重要度評分，求取幾何平均數後再乘以 10，就得出 0 至 100 分的『身分認同指數』，0 分代表絕不投入，100 分代表絕對投入，50 分代表一半。以認同指數計，香港市民六種身分的得分依次序為「香港人」、「中華民族一份子」、「亞洲人」、「中國人」、「世界公民」及「中華人民共和國國民」，分數為 77.4、69.5、69.2、67.0、63.6 及 59.0 分。

表 5-3　香港市民「香港人」與「中國人」身分對立提問方式調查表

調查日期	13-16/12/10	21-22/6/11	12-20/12/11	13-20/6/12	最新變化
樣本基數	1,013	520	541	560[14]	--
整體回應比率	67.4%	65.7%	66.4%	68.0%	--
最新結果	結果	結果	結果	結果及誤差[11]	--
自稱為「香港人」之比率	36%	44%	38%	46+/-4%	+8%
自稱為「中國人」之比率	21%	23%	17%	18+/-3%	+1%
自稱「香港人」和「中國人」混合身分之比率	41%	32%	43%	34+/-4%	-9%
自認為廣義「香港人」之比率	63%	65%	63%	68+/-4%	+5%
自認為廣義「中國人」之比率	35%	34%	34%	30+/-4%	-4%

資料來源：〈港大民研發放最新香港市民身分認同調查結果〉（2012 年 6 月
　　　　　26 日），2012 年 6 月 27 日下載，《香港大學民意研究計劃》，http://
　　　　　hkupop.hku.hk/chinese/release/release937.html。

說明：當被訪市民可在「香港人」、「中國的香港人」、「中國人」、及「香港的
　　　中國人」四者中選擇自己認同的身分時，46%稱自己為「香港人」，18%
　　　自稱為「中國人」，23%自稱為「中國的香港人」，而 11%則自稱為「香
　　　港的中國人」。換言之，68%認為自己是廣義的「香港人」（即回答「香
　　　港人」或「中國的香港人」），30%則認為自己是廣義的「中國人」（即
　　　回答「中國人」或「香港的中國人」），34%則選擇了「香港人」和「中
　　　國人」的混合身分（即回答「中國的香港人」或「香港的中國人」）。

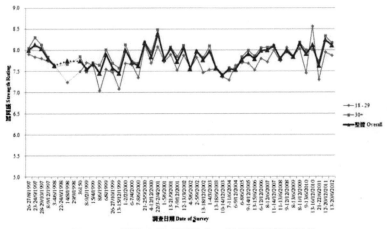

圖 5-10　香港市民「香港人」身分認同程度評分
（按次及按年齡組別；8/1997-6/2012）

資料來源：〈港大民研發放最新香港市民身分認同調查結果〉（2012 年 6 月
　　　　　26 日），2012 年 6 月 27 日下載，《香港大學民意研究計劃》，http://
　　　　　hkupop.hku.hk/chinese/popexpress/ethnic/hkcitizen/poll/chart/hkcitize
　　　　　n.gif。

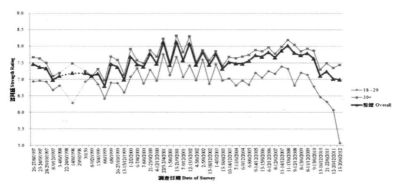

圖 5-11　香港市民「中國人」身分認同程度評分

（按次及按年齡組別：8/1997-6/2012）

資料來源：〈港大民研發放最新香港市民身分認同調查結果〉（2012 年 6 月
　　　　　26 日），2012 年 6 月 27 日下載，《香港大學民意研究計劃》，
　　　　　http://hkupop.hku.hk/chinese/popexpress/ethnic/chicitizen/poll/chart/c
　　　　　hicitizen.gif。

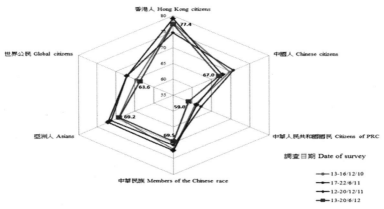

圖 5-12　香港市民「身分認同指數」

資料來源：〈港大民研發放最新香港市民身分認同調查結果〉（2012 年 6 月
　　　　　26 日），2012 年 6 月 27 日下載，《香港大學民意研究計劃》，
　　　　　http://hkupop.hku.hk/chinese/release/chart_20120626_big.gif。

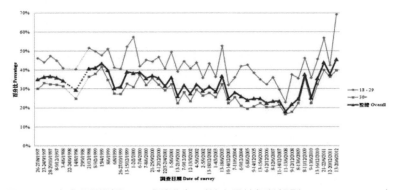

圖 5-13　身分類別認同——「香港人」（按次及按年齡組別；8/1997-6/2012）

資料來源：〈港大民研發放最新香港市民身分認同調查結果〉（2012 年 6 月 26 日），2012 年 6 月 27 日下載，《香港大學民意研究計劃》，http://hkupop.hku.hk/chinese/popexpress/ethnic/eidentity/poll/chart/eIdentity_hkcitizen.gif。

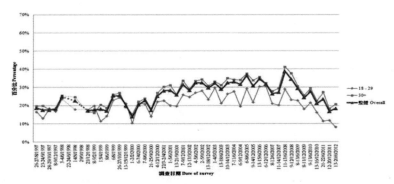

圖 5-14　身分類別認同——「中國人」（按次及按年齡組別；8/1997-6/2012）

資料來源：〈港大民研發放最新香港市民身分認同調查結果〉（2012 年 6 月 26 日），2012 年 6 月 27 日下載，《香港大學民意研究計劃》，http://hkupop.hku.hk/chinese/popexpress/ethnic/eidentity/poll/chart/eIdentity_chicitizen.gif。

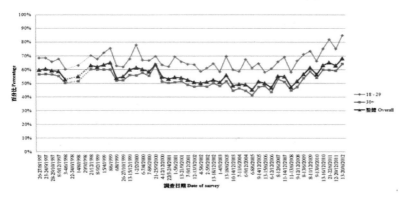

圖 5-15　身分類別認同——廣義香港人（按次及按年齡組別：8/1997-6/2012）

資料來源：〈港大民研發放最新香港市民身分認同調查結果〉（2012 年 6 月 26
日），2012 年 6 月 27 日下載，《香港大學民意研究計劃》，
http://hkupop.hku.hk/chinese/popexpress/ethnic/eidentity/poll/chart/hk
broad.gif。

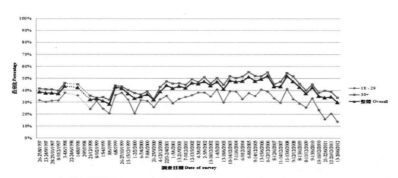

圖 5-16　身分類別認同——廣義中國人（按次及按年齡組別：8/1997-6/2012）

資料來源：〈港大民研發放最新香港市民身分認同調查結果〉（2012 年 6 月
26 日），2012 年 6 月 27 日下載，《香港大學民意研究計劃》，
http://hkupop.hku.hk/chinese/popexpress/ethnic/eidentity/poll/chart/ch
ibroad.gif。

　　由香港市民的調查反應，不僅發現總體的香港人民對於自認為係中國人的比例不斷下降，連富政治意涵的「中華人民共和國國民」與「中華民族」的比例亦下降，若說香港人因國際化關係造成降低對中國的認同，但比對香港人近年對「世界公民」與「亞洲人」認同比例亦下降（圖 5-12　香港市民「身分認同指數」），顯然就無法以香港人因國際化而稀釋對中國人認同的解釋；因此香港人身分認同的升高，就成為純粹認同自己是香港人的比例上升，此意味著香港於 1997 年回歸迄今，雖經「一國兩制」的教化，但對於中國大陸的認同竟然下降，更重要的是，30 歲以下香港市民的中國人認同竟然是調查中被突顯出來下降快速的族群，表示其成長期雖受中國大陸的教化與統治，卻反而愈不認同中國大陸。

　　時至 2012 年 9 月初，香港市民更發動數萬人大規模遊行，反對香港政府在鼓勵小學於 9 月起，設立目的在於建立國家自豪感和中國歸屬感的「德育及國民教育科」新課程。新的課程包括教授名為「中國模式」的小冊子，其內容讚揚中國共產黨的一黨統治。抗議者呼籲香港政府放棄這項計劃，以免該計劃導致用共產黨的宣傳對兒童洗腦。[56]

　　愛國教育是否是對下一代進行「洗腦」，本是見仁見智的問題，如今竟然能引發香港市民十餘萬人大規模的抗議，香港特首梁振英甚至公開以記者會方式回應，決定撤回三年後全面推動前述政策，並交由各學校自行決定是否開辦該科目，此舉被抗議群眾認為僅是梁振英的「些微讓步」，若港府不完全撤銷該計劃，將持續抗爭；[57]這種氛圍，更造成 2012 年 9 月 10 日舉行的香港立法會地區直選，有一百八十三萬市民投票，投票率高達 53%，是香港主權移交十五年來的最高水平。[58]

---

[56] 〈香港數萬人示威　抗議「愛國主義教育」〉（2012 年 9 月 5 日），2012 年 9 月 6 日下載，《美國之音》，http://www.voafanti.com/gate/big5/www.voachinese.com/content/hong-kong-protest-20120729/1448765.html。

[57] 李春，〈反國教抗爭　港府讓步〉，《聯合報》，2012 年 9 月 9 日，第 A1 版。

[58] 〈港立法會地區直選席位泛民得多數〉（2012 年 9 月 10 日），2012 年 9 月 10 日下載，《BBC 中文網》，http://www.bbc.co.uk/zhongwen/trad/chinese_news/2012/09/120910_hk_legco.shtml。

這些事件凸顯 1997 年香港「回歸」中國大陸至今，顯然其法理統合作為，在相當程度上僅獲得形式上的成功，卻未獲得一大部分香港人民的真心支持。

若此推論運用於兩岸的統合，縱使兩岸得以依據中國大陸所設定的「一國兩制」模式進行法理統合，在臺灣民眾無法確保必定融入中國大陸的可能性下，是否代表著兩岸的法理統合並不樂觀？或說，臺灣與中國大陸分隔的認同現狀，根本就不會因為兩岸的交流而改變，若此種認同無法改變（陸委會的民調長期以來也反映出如此趨勢），則理想與意識形態上，臺灣主流民意就不會接受兩岸的法理統合。

再依據學者迪拉塞（Jacques deLisle）以對兩岸關係影響最深的美國態度為觀點，認為美國抱持國內法國際法不互相干擾的觀點，故美國視與中國大陸簽訂的三個公報不是完整的國際協議，因此，在法律上美國就沒有完全照章行事的義務。所以，美國就可依據屬於其國內法的《臺灣關係法》對臺設定政策，尤其是對臺持續軍售；也因為美國將與大陸簽訂的三個公報與《臺灣關係法》分開對待，而同時滿足了兩岸的需求。[59]若依據迪拉塞的觀點，則兩岸因為美國的介入，使臺灣內部藍、綠陣營也各自取得對己有利的憑藉，因此獲得抵抗與中國大陸快速統合的有力支撐，也因此，也加強了抗拒與大陸統合的理想或意識形態的實踐。

二、實質利益

實質利益，除包含國際活動空間，臺灣安全程度提升等「和平紅利」等不易明確計算的利益外，經濟利益將是其中最具體，最易被蠹

---

[59] Jacques deLisle, "Legislating the cross-Strait status quo? China's Anti-Secession Law, Taiwan's constitutional reform and referenda, and the United Stated", in Peter C.Y. Chow ed., *Economic Integration, Democratization and National Security in East Asia* (Massachusetts: Edward Eglar Publishing, 2007), pp. 122-123.

測的觀察指標，故筆者以為實質利益，可相當程度簡化為經濟利益加
以觀察。

　　2008 年總統大選前對馬、蕭經濟議題的期待尤其是選民所殷殷期
盼；總結 2008 年總統大選期，臺灣選民對於馬、蕭對兩岸經濟議題的
期望包含：（一）雙向直航、（二）開放大陸觀光客來臺、（三）開放陸
資來臺投資、（四）開放臺商回臺上市、（五）鬆綁 40%之投資上限、
（六）建立兩岸產業共同標準、（七）簽訂投資保障及租稅協議、（八）
開放臺灣金融業登陸、（九）簽署農業合作協議，建立有秩序的交流合
作等等，[60]時至馬英九總統第二任初期，看似不僅已大部分實現，兩
岸且更加進一步擴展至非經濟議題的合作。但不可否認的，兩岸關係
發展至今，兩岸的協商仍以對兩岸人民生活均有利之經濟議題為主軸
（當然也擴及不純經濟議題的協議簽訂），甚至於馬英九總統第二任期
期間的 2012 年，執政的中國國民黨的中央政策委員會仍認為，過去兩
岸分治花了六十年，才演進到經濟合作階段，下一階段將是在經濟合
作，累積互利共榮基礎上，進行良性的制度競賽，最後才是透過中華
文化的智慧，找出解決兩岸主權爭議的方案，這段時間也可能又再花
上六十年，或至少兩、三代人。[61]簡單說，兩岸目前的主軸仍是經濟
議題作為兩岸交流甚至統合的基礎，也因為經濟交流的利益，讓臺灣
人民認為與大陸交流具有吸引力，而更加願意持續與大陸交流。

　　雖然在對歐體的統合研究，一般使用兩國或兩地區的交往「量」
而非「質」，來定位其緊密程度，但必須承認的是，在歐體地區以「量」
作為統合的指標非常適合於歐體的統合研究，但卻不一定適用於其他地
區的統合，這與其他地區統合的規模、經濟發展等等因素都有關係。[62]但

---

[60] 鄧岱賢，〈馬蕭配的兩岸經貿政策分析〉（2007 年 10 月 4 日），2011 年 2 月
17 日下載，《財團法人國家政策基金會》，http://www.npf.org.tw/post/1/3066。

[61] 〈「九二共識、一中各表」是和平發展基礎〉，《大陸情勢雙週報》（臺北），
1626 期（中華民國 101 年 8 月 8 日），頁 9-10。

[62] Philippe De Lombarede, Fedric Söderbaum, Luk Van Langenhove and Francis
Baert, "Problem and Divides in Comparative Regionalism" in Finn Laursen ed.,
Comparative Regional Integration: Europe and Beyond, pp. 34-35.

就經貿關係所帶來的「量」仍具有其吸引力，也因此，美國國會研究中心（Congress Research Service）於 2012 年 6 月出版的《美華關係回顧展望》（U.S.-Taiwan Relationship: Overview of Policy Issues）中表示，民進黨的蔡英文競選總統失敗原因，包含有在兩岸政策上為了不得罪臺獨支持者，使蔡英文的兩岸政策不明確，不能公開支持 ECFA，但大多數選民卻認為 ECFA 對臺灣有利，也支持兩岸經貿往來，故不願投票支持蔡英文。[63]除「量」之外，顯然兩岸之間的統合，對於「質」的影響亦不可忽視，以攸關庶民生活的大陸居民來臺旅遊為例，依據行政院大陸委員會於 2012 年 8 月 12 日公布的數據顯示，從 2008 年 7 月開放大陸觀光客以來，累積到 2012 年 6 月為止，陸客來臺的人數，已經超過 398 萬人次，這些陸客帶給臺灣高達新臺幣 2,023 億的外匯收入，平均每名陸客來臺消費 5 萬多元，[64]而這些利益相較於大財團的商業利益，顯然更容易讓更廣大民眾直接受益，也相對的容易吸引臺灣民眾持續與大陸進行交流。因此，臺灣幾乎無法離開大陸經濟利益而生存。但不可否認的是，若經濟交流與統合，不能帶給兩岸人民實質的利益，尤其是握有選票廣大庶民的實質利益，那麼這種交流自然無法持續。

　　兩岸經濟統合的具體體現是 ECFA 的簽訂。對臺灣而言，ECFA 的簽訂其中可能有的發展機會包括：早期收穫清單納入了石化中上游、紡織、機械、汽車零元件等五大類產品，相關商品在大陸市場將會更有競爭力。大陸對臺灣之會計、電腦及其相關服務、研究和開發、會議、專業設計、進口電影配額、醫院、民用航空器維修，以及銀行、證券、保險等 11 個服務行業擴大開放，提供臺灣服務業大陸市場擴張之機會。開放臺灣服務提供者在大陸設立合資、合作醫院，並允許臺

---

[63]　〈華美關係發展回顧（下）〉，《大陸情勢雙週報》（臺北），1626 期（中華民國 101 年 8 月 8 日），頁 22。

[64]　〈陸委會公布數據：陸客來臺　帶來 2023 億外匯收入〉（2012 年 8 月 13 日），2012 年 8 月 13 日下載，《鉅亨網》，http://news.cnyes.com/Content/20120813/KFM4JFD5UZ7FI.shtml?c=TWCN。

灣服務提供者在上海市、江蘇省、福建省、廣東省、海南省設立獨資
醫院。除可服務臺商外，亦可拓展大陸市場。臺灣的銀行在大陸申請
設立獨資銀行或分行與經營人民幣業務時間縮短等。展望未來，由於
ECFA 早收清單中，臺灣開放大陸服務業包括研發、會議、合辦專業
展覽、特製品設計（室內設計除外）、華語合拍電影片、經紀商、運動
休閒、空運服務業電腦訂位系統、銀行業等專案，預期未來陸資來臺
投資將持續增溫，進而增進兩岸雙向投資與經貿動能。[65]

兩岸 ECFA 的簽訂，出現早收清單我方爭取到 539 項，以 2009
年中國大陸自臺灣進口金額計算，計 138.3 億美元，占中國大陸自臺
灣進口金額 16.1%，而大陸獲得早收清單項目 267 項，以 2009 年臺灣
自大陸進口金額計算，計 28.6 億美元，占臺灣自大陸進口金額 10.5%
的結果；[66]兩相比較，就出現臺灣早收清單項目約大陸的 2 倍，臺灣
出口金額約大陸的 4.8 倍現象。[67]

經濟部初估 ECFA 早收清單的整體效益，將會使臺灣 GDP 成長
0.4%，相當於增加新臺幣 549 億元；產值成長 0.86%，相當於增加新
臺幣 1,900 億元；就業成長 0.64%，等於增加 6 萬人工作機會，並節
省關稅 295 億臺幣。主計處的經濟成長預測，在 2010 年全年經濟成長
率高達 10.82%之下，2011 年仍有 5.04%的高經濟成長（2011 年上半
年國內經濟穩健擴張，經濟成長率 5.54%。下半年因歐債危機惡化，
全球經濟趨緩，影響所及，臺灣出口成長減緩，民間投資轉呈衰退，
第 3 季經濟成長率降為 3.45%，第 4 季再降為 1.85%。2011 年實際經
濟成長率為 4.03%），[68]最主要的貢獻在於出口維持昌旺，其中受益於
ECFA 早收清單減稅效果功不可沒。[69]

---

[65] 蔡宏明，〈兩岸經濟自由化不盡是福音〉，2011 年 3 月 14 日下載，《財團法
人國家政策研究基金會》，http://www.npf.org.tw/post/3/8858。

[66] 〈ECFA 附件一 「貨品貿易早期收穫產品清單及降稅安排（摘要說
明）〉〉，《聯合報》，2010 年 6 月 30 日，第 A14 版。

[67] 〈臺灣 ECFA 早收 539 項 大陸 267 項〉，2010 年 6 月 29 日下載，《中時電子報》，
http://news.chinatimes.com/focus/0,5243,50105750x132010062401117,00.html。

[68] 〈100 年國家建設計畫執行檢討〉，2012 年 10 月 23 日下載，《行政院經濟

　　若以近年我國與重要貿易出口地區美國、日本及中國大陸的出口數額比較，呈現如下圖情景：

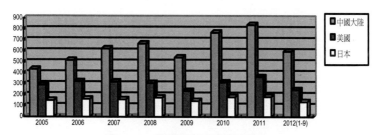

圖5-17　我國對主要貿易地區出口

資料來源：〈表C-2　我國對主要貿易地區出口〉，2012年10月23日下載，
　　　　　《經濟部統計處》，http://2k3dmz2.moea.gov.tw/gnweb/Indicator/
　　　　　wFrmIndicator.aspx#B。
說明：1.以億美元為單位。
　　　2.2012年統計至9月。

　　若以近年我國與重要貿易進口地區美國、日本及中國大陸的進口數額比較，則又呈現如下圖情景：

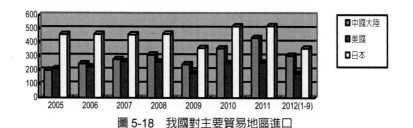

圖5-18　我國對主要貿易地區進口

建設委員會》，www.cepd.gov.tw/dn.aspx?uid=11442。
[69] 林祖嘉、譚瑾瑜，〈ECFA效益迅速顯現〉，2011年11月21日下載，《財團法人國家政策研究基金會：國政評論》，http://www.npf.org.tw/post/1/9205。

資料來源：〈表 C-4　我國對主要貿易地區進口〉，2012 年 10 月 23 日下載，《經濟
　　　　　部統計處》，http://2k3dmz2.moea.gov.tw/gnweb/Indicator/wFrmIndicator.
　　　　　aspx#B。
說明：1.以億美元為單位。
　　　2.2012 年統計至 9 月。

　　若以我國對美國、日本及中國大陸的出入超數字，則呈現如下狀況：

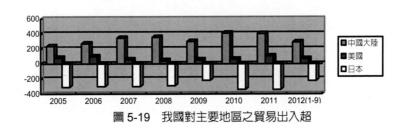

圖 5-19　我國對主要地區之貿易出入超

資料來源：〈表 C-6　我國對主要地區之貿易出入超〉，2012 年 10 月 23 日下載，《經
　　　　　濟部統計處》，http://2k3dmz2.moea.gov.tw/gnweb/Indicator/wFrmIndicator.
　　　　　aspx#B。
說明：1.以億美元為單位。
　　　2.2012 年統計至 9 月。

　　兩岸經貿對臺灣經濟成長的助益不辯自明。

　　ECFA 簽訂後所帶動的利益極為巨大；以 2012 年 3 月，依據海基
會的說法認為，ECFA 簽訂後所呈現的利益包含如下：[70]

　　一、受惠 ECFA 早期收穫計畫的實施，2011 年 1 月臺灣出口大陸
　　　　產品有 76 項關稅降為零，該年臺灣廠商出口至大陸已節省超
　　　　過 1.22 億美元的關稅，臺灣出口至大陸已省逾 1.22 億美元關
　　　　稅，往後將更加擴大此效果，大幅提升臺灣產品搶攻大陸內
　　　　需市場的競爭力，並提高臺灣出口大陸的規模。

---

[70] 劉馥瑜，〈ECFA 前菜　已省下 1.22 億美元關稅〉，《兩岸經貿》（臺北），243
　　期（民國 101 年 3 月），頁 10-12。

二、ECFA 除鞏固既有市場外亦開拓新商機，讓許多過去並無對大陸出口產品經驗的，包括農品、機械及零組件業、紡織業、染料業、電機業及石化業等，都有超過一半的廠商因 ECFA 而開啟了新的生意。

三、成功吸引外商加碼投資臺灣；2011 年全年臺灣成功吸引外資在臺投資 95.32 億美元，遠超出設定的 90 億美元目標，目標達成率高達 105.91%，也促成就業人數 23,938 人。

四、臺商回臺投資規模創新高；根據國貿局統計，自 2007 年至 2011 年止，臺商回臺投資金額連續四年成長，並超越各年度預定績效目標，2011 年回臺投資金額並再創新高，達新臺幣 469 億元。

五、前述各種利益都只是「前菜」。自 2012 年 1 月 1 日起，雙方已進入早收清單第 2 階段降稅，在 539 項列入早收的產品中，有 509 項的貨品關稅降至零。這是 ECFA 貨品貿易早期收獲實施階段（分二年三期降稅），大陸自臺進口產品降稅幅度最大、涉及產品最廣的一次降稅，占早收清單產品 94.5%。項目包括農產品、化工、機械、電子、汽車零組件、紡織、輕工、冶金、儀器儀錶及醫療等。臺灣方面初估，一年降稅利益將超過新臺幣 152 億元（相當於 5 億美元）。其餘項目也將在 2013 年全數降為零關稅。

六、除了能為臺灣廠商節省龐大關稅外，部分服務業更因擁有 ECFA 打入大陸市場，如「翻滾吧！阿信」、「那些年我們一起追的女孩」……，等臺灣自製電影進入商演；第一銀行、土地銀行、彰化銀行、中國信託、兆豐銀行……，越來越多臺灣的銀行業者到大陸設立分行等等。

另一方面卻也顯示，ECFA 是自由貿易區的一種，而中國大陸對外簽訂的自由貿易協定常有不全面的傾向，如與美國所簽訂自由貿易區相比較，就發現中國大陸對外簽訂的自由貿易協定，常偏重在貨品貿易與服務貿易兩個區塊，而排除敏感部門與議題，如智慧產權保障、

糾紛仲裁機制、某些特別部門的自由化、環境保護及勞動水平（labor standards）等等，[71]對臺灣的 ECFA 當然也不例外，同時 ECFA 屬於框架式協議，是否全面納入各產業，讓臺灣產業普遍受惠，尚待雙方努力，未來結果如何也尚難定論。有學者認為兩岸簽訂 ECFA 對臺灣的利弊得失分別為：[72]

（一）發展機會包括：早期收穫清單納入了石化中上游、紡織、機械、汽車零元件等五大類產品，相關商品在大陸市場將會更有競爭力。大陸對臺灣之會計、電腦及其相關服務、研究和開發、會議、專業設計、進口電影配額、醫院、民用航空器維修，以及銀行、證券、保險等十一個服務行業擴大開放，提供臺灣服務業大陸市場擴張之機會。

（二）挑戰包括：貨品貿易早期收穫之執行而言，為確保「原產於兩岸的商品」才能適用優惠關稅待遇，兩岸參考「中國-東盟自由貿易區原產地規則」有關「增值標準」的判定方法（產品中原產於中國－東盟自貿區的成分占其總價值的比例應超過40%的規定），從嚴訂定原產地標準，可能導致業者放棄利用 ECFA 優惠關稅，進而影響受益層面。相對的，大陸產品因價格低廉對臺灣各類敏感產品也已構成威脅。

若依據前三個圖及上述對 ECFA 的經濟效益分析顯示，除起於 2008 年年底延續至 2009 年的金融海嘯外，臺灣對於大陸的經貿，顯然是利益極為具體與巨大，2010 年中簽訂 ECFA 所帶來的功效更是顯著。以 2010 年臺灣對大陸貿易入超達 409.9 億美元為例，若扣除此入超，臺灣將成出超國家，大陸經貿市場對臺灣經濟發展的重要性可想而知。但其效益是否足以持久，或效益無法遍及所有產業，甚至對其

---

71 Ka Zeng, "Multilateral versus Bilateral and Regional Trade Liberalization: explaining China's pursuit of free trade agreement (FTAs)", in Suisheng Zhao ed., *China and East Asian Regionalism: Economic and Security Cooperation and Institution-Building*, p. 90.

72 蔡宏明，〈兩岸經濟自由化不盡是福音〉。

他產業造成衝擊，也常受到檢討。也就是，實質利益中，除了「量」必須充足，更必須讓「質」得以獲得廣泛民眾的臺灣民眾支持，才會促成臺灣主政者更敢於推動兩岸統合。

在統合論的研究中，常用賽局理論（game theory）的觀點，研析組織成員是否會退出該組織，[73]或進一步說，讓組織內成員的凝聚力更強甚或吸引組織外成員加入該組織。但兩岸，尤其是臺灣是否可用賽局理論的利益得失評估，作為加入或退出與中國大陸的統合過程？卻是值得深入思考的問題。尤其是臺灣在與中國大陸簽訂 ECFA 後，對內宣傳稱，將有機會藉此突破中國大陸對臺灣的國際政治封鎖，而逐步與他國簽訂自由貿易協定（FTA）或其他類似組織，也可突破國際困境。但有研究以北美自由貿易區（NAFTA）為例，認為 NAFTA 對成員國的國家主權影響深遠，其中，因為地區組織可能建構出超國家單位，反而阻止成員國家在全球化浪潮中與他國建立關係，而形成地區組織與國際化組織潮流背道而馳的結果；當然，在 NAFTA 組織對成員國國家主權的衝擊程度，強國美國所受的羈絆是三國中最小的；[74]若然，則兩岸統合臺灣受到的羈絆是否會高於中國大陸，造成中國大陸在兩岸統合中擁有更高的主動力量，臺灣卻相對的擁有較少的動能，最終讓臺灣在統合中受害。因此，縱使臺灣可在兩岸統合中獲得眾多利益，但也隱藏著隨時遭受中國大陸壓迫的危機，因而促成臺灣不敢進一步與大陸統合，使得兩岸統合議題必須排除完全依照賽局理論以利益評估是否加入統合的推論。也因此，臺灣內部人民的主觀看法，將影響及兩岸統合的進程。更何況採用外向型經濟發展模式的東亞地區，只有在全球化、外向化而非雙邊化（bilateralism）、地區

---

[73] Finn Laursen, "Regional Integration: Some Introductory Reflections", in Finn Laursen ed., *Comparative Regional Integration: Europe and Beyond*, p. 5.

[74] Alex Warleigh-Lack, "The EU Comparative Perspective: Comparaing the EU and NAFTA", in Finn Laursen ed., *Comparative Regional Integration: Europe and Beyond*, pp. 53-54.

化（regionalism）才是經濟發展成功的要素之一，[75]若兩岸進一步統合，是否將限制臺灣對大陸以外地區的布局與利益，更是臺灣所必須加以謹慎面對的問題。

另外，在臺灣經濟發展依賴中國大陸經濟發展的過程中，也出現中國大陸經濟發展趨緩現象，如直接影響中國大陸經濟發展的外資，自 2011 年第 4 季度開始下降，2012 年上半年以下降 5.5%，下降原因包括：一、是政策因素。改革開放之初，大陸以政策優惠和廉價的土地、低勞動力成本、固定的匯率、財政刺激、改善基礎設施等吸引了源源不絕的外資，但其後引進外資的政策改變，勞動力與原材料成本不斷上漲，逐漸失去吸引力和競爭性，導致一些勞動密集型的外資逐漸向東南亞轉移。二、近年來世界經濟尤其是美歐發達國家經濟增長乏力，需求減少，供給過剩，導致外商避險，減少投資。三、幾年來大陸吸收外資一直大幅增長，基數已高，形成增長趨緩。大陸投資環境變化問題也早被各界討論，2010 年初的 Google 谷歌事件引發國際社會關注大陸投資環境是否惡化，2011 年以來又陸續出現外資企業撤離大陸事件，迄今已先後有美國百思買（Best Buy）、百事中國、英特爾、福特汽車、NCR、波音公司、奇異公司、通用電氣、愛依斯電力（AES）、新霓空太陽能公司、卡特彼勒（Caterpillar）、星巴克、知名智慧型手機黑莓機製造商 RIM、法國達能乳業、雀巢公司、法國聖戈班集團（Saint-Gobain）、歐洲最大玩具製造商仙霸玩具集團（SIMBA DICKIE）等國際知名公司，或整體出售，或部分退出大陸製造與消費市場。隨著外資的撤出，目前大陸資金流向明顯處於淨流出狀態，而且流出量不斷擴大。根據大陸「國家外匯管理局」的統計，2011 年第 4 季度開始，資本外流趨勢愈加明顯，當季度資本和金融項目逆差為 474 億美元。目前外資撤出大陸可能只是開始，根據波士頓顧問公司（Boston Consulting Group）2012 年 2 月針對 106 家美國製造商的一份

---

[75] Michael Plummer and Ganeshan Wignaraja, "Integration Strategies for ASEAN: Alone, Together, or Together with Neighbors", in Joseph Francois, Pradumna B. Rana and Ganeshan Wignaraja ed(s)., *Pan-Asian Integration*, p. 185.

調查顯示，超過三分之一的大型製造商打算，或正積極準備把生產線從大陸搬回美國。美國彭博新聞社（BLOOMBERG NEWS）2012 年 5 月一項調查顯示，近四分之一的歐盟企業考慮轉移到其他國家投資。另外大陸歐盟商會在 2012 年 6 月初的一項調查則是，約有五分之一的歐洲企業擬將投資撤離大陸。[76]大陸經濟增長，從 2011 年以來連續 6 個季度的下滑並非短期現象，更非只是單一的歐債所引發，而是 30 年中國大陸依靠投資、出口、房地產等拉動的成長模式已經難以為繼，是長期性的結構變化所致，[77]雖然對於大陸的經濟發展，有樂觀的大陸內部意見認為，中國大陸將會做出調整找出新出路，但海外專家與觀察者則多有抱持悲觀論點，認為大陸經濟正陷入結構性危機，而面臨「硬著陸」與「通貨緊縮」風險。[78]

　　至 2012 年 9 月胡錦濤甚至公開在亞太經合會企業領袖峰會上表示，雖然中國大陸將繼續實施積極的財政政策與穩健的貨幣政策，但也公開承認中國大陸經濟運行總體出現中國經濟發展中不平衡、不協調、不可持續的矛盾和問題仍然突出，經濟增長下行壓力明顯，部分中小企業經營困難，出口行業面臨困難增多，解決新增就業人口就業任務繁重。[79]若大陸經濟成長在未來發展中受挫，並連帶影響及臺灣的經濟發展，那麼若僅考慮經濟利益一項，[80]顯然不僅無法讓臺灣全部產業獲利，更讓受害產業進一步統合抱持疑慮。則在實質利益指標中，似乎也難保證，可進一步促進兩岸的統合。

---

[76]　〈大陸外資動向與政策變化〉，《大陸情勢雙週報》（臺北），1626 期（中華民國 101 年 8 月 8 日），頁 1-2。

[77]　〈當前大陸經濟情勢與挑戰〉，《大陸情勢雙週報》（臺北），1626 期（中華民國 101 年 8 月 8 日），頁 7。

[78]　〈當前大陸經濟情勢與挑戰〉，頁 6。

[79]　〈胡錦濤在 APEC 峰會演講：深化互聯互通　實現持續發展〉（2012 年 09 月 08 日），2012 年 9 月 10 日下載，《中國新聞網》，http://finance.chinanews.com/cj/2012/09-08/4168462.shtml。

[80]　經濟利益相對於兩岸的「和平紅利」，如：國際活動空間增加、免簽證國家數增加、投資環境更為穩定等等，顯然更易於測量與分析。

三、制度

依第貳章所述，有關制度指標可分為兩大類討論：

（一）「超會員國制度」是否被各成員國接受。（並依其規定運作，使有益於成員國間進一步的統合）（二）會員國各自內部對於是否接受前述超會員國制度的折衝。

也就是在中國大陸強勢推動兩岸法理統合的脈絡下，「兩岸間更高層次的制度建構是否被臺灣人民接受」及「臺灣內部對兩岸更高層次制度建構是否同意的決策運作」兩個層次問題：

（一）兩岸間更高層次的制度建構是否被臺灣人民接受

馬英九政府於 2008 年 5 月 20 日就職起，兩岸憑藉「一中各表」、「九二共識」的基礎，大幅的改善關係並進一步統合，但中國大陸全國政協主席賈慶林，於 2012 年 7 月 28 日在第八屆兩岸經貿文化論壇開幕式致詞時表示：「一個中國框架的核心使大陸和臺灣同屬一國國家，兩岸關係不是國與國的關係」；[81]因其提出「兩岸一國」說詞與過去所談的「兩岸一中」不同，因此被外界，甚至被國民黨智庫解讀認為，過去兩岸賴以維繫關係的「一個中國」概念，這個「中國」意涵，從臺灣的角度看來，是一個民族的、文化的與歷史的概念，若涉及政治層面，由於兩岸認知不同無法妥協，故產生「各自表述」的結果，而大陸所謂「一中」就是中華人民共和國，而臺灣則認為是中華民國，但中共迄今卻只承認「九二共識」中的「一中」，而不承認「各表」，賈慶林的「兩岸一國」表達了兩岸既然統屬一個國家，就必須擁有共同的人民、土地政府與主權，因此，兩岸關係既不是兩國關係，也不是兩府關係、更不是兩區關係，[82]這也似乎透露出中共對於「九二共

---

81 賴錦宏，〈兩岸經貿文化論壇　賈慶林：鞏固一中框架吳伯雄：堅持九二共識〉，《聯合報》，2012 年 7 月 29 日，第 A13 版。

82 〈中共十八大路線與對臺政策〉，《大陸情勢雙週報》（臺北），1627 期（中

識、一中各表」與馬英九總統所提的「不統、不獨、不武」政策不耐。因此，有意將兩岸關係框限在「兩岸一國」的架構，並進一步推動經濟一體化措施，為未來和平消化臺灣，構築深廣的下層結構。[83]中國大陸此舉，更有將兩岸圈定在某一框架制度，或進一步說，將兩岸拉進同一個政治運作架構以達成兩岸法理統合的企圖，以逐漸不再利用其他非政治層面的統合遮掩。在中國大陸壓力下，兩岸對於制度的統合真的就將走入法理統合的境地？

若將更高層次的制度建構，分由近程及遠程加以理解：

1、遠程統合目標

遠程的統合目標，已如本書第肆章對於兩岸統合的憂慮一節敘明，若要更進一步解釋，則可用近年不斷提倡政治改革的中共總理溫家寶，其真正意圖是否將中共現有政治體制改變成外界所期盼的西方式民主政體，一直為外界所關注。若將其歷年對「兩會」所提政府工作報告加以比較，發現所提政改雖涵蓋內政、外交與兩岸等諸多議題，但其中最具關鍵性的，應屬政治改革問題。將 2008 年至 2012 年中國大陸第十一屆全國人大共五次全體會議，溫家寶所提的政改內容加以比較，會發現如下現象：[84]

（1）2008 年溫家寶在十一屆全國人大會議第一次會議的工作報告第（八）項：加強社會主義民主法制建設，促進社會公平正義，主張：「深化政治體制改革，發展社會主義政治文明」；

（2）2009 年第二次會議工作報告第（六）項：大力發展社會事業，著力保障和改善民生，宣示：「加強民主法制建設。積極穩妥地推進政治體制改革，發展社會主義民主政治」；

華民國 101 年 8 月 22 日），頁 13。

83　〈兩岸關係真挑戰在未來八年〉，《大陸情勢雙週報》（臺北），1627 期，頁10。

84　依據前後五次溫家寶以總理身分前往全國人民代表大會提出工作報告內容節錄。

（3）2010 年第三次會議工作報告第（七）項：堅定不移推進改革，進一步擴大開放，要求：「沒有政治體制改革，經濟體制改革和現代化建設就不可能成功。要發展社會主義民主」。

（4）2011 年第四次會議工作報告第（六）項：加強社會建設和保障改善民生，昌言：「加強和創新社會管理。強化政府社會管理職能」。在此脈絡中，可輕易發現，溫家寶於近年所不斷強調的政治改革，必須是以中共現行憲法規定保障中國共產黨的統治地位為前提，決不能因為政治改革而動搖，且推動的是「社會主義民主」。

（5）2012 年第五次工作報告第（八）項：深入推進重點領域改革，表示要：「加快推進政府改革。擴大社會主義民主，……，尊重和維護憲法和法律的權威，嚴格依法行政」，所強調的是「社會主義民主」與「尊重憲法和法律的權威」。

若加上近年中共為因應社會情事變遷所強力提倡的創新社會管理，自然可歸納為溫家寶近年所多次提出的政治改革，僅是為了因應改革開放與經濟建設有成，社會情勢因而改變的行政變革，決不是外界所期待的西方式民主化的政治改革。

再就兩岸制度運作的實際作為，臺灣的民主法治制度，顯然極為依賴民意的展現，也就是極為重視決策的民意參與過程，若將民意參與過程與結果加以排列組合，則臺灣與大陸的制度比較將呈現如表 5-4 的組合結果：

表 5-4　參與過程與決策結果排列組合

過程	結果
好	好
好	不好
不好	好
不好	不好

資料來源：作者自行繪製

　　臺灣目前所遵循的西方式民主，顯然希望透過好的過程得到好的結果，但在實際上卻因各種力量衝突與妥協，最終結果卻不一定「好」，甚至變成「壞」；另一方面，大陸的共產黨一黨專政制度，強調黨的菁英決策，其過程明顯對於民意的參與程度不如臺灣，也因為限制民意的參與，使決策過程在民意制約不足的情況下，讓決策過程「不好」，同時也難保證做出「好」的結果。[85]中共憲法至今仍明載堅持中國共產黨的領導，顯然其菁英領導模式與思維絕不動搖，而臺灣則不論有意或無意，其發展卻接近西方式的民主，著重在決策過程的「好」，但也因此無法控制結果是否好。因此，兩岸制度運作是臺灣保證有好的過程，卻不保證有好的結果；大陸則是既不保證有好的過程，亦不保證有好的結果；兩相比較，現階段當然是臺灣的制度優於大陸的制度。[86]臺灣民意對於與大陸進行法理統合的憂慮可想而知。

　　至今臺灣主流民意對於中國大陸政治發展的未來，仍抱持不信任態度，因此，遠程目標的法理統合，在可見的未來，不可能被臺灣主流民意接受。

2、近程統合目標

　　兩岸的法理統合架構，除非將臺灣強力併入大陸或將大陸強力併入臺灣，否則可能以兩岸都可接受的高於兩岸現有政府的政治組織存在；此政治組織必然具有對兩岸政府的約束能力，因此這種組織最可能為「兩岸政府之上的更高層政府」，若此說成立，那麼就牽涉及「兩岸政府之上的更高層政府」是否具有合法性問題。前已述及，依據政府合法性的定義是：「政府的權力在建構規則，以建立在共同規範與價值觀的政治秩序，而政府的權力是在增進群體利益及經被治者同意」。建構凌駕或足以融合兩岸，並造成統合的「政府」架構，當然也不脫

---

[85] John L. Thornton, "Long Time Coming: The Prospects for Democracy in China", Foreign Affairs (U.S.),Vol. 87 No. 1 (Jun./ Feb. 2008), p. 3.

[86] 劉文斌，《為人民服務：兩岸制度競爭的核心》（臺北：秀威，2011），頁252-253。

此種特色，更重要的是，這種「政府」的合法性必須來自於成員的自願加入與服從，若成員間無法平等的透過民主的程序，在架構中表達意見、公平參與，那麼此架構合法性就難以維繫，其所建構的秩序就無法順利運行。[87]但不可忘記的是，雖然制度的建構必須符合民意才能獲得支持，但制度的建構卻是促成統合的組成；因此，有些研究者認為，制度的建構比民意的支持更為關鍵，[88]因為只有制度的存在才能進一步凝聚民意，獲得民意的支持。反之，若無制度的建構，縱使有民意的支持，亦難形成橫跨兩個政治實體以上的制度建構。總的來說，民意與制度建構是相輔相成互為因果的關係。也因此，若不理當前兩岸民意而強行建構某一種橫跨兩岸的更高層政府形態，雖有可能造成兩岸民意最終支持該法理統和架構的結果，但亦可能適得其反，這種無法因制度的強行建構而獲得民意支持的案例，在前述港澳強制建構的「一國兩制」運行中，香港人民意竟與中國人認同愈行愈遠，可獲得啟示。依此推論，兩岸縱使能建構比現行港、澳「一國兩制」更不偏袒中國大陸現行政治制度的任何政府形式，亦不保證臺灣主流民意將因此認同為中國人之一分子，若無法認同自己為中國人的一分子，則認同中國政治制度，自然是不易達成的任務。換言之，強加的法理統合制度架構，其失敗率極高。故兩岸在近程制度設定與法理統合上，不論在民意支持程度，或強加建構的民意營造程度，都包含極高的風險，甚至難以竟其功。

　　不論是兩岸統合所建構的制度是否被兩岸人民所接受，其最低限度是，制度的建構攸關兩岸是否可以團結合作（solidarity），而團結合作的面向雖然複雜，但最終將被簡化為社會是否可以因此順利運作。[89]

---

[87] Muthiah Alagappa, "The Anatomy of the Legitimacy", in Muthiah Alagappa ed., *Political Legitimacy in Southeast Asia (*California: Stanford University Press, 1995), pp. 19-20.

[88] William Outhwaite, "Who Needs Solidarity?", in Nathalie Karagiannis ed., *European Solidarity*, p.89.

[89] Outhwaite, "Who Needs Solidarity?", in Nathalie Karagiannis ed., *European Solidarity*, p. 76.

若民意抵制強加的法理統和架構，則制度指標中的近程目標，依目前相關情勢，顯然難以推論出兩岸可以達成法理統合的結果。但相對的，在兩岸仍存有潛在敵對意識的情勢，若欠缺制度的建立，僅有各類緊密的交流，則兩岸的交流可能因為欠缺制度的制約，讓大國（大陸）得以欺負小國（臺灣），[90]將使臺灣主流民意愈不敢接受沒有制度的交往，而可能的制度卻又不被臺灣主流民意接受，則兩岸的法理統和僵局似乎難以消除。

（二）臺灣內部對兩岸更高層次制度建構的決策運作

中國大陸對於「統合」臺灣的決心不容置疑，因此，兩岸是否能在制度指標中達成法理統合的目標，若扣除外力，其最大變數將取決於臺灣內部的政治折衝，最終對於該法理統合的制度建構是否同意。

臺灣對外決策受國會監督，總統具有外交權與兩岸決策權力。[91]立法院具有監督政府施政的功能。不論是國會監督權運作或總統選舉的成敗，都取決於政黨的競爭，而臺灣的藍綠兩大政黨，卻抱持不同的兩岸政策態度。

---

[90] Hidetaka Yoshimatsu, "The Rise of China and the Vision for an East Asian Community", in Suisheng Zhao ed., *China and East Asian Regionalism: Economic and Security Cooperation and Institution-Building*, p. 54.

[91] 《中華民國憲法增修條文》第二條第4項：「總統為決定國家安全有關大政方針，得設國家安全會議及所屬國家安全局，其組織以法律定之」。而《國家安全會議組織法》第一條：「本法依中華民國憲法增修條文第二條第四項規定制定之」。第二條：「國家安全會議，為總統決定國家安全有關之大政方針之諮詢機關。前項所稱國家安全係指國防、外交、兩岸關係及國家重大變故之相關事項」。第三條：「國家安全會議以總統為主席；總統因事不能出席時，由副總統代理之」。第四條：「國家安全會議之出席人員如下：一、副總統。二、行政院院長、副院長、內政部部長、外交部部長、國防部部長、財政部部長、經濟部部長、行政院大陸委員會主任委員、參謀總長。三、國家安全會議秘書長、國家安全局局長。總統得指定有關人員列席國家安全會議。」第五條：「國家安全會議之決議，作為總統決策之參考」。等規定，賦予總統國防、外交、兩岸關係及國家重大變故的處置權責。

　　臺灣政治發展有以民粹方式，由上而下吸收各種勢力作為對抗外省統治菁英作為的經驗，[92]至今臺灣政黨的選舉仍充滿民粹作為。民主理論家薩拖利（G. Sartori）的研究顯示，在決策過程中，激烈的少數派才是真正在決策過程中有額外份量的團體，而激烈的多數派只是暫時的聯合，激烈的少數派足以動員激烈的多數派，更遑論溫和的多數人。[93]因此，在臺灣選民中，泛藍政黨與泛綠政黨內的極端少數急統力量與急獨力量，對於最有可能執政的國、民兩黨箝制力量均不容忽視。致使不論那一黨為臺灣執政黨，對大陸政策的決策，都顯然難於短期內獲得和平理性的思辨，甚至相互對峙。若加入臺灣目前政治制度中的立法院與總統關係，總統雖負責外交、軍事與兩岸事務，但相關法律卻必須交由立法院立法或監督，而立法院各黨席次安排與總統的職權行使又有如下關係：[94]

1、總統所屬政黨在立法院占絕對多數。

2、總統所屬政黨占多數並聯合其他政黨成為絕對多數。

3、總統所屬政黨占少量多數，但不聯合其他政黨，其他政黨也分崩離析。

4、總統所屬政黨少數，但可聯合其他政黨成為多數。

5、反對黨聯合成多數對抗總統所屬政黨。

6、反對黨占多數，但不聯合其他政黨成為絕對多數。

7、反對黨少數，但聯合其他政黨成為絕對多數。

8、反對黨有絕對多數。

　　藍、綠兩陣營在臺灣激烈鬥爭的情況下，顯然必須是主張與大陸建立更緊密關係甚至是法理統合關係的政黨主政，並同時掌握立法院

[92] 彭懷恩，《臺灣政治發展與民主化》（臺北：風雲論壇，2005），頁 359-360。

[93] 馮克利、閻克文譯，薩拖利（G. Sartori）著，《民主新論》（北京：東風出版社，1998 年 12 月第 2 版），頁 254-255。

[94] Tun-Jen Cheng and Yung-Ming Hsu, "Taiwan's party system, coalition politics and cross-Strait relations", in Peter C.Y. Chow ed., *Economic Integration, Democratization and National Security in East Asia* (Massachusetts: Edward Eglar Publishing, 2007), pp. 60-61.

多數席次，才能使臺灣與大陸有可能進行理論上具主流民意基礎支持的法理統合，就是前述第 1、2 種情況所呈現的狀態；相對的第 3、4 種情況，尚且要看被聯合政黨的態度調整其大陸政策，其穩定程度比第 1、2 種情況要差，甚至對於兩岸推動法理統合也不算穩定。至於第 5、6、7、8 種情況不論是主張兩岸法理統合或主張臺灣獨立的政黨主政，對於兩岸法理統合的推動必然十分艱難，而 1、2、3、4 等四種情況，尚且要主張兩岸統合的政黨主政，才比較有可能推動兩岸法理統合，其機會在藍綠兩陣營實力相當的臺灣政壇現況而言，僅剩一半，若以不支持臺灣獨立的國民黨於 2008 年執政迄今的情況觀察，國民黨對大陸的政策主軸竟然是「不統、不獨、不武」，因此，縱使不支持臺灣獨立的政黨，也並不表示一定支持兩岸快速法理統合，故兩岸法理統合的機會實在不能令人樂觀。因此，在制度面上，兩岸要進行更緊密關係甚或法理統合，對臺灣而言，都是高難度的政治工程。

若遠程目標讓臺灣民意充滿疑慮，近程目標的建構也令臺灣民意無法接受，而臺灣內部對大陸政策的運作，又充滿著無法一定朝法理統合前的進的政策走向，那麼對於兩岸法理統合的未來似乎充滿著悲觀。退一步檢視當前兩岸緊密交流中的制度契合程度的實際，做為觀察兩岸對於主權的堅持、退讓與制度的相互磨合過程，進而觀察兩岸的法理統合契機，將成為論證兩岸是否可能進行法理統合的重要工作。而就當前兩岸實際統合狀況中，其中又以兩岸公權力運用最為明顯的司法互助與共同打擊犯罪的協定簽署與執行，最足以作為論證標的。

兩岸於 2009 年 4 月 26 日簽訂《海峽兩岸共同打擊犯罪及司法互助協議》（下簡稱《協議》），隨即觸及司法互助問題；目前兩岸共同打擊犯罪是臺灣法務部與實際執行的院、檢、警、調單位，共同與大陸進行案件的情資交換、偵察、人犯遣送、文書認證等作業，法務部雖是法定與大陸進行司法互助的統一窗口，[95]大陸卻欠缺對口單位，致

---

[95] 〈打擊犯罪　兩岸警方將可直接談〉，2011 年 5 月 2 日下載，《海峽資訊網》，http://61.67.242.102/60892.html。

使兩岸司法互助成多頭馬車窘境。且當前《協議》尚包括兩岸對該協議認知的基本困境：大陸的學者與官方代表一致認為兩岸之間的司法協助屬於區際司法協助，而部分臺灣學者與官方代表則認為兩岸之間的司法協助屬於國際司法協助。國際刑事司法協助的產生是建基在國家主權理念之上，與國家主權息息相關，是屬於刑事領域的國家對外事務；而區際刑事司法協助的產生與國家主權並無直接聯繫，只是一個國家內部不同法域之間的合作關係，完全屬於國家的內部事務。當前兩岸為免除其爭議，而相互模糊「國家主權」問題，否則將使該《協議》難以順利運作。[96]

在現實執行面上更發現，簽訂《協議》後，臺灣法務部依職權統領檢察官的檢查主體及橫跨全般司法程序位階，統合國內司法警察及法院，肩負與大陸相關單位聯繫，為對大陸聯繫之窗口，[97]並掌握如下職權：核准掌控海峽兩岸犯罪情資交換、[98]核准掌控海峽兩岸緝捕遣返刑事犯或刑事嫌疑犯作業、[99]核准掌控海峽兩岸罪犯接返作業、[100]

---

[96] 薛少林，〈海峽兩岸跨境毒品犯罪的刑事司法協助問題(6)〉，2011 年 5 月 5 日下載，《論文下載網》，http://www.lunwenda.com/faxue201102/135940-6/。

[97] 依據法務部於 2009 年 4 月 26 日，在《海峽兩岸共同打擊犯罪及司法互助協議》簽署後所發新聞稿稱：「臺灣與大陸為不同法域，上開兩岸共同打擊犯罪及司法互助之進行，有賴聯繫窗口之建立。本部職掌民事、刑事實體法規，又長期為對外國司法互助之代表機關，與美國簽訂司法互助協定並長期執行司法互助，另亦本於平等互惠原則，與其他各國積極進行司法互助。再者，本部所屬檢察官為偵查主體，職掌偵查、起訴、實行公訴及執行業務，職權跨越全般司法程序。本部基於我國對外提供互助之慣例及機關屬性職掌，擔任聯繫窗口，對外基於對等尊嚴原則，與大陸地區中央官方對應；對內則與司法警察機關及法院積極聯繫與合作。」請參閱；〈『展開歷史的新頁海峽兩岸簽署共同打擊犯罪及司法互助協議』法務部新聞稿〉，2011 年 7 月 20 日下載，《法務部》，http://www.moj.gov.tw/public/data/9426154419878.pdf。

[98] 〈海峽兩岸犯罪情資交換作業要點（民國 100 年 1 月 3 日發布／函頒）〉，2011 年 5 月 2 日下載，《法務部》，http://mojlaw.moj.gov.tw/LawContentDetails.aspx? id=FL057597。

[99] 〈海峽兩岸緝捕遣返刑事犯或刑事嫌疑犯作業要點（民國 100 年 1 月 3 日發布／函頒）〉，2011 年 5 月 2 日下載，《法務部》，http://mojlaw.moj.gov.tw/LawContentDetails.aspx?id=FL057600。

核准掌控海峽兩岸調查取證及罪贓移交作業、[101]及核准掌控海峽兩岸送達文書作業；[102]但法務部因為人力不足、與大陸相關單位溝通管道不足、對大陸制度不夠瞭解等等原因，使實際執行面必須又交由各檢警機關，甚至法院自行負責執行。[103]

相對於臺灣由法務部為聯繫窗口，與院、檢、警、調共同與大陸溝通的作業模式，卻因大陸負責兩岸共同打擊犯罪的公、檢、法、司組成與權力隸屬與臺灣不同，而出現兩岸不易對口的現狀。大陸公、檢、法、司的組成，依據中共現行憲法第九十二條：「國務院對全國人

---

[100] 〈海峽兩岸罪犯接返作業要點（民國 100 年 1 月 3 日發布／函頒）〉，2011 年 5 月 2 日下載，《法務部》，http://mojlaw.moj.gov.tw/LawContentDetails. aspx?id=FL057599。

[101] 〈海峽兩岸調查取證及罪贓移交作業要點（民國 100 年 1 月 3 日發布／函頒）〉，2011 年 5 月 2 日下載，《法務部》，http://mojlaw.moj.gov.tw/LawContentDetails. aspx?id=FL057601。

[102] 〈海峽兩岸送達文書作業要點（民國 100 年 1 月 3 日發布／函頒）〉，2011 年 5 月 2 日下載，《法務部》，http://mojlaw.moj.gov.tw/LawContentDetails.aspx?id= FL057598。

[103] 如：一、海峽兩岸犯罪情資交換作業要點，包括：司法警察機關或其他機關經法務部授權後，得與大陸地區主管部門直接進行犯罪情資交換作業事宜（第四條）。法務部審核同意提供大陸地區主管部門所需情資後，得自行或交由檢察機關、司法警察機關或其他機關協助提供（第十條）。二、海峽兩岸緝捕遣返刑事犯或刑事嫌疑犯作業要點，包括：司法警察機關經法務部授權後，得與大陸地區公安部直接聯繫執行刑事犯、刑事嫌疑犯之緝捕遣返事宜（第二條）。自大陸地區執行遣返刑事犯、刑事嫌疑犯返回臺灣地區，由原移案機關派員接受、押解及戒護，受大陸地區公安部通知機關非原移案機關者，受通知機關應移由原移送機關處理（第五條）。三、海峽兩岸罪犯接返作業要點，包括：自大陸地區接返受刑事裁判確定人回臺灣地區，由第三點第二項請求機關派員接受、押解及戒護。法務部認有必要時，得另指定其他機關為之（第八條）。四、海峽兩岸調查取證及罪贓移交作業要點，包括：大陸地區法院、檢察院或公安部門直接請求臺灣地區檢察機關協助調查取證或移交罪贓時，接獲請求之檢察機關應轉由法務部統一協調處理（第十七條）。五、海峽兩岸送達文書作業要點，包括：檢察機關向大陸地區送達文書，得具函檢附司法文書及送達證書，囑託財團法人海峽交流基金會為之，並副知法務部（第五條）。大陸地區法院或檢察院直接請求臺灣地區檢察機關協助送達文書時，接獲請求之檢察機關應轉由法務部統一協調處理（第八條）。

民代表大會負責並報告工作；在全國人民代表大會閉會期間，對全國
人民代表大會常務委員會負責並報告工作」，而國務院下轄公安部與司
法部；現行憲法第一百二十八條：「最高人民法院對全國人民代表大會
和全國人民代表大會常務委員會負責」及第一百三十三條：「最高人民
檢察院對全國人民代表大會和全國人民代表大會常務委員會負責」等
規定，中國大陸負責維護政權穩定的司法機關：最高檢察院與最高人
民法院必須直接向全國人民代表大會負責，而公安部、司法部則透過
國務院向全國人民代表大會負責；且公、檢、法、司彼此並無隸屬關
係；[104]這種權力結構安排，使公安部與司法部屬於行政機關，審判及
檢察機關對人民代表大會負責，[105]也使得在大陸執行打擊犯罪的公、
檢、法、司數個單位，無法如臺灣由偵察主體的主管機關法務部統籌
指揮，致使大陸無適當的統籌單位可做為與臺灣法務部的對口。若強
要兩岸對口，則以中國大陸的人民檢察院與人民法院是向人民代表大
會負責的結構安排，則兩岸對於檢、院的聯繫，可能形成我國法務部
（政府行政部門）對全國人民代表大會（人民權力最高機關）[106]對口，
兩者顯不相當；而公安部及司法部的上級機關係國務院，在組織上，
國務院與我國行政院約略同階，因此，以臺灣法務部與大陸國務院對
口也不相當，且國務院亦不實際接觸司法案件偵辦，對於兩岸司法互
助與合作打擊犯罪的功能，顯然並不及時。

---

[104] 法務部調查局展望與探索雜誌社編印，《中國大陸綜覽》（97 年版）（臺北：
法務部調查局展望與探索雜誌社，2008 年），頁 75。

[105] 法務部調查局展望與探索雜誌社編印，《中國大陸綜覽》（97 年版），頁 74。

[106] 楊鳳春，《圖解當代中國政治》（香港：中華書局，2011），頁 33。中國大
陸全國人大職權包括：「憲法和基本法律修改」、「監督憲法實施」、「立法
權」、「選舉權」、「罷免權」、「預算、決算批准權」、「全國人大常委會的否
決權」、「地方建制權」、「宣戰和媾和權」、「其他職權」；全國人大常委會職
權包括：「有限法律修改權」、「憲法和法律解釋權」、「監督憲法實施權」、「國
家機關任命人事決定權和任免權」、「預算調整批准權」、「對其他國家機關
和地方國家機關的批准權」、「外交條約批准權」、「銜級授予與榮典權」、「特
赦權」、「宣戰權」、「實施緊急狀態權」、「全國人大授予的其他職權」。

　　中國大陸意圖解決此一問題，而於 2010 年 12 月 16 日最高人民法院審判委員會第 1506 次會議通過《最高人民法院關於人民法院辦理海峽兩岸送達文書和調查取證司法互助案件的規定》並頒布執行，其中除共二十四種各類有關兩岸司法互助的表格文書外，更明文規定中國大陸各級法院在最高法院授權下，可與臺灣地區「業務主管部門」進行合作。[107]

　　這些法令雖規範了各級人民法院對臺的運作模式，但檢察院、公安部與司法部至今尚未有類似規定出現，顯見，除中共法院系統對於兩岸司法互助作為較具規範化外，其他而各單位的對臺統籌作為，尚付之闕如。換言之，中國大陸公、檢、法、司等單位，對於與臺灣跨境合作打擊犯罪與司法互助如何進行，都尚在各自摸索階段，而其中僅法院部門較為進步，且與其他單位步調不一。

　　我法務部為兩岸司法互助的聯繫窗口，因此對於我方法院及檢、警、調等司法警察機關要求與大陸司法互助都具有監督、指揮、核准、核備等等權力，甚至國家安全局都必須介入運作，但實際執行面，卻交由院、檢、警、調自行與中國大陸公、檢、法、司等相對應單位進行情資交換、調查取證、共同偵辦等等協調作業。[108]而法務部本身若

---

[107] 《最高人民法院關於人民法院辦理海峽兩岸送達文書和調查取證司法互助案件的規定》，2011 年 6 月 28 日下載，《中國臺灣網》，http://big51.chinataiwan.org/flfg/dt/201106/t20110617_1891991.htm。第四條規定：「最高人民法院是與臺灣地區業務主管部門就海峽兩岸司法互助業務進行聯絡的一級窗口」；第五條規定：「最高人民法院授權高級人民法院就辦理海峽兩岸送達文書司法互助案件，建立與臺灣地區業務主管部門聯絡的二級窗口。……。高級人民法院負責：指導、監督、組織、協調本轄區人民法院辦理海峽兩岸送達文書和調查取證司法互助業務」；第六條規定：「中級人民法院和基層人民法院應當指定專人負責海峽兩岸司法互助業務。中級人民法院和基層人民法院負責：具體辦理海峽兩岸送達文書和調查取證司法互助案件；定期向高級人民法院層報本院辦理海峽兩岸送達文書司法互助業務情況；及時將本院海峽兩岸司法互助業務負責人員的姓名、聯絡方式及變動情況層報高級人民法院。」

[108] 林彥良，〈兩岸司法互助實務──以請求調查取證為中心〉，發表於「100 年度海峽兩岸及國際司法互助實務研習會」（臺北：法務部，2011 年 5 月

有需要亦對中國大陸公、檢、法、司各單位進行實務的聯繫。在實際執行面上，我方院、檢、警、調等各單位，更因業務的龐雜與避開事事向法務部報備的繁瑣，而依據在兩岸簽訂《協議》前所建立之基礎上，進行交流與相互合作，至目前仍然各自有效運行。以法務部調查局經濟犯罪防制處的作法為例，就顯示過去的聯繫基礎仍然是兩岸司法互助與合作打擊犯罪的有效工具，[109]因此在實際執行面上，不會因法務部為聯繫窗口，而排除兩岸院、檢、警、調、司、公等實際執行單位直接接觸與協同工作情形，為符合這種既成事實，法務部只得採用「一次授權、並軌執行」的政策，讓「新制舊規」並行，也就是以法務部為聯繫窗口的「新制」，與在《協議》簽訂前兩岸相關機關聯繫的「舊規」同時運作，而以法務部一次授權與臺灣各相關機關，依既有聯繫管道持續與大陸相關單位維持聯繫方式，讓兩岸共同打擊犯罪與司法互助得以運行不墜，但法務部要求聯繫情形必須報法務部核備。

更簡單說，現階段兩岸司法互助與聯合打擊犯罪，由法務部分別與大陸的公、檢、法、司取得聯繫，並由實際執行單位進行業務互助，以圖形表示互助兩岸打擊犯罪的狀況如下：

---

11 日），頁 9、11-13。

[109] 江桂馨，〈法務部調查局執行「海峽兩岸共同打擊犯罪」實務報告——刑事犯、刑事嫌疑犯緝捕遣返與犯罪情資交換〉，發表於「100 年度海峽兩岸及國際司法互助實務研習會」（臺北：法務部，2011 年 5 月 11 日），頁 6。

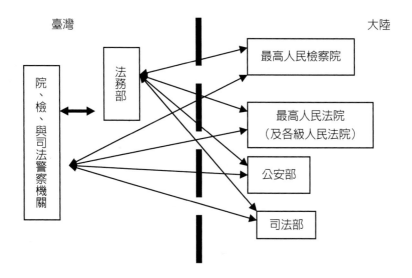

圖5-20　當前兩岸司法互助路徑圖

資料來源：作者自行製作

說明：1、　◆━━━━▶　核准掌控線　　◆━▶　實際執行線

　　　2、法院及司法警察機關之海巡署、警政署、憲兵等雖非法務部所屬單位，但依法務部為聯繫窗口規定，與中國大陸相關單位聯繫時，仍由法務部為中繼單位。

　　這種「新制舊規」並行的狀態，在實際運作上，因依賴過去未有法定程序期間，兩岸執法單位依各自需要所建立的「舊規」——「私誼」份量極高，致使「私誼」凌駕於依現有法制制定行為規範的「新制」之上，對兩岸共同打擊犯罪與司法互助而言，終非正常。

　　若連共同打擊犯罪，使兩岸同共蒙其利的低階政治事務，都無法取得共同的認知與順利的進展，而更高層政事務的共同的外交與安全政策，在主權問題未解決前，顯然不易進展。

　　若連現有的制度契合都不易達成，則遠程的兩岸法理統合，在主、客觀因素限制下，其遙遙無期，似如命定。

四、實質進展

若同屬一個國家算是法理統合的極致，那麼兩岸顯然無法於短時間內經由緊密的交流，造成類似同一國家的統合。

目前就兩岸各種可能的安排，可呈現如下的關係：

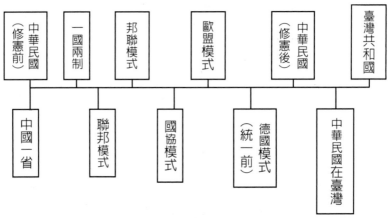

圖 5-21　兩岸關係各種可能安排光譜圖（臺灣立場）

資料來源：劉文斌，《臺灣國家認同變遷下的兩岸關係》（臺北：問津堂，2005），頁 364-368。

在臺灣主流民意為維持現狀之約制下，兩岸要進入完全法理統合的「臺灣是中國一省」或稍微退卻的「一國兩制」光譜端，顯然不易達成。若以臺灣主流民意，認定臺灣已是一個主權獨立國家為考量，臺灣顯然只願兩岸關係的發展是落在「聯邦模式」右邊的各項類別中，而中共的政策卻只能在「一國兩制」左邊方向與臺灣建立關係，[110]若以本書所主張至少可以歐盟模式作為兩岸法理統合的參考架構，那麼

---

[110] 劉文斌，《臺灣國家認同變遷下的兩岸關係》（臺北：問津堂，2005），頁368。

兩岸的基本態度就成了中國大陸顯然要更緊密的法理統合態勢，臺灣則需要先確定主權獨立地位再談法理統合與否，兩岸在建立法理統合的基本態度顯然不同，其中差距可以在兩岸緊密交流後逐漸化解顯然也尚未有定論。甚至有學者直指，統一已經不再是一個未來必然的結果，未來兩岸關係會奠基於「兩國、兩制」，以鬆散的聯邦、或以中國為名的某種形式的共同體形式，甚至讓臺灣具有更大的活動空間，任何形式的兩岸關係都有討論的可能。[111]

　　學者研究東北亞地區的各國進行日益緊密交流過程及對特定問題（如北韓核武問題）的解決，認為若無制度的建立，則無法制約強國濫用其力量，沒有制度的制約，參與國家可以隨時退出相關的合作事項，讓相對國家蒙受損失。[112]依此推論，若兩個政治實體間的各類交往有制度的制約，則強國無法濫用權力，各參與國家亦不敢冒著付出高昂代價的風險，隨意退出相關政策的推動；因此，若兩岸無法建立足以制約雙方權力的制度，不僅對兩岸的交流沒有保障，尤其對相對國力較弱的臺灣更具有極高的風險，且兩岸沒有制度的制約，則兩岸的各類交流則僅能算是緊密交流的一環，依據本書的觀點，就僅能算是實質統合，而無法進入法理統合。再進一步說，若制度的制約可以保障臺灣在兩岸交流中相對不易受到傷害，那麼臺灣必然極希望建立制度以制約中國大陸以大欺小、以強凌弱的企圖，但以臺灣的觀點，制度制約又存在臺灣被中國大陸「併吞」，而掉入違反臺灣主流民意的「中國一省」或「一國兩制」框架之中的高度風險。致使，臺灣顯然陷入一方面欲以制度保障自身利益，一方面又必須避免因制度制約而喪失自主的需求，故呈現臺灣一方面要制度制約兩岸交流，尤其制約

---

[111] Parris Chang,"Beijing's Policy Toward Taiwan: an Elite Conflict Model" , in Chi Huang, Tun-Jen Cheng & Samuel S. G. Wu, eds., *Inherited Rivalry: Conflict Across the Taiwan Straits* (Colorado: Lynne Rienner, 1995), pp. 78~79.

[112] Hidetaka Yoshimatsu, "The Rise of China and the Vision for an East Asian Community", in Suisheng Zhao ed., *China and East Asian Regionalism: Economic and Security Cooperation and Institution-Building*, p. 60.

大陸濫用傷害臺灣利益，一方面又不敢讓制度走入某些敏感區域，尤指政治制度制約的兩難。也因此，呈現兩岸協議簽訂不斷增加，卻在臺灣力阻下，遲遲無法進入政治談判的現狀。

面對這些不易突破的困境，中國大陸領導菁英，對於臺灣加強交流以促進統一的意圖並沒有因此改變。以 2012 年中共對臺工作會議，政協主席賈慶林的談話內容可窺見一、二：[113]

強調，「各地各部門要堅持中央對臺工作大政方針，繼續深入貫徹胡錦濤總書記『12.31』重要講話精神（既『胡六點』），以持續推進兩岸關係和平發展為主題，以深入貫徹寄希望於臺灣人民的方針為主線，進一步扎實有效做好各項對臺工作，進一步鞏固深化兩岸關係和平發展，為實現祖國和平統一大業創造有利條件」、「要鞏固大陸和臺灣同屬一個中國的框架，努力增進兩岸政治互信，繼續反對和遏制『臺獨』分裂活動，使臺灣民眾進一步認識到臺灣和大陸不能對立和分割，維護兩岸關係繼續穩定發展的宏觀環境」、「要切實加強和改善黨對對臺工作的領導，各級黨委、政府和有關部門要高度重視對臺工作，增強大局意識，密切協調配合，加強對臺工作的投入和幹部隊伍建設，為做好新形勢下的對臺工作提供有力保障」。

由 2012 年「全國對臺工作會議」內容中顯示，持續推動與臺灣的交流勢在必行，其中又以遵循「胡六點」，在一個中國的框架下，持續推動兩岸各類協商，讓兩岸關係千絲萬縷，無從分離，並推動兩岸文化與教育交流，意圖讓臺灣民眾徹底認同中國，以利於兩岸的統一的統合，最應該被注意。學者認為，文化（相同）足以掩蓋（conceal）或合法化（legitimize）以政治經濟（political-economic）為基礎的運作本質，[114]不僅是文化，在非政府層面的各種統合，都將有助於政治統

---

[113] 陳鍵興，〈2012 年對臺工作會議在京舉行　賈慶林出席幷作重要講話〉（2012 年 3 月 1 日），2012 年 3 月 2 日下載，《新華網》，http://news.xinhuanet.com/politics/2012-03/01/c_111591488.htm。

[114] Edwin A. Winckler, "Cultural Policy on Postwar Taiwan", in Steven Harrell and Huang Chün-chieh ed(s)., *Cultural Change in Postwar Taiwan* (Colorado:

合的達成與政治統合後的穩固，故中國大陸亟力發展與臺灣的各類統合，是必然的舉措。

中共不放棄中國共產黨的領導，且用加強領導甚或鎮壓，以維持其政權的和平與穩定卻是中共無法放棄的目標，而「和平」的保持，才得以完成中共安全戰略的四個目標：一、主權完整；二、營造有利經濟發展的環境；三、國家統一；四、地區與全球的和平。[115]總之，以和平穩定換取國力的崛起，是中共目前的戰略目標。而對臺灣加緊各類交流，加強和平統一策略的執行，亦是基於此和平的需求。

大陸自 2012 年一月下旬開始，便多次強調兩岸應「增進政治互信」；在互信議題上，大陸一再強調「政治」，至 2012 年 8 月 9 日，陸委會主委賴幸媛在臺北會見來臺參加第八次江陳會的大陸「海協會」會長陳雲林時，強調兩岸「互信一定要有社會基礎，要以民意為依歸」，強調「互信、理解、體察民意」，作為未來兩岸政治談判的基礎。[116]同年 9 月 7 日，以總統特使身分參加在海參威舉行 APEC 年會的前副總統連戰與國大陸國家主席胡錦濤會面時稱，兩岸不妨從「周邊議題」以「堆積木」方式推動和平協議，對於和平協議與政治互信，連戰認為雖是普世價值，兩岸都無從逃避，但如何推動和平協議，則有不同方法可供選擇。[117]明顯的是，大陸亟欲與臺灣進行更緊密的政治安排，但臺灣卻基於各種考量，必須謹慎進行，而臺灣主政者以臺灣民意目前不接受快速兩岸法理統合的理由，做為迴避兩岸快速法理統合的說辭，最可被雙方接受。

基於前述的兩難狀況，並衍生出大陸意圖快速與臺灣完成法理統合，而臺灣則持反對立場的狀況。那麼，當前兩岸在兩岸緊密交流後，

Westview Press, 1994), p. 25.

[115] Guoli Liu, "The Dialectic Relationship between Peaceful Development and China's Deep Reform", in Sujian Guo ed., *China's "Peaceful Rise" in the 21st Century* (Burlington: Ashgate, 2006), p. 37.

[116] 林庭瑤，〈賴打民意牌　因應對岸政治牌〉，《聯合報》，2012 年 8 月 10 日，第 A21 版。

[117] 劉俐珊，〈連：和平協議欲速不達〉，《聯合報》，2012 年 9 月 8 日，第 A2 版。

離政治制約的法理統合的距離多遠就變成值得探討，也變成值得測量的重要問題。進一步更要問的是，兩岸法理統合的程度如何測量？

若從兩岸制度融合的角度看待統合，[118]兩岸的愈緊密交流，就愈有可能產生各類紛爭，而各類紛爭就有待公平、公正、公開的排解；兩岸糾紛的排除機制，就必須逐步建立，而排除糾紛的機制，除第三者的仲裁功能外，若連處理紛爭的機制都無法建立，當然不足以構成有效的紛爭處理機能；第貳章已述及，若從處理紛爭的法律精確與不含混度（precision）、處理紛爭機構的代表性，及處理紛爭機構的獨立性，亦可看出統合的程度，其關係當然是愈精確的法律規定讓成員國必須遵守、更具代表性的人員組成讓成員國得以信服、及更獨立的法律運作使成員國得到公平、公正，那麼這種統合的程度自然提高。[119]

依此觀點，檢視兩岸所簽訂的十八項協議，並將各項協議有關糾紛仲裁或化解規定加以盧列，可得如下結果：

1、第一次江陳會

（1）《海峽兩岸關於大陸居民赴臺灣旅遊協議》，於第十條規定：「因適用本協議所生爭議，雙方應儘速協商解決」。

（2）《海峽兩岸包機會談紀要》，沒有糾紛仲裁規定。

2、第二次江陳會：

（1）《海峽兩岸空運協議》，於十一條規定：「因適用本協議所生爭議，雙方應儘速協商解決」。

（2）《海峽兩岸食品安全協議》，於第七條規定：「因適用本協議所生爭議，雙方應儘速協商解決」。

（3）《海峽兩岸海運協議》，於第十二條規定：「因適用本協議所生爭議，雙方應儘速協商解決」。

---

[118] 劉文斌，《為人民服務：兩岸制度競爭的核心》，頁 17、273。

[119] Sebastian Krapohl, Benjamin Faude and Julia Dinkel, "Judicial Integration in the Amerivcas? A Comparison of Dispute Settlement in Nafta and MERCOSUR" in Finn Laursen ed., *Comparative Regional Integration: Europe and Beyond*, pp. 171-172.

（4）《海峽兩岸郵政協議》，於第十二條規定：「因適用本協議
　　　所生爭議，雙方應儘速協商解決」。

3、第三次江陳會

（1）《海峽兩岸共同打擊犯罪及司法互助協議》，於第二十二條
　　　規定：「因適用本協議所生爭議，雙方應儘速協商解決」。

（2）《海峽兩岸空運補充協議》，沒有糾紛仲裁規定。

（3）《海峽兩岸金融合作協議》，於第十條規定：「因執行本協
　　　議所生爭議，雙方應盡速協商解決」。

4、第四次江陳會

（1）《海峽兩岸標準計量檢驗認證合作協議》，於第八條規定：
　　　「因適用本協議所生爭議，雙方應儘速協商解決」。

（2）《兩岸漁船船員勞務合作協議》，於第六條規定：「協調機
　　　制雙方同意各自建立船員、船主申訴制度和兩岸船員勞務
　　　合作突發事件處理機制，並指導經營主體解決勞務糾紛和
　　　突發事件。如遇重大安全事件等情形，雙方應及時通報，
　　　共同採取措施，妥善處理。並嚴格處理違反協議的經營主
　　　體」。及第十一條規定：「因適用本協議所生爭議，雙方應
　　　儘速協商解決」。

（3）《兩岸農產品檢驗檢疫協議》，於第十一條規定：「因適用
　　　本協議所生爭議，雙方應儘速協商解決」。

5、第五次江陳會

（1）《海峽兩岸經濟合作架構協議》，於第十條規定：「一、雙
　　　方應不遲於本協議生效後六個月內就建立適當的爭端解決
　　　程序展開磋商，並儘速達成協議，以解決任何關於本協議
　　　解釋、實施和適用的爭端。二、在本條第一款所指的爭端
　　　解決協議生效前，任何關於本協議解釋、實施和適用的爭
　　　端，應由雙方透過協商解決，或由根據本協議第十一條設
　　　立的『兩岸經濟合作委員會』以適當方式加以解決」。

（2）《海峽兩岸智慧財產權保護合作協議》，於第十五條規定：「因適用本協議所生爭議，雙方應儘速協商解決」。

6、第六次江陳會

（1）《海峽兩岸醫藥衛生合作協議》，於第二十八條規定：「因適用本協議所生爭議，雙方應儘速協商解決。除另有約定外，協商應於請求提出後十五個工作日內舉行」。

7、第七次江陳會

（1）《海峽兩岸核電安全合作協議》，於第八條規定：「因適用本協議所生爭議，雙方應儘速協商解決。除另有約定外，協商應於請求提出後十個工作日內舉行」。

8、第八次江陳會

（1）《海峽兩岸投資保障和促進協議》，有比較詳細的糾紛仲裁或化解規定，有關兩岸糾紛的仲裁規定，分別是：第二條第五款規定：「『兩岸投資爭端解決機構』」指本協議生效後，經雙方確認並書面通知的仲裁機構、調解中心及其他調解機構。」；第十二條規定：「本協議雙方的爭端解決雙方關於本協議解釋、實施和適用的爭端，應依『海峽兩岸經濟合作架構協議』第十條規定處理」。第十三條規定：「投資人與投資所在地一方爭端解決：一、一方投資人主張另一方相關部門或機構違反本協議規定的義務，致該投資人受到損失所產生的爭端（以下稱「投資爭端」），可依下列方式解決：（一）爭端雙方友好協商解決；（二）由投資所在地或其上級的協調機制協調解決；（三）由本協議第十五條所設投資爭端協處機制協助解決；（四）因本協議所產生的投資人與投資所在地一方的投資補償爭端，可由投資人提交兩岸投資爭端解決機構通過調解方式解決，兩岸投資爭端解決機構應每半年將投資補償爭端的處理情況通報本協議第十五條的投資工作小組；（五）依據投資所在地一方行政救濟或司法程序解決。」；第十五條規定：「聯繫機制：

一、雙方同意由兩岸經濟合作委員會投資工作小組負責處理本協議相關事宜，由雙方業務主管部門各自指定的聯絡人負責聯絡。二、投資工作小組設立下列工作機制，處理與本協議相關的特定事項：（一）投資爭端協處機制：協助處理投資人與投資所在地一方的投資爭端，並相互通報處理情況；

（二）投資諮詢機制：交換投資訊息、開展投資促進、推動投資便利化、提供糾紛處理及與本協議相關事項的諮詢；

（三）經雙方同意的其他與本協議相關的工作機制。」[120]

（2）《海峽兩岸海關合作協議》，沒有糾紛仲裁規定。

由總計十八項的協議，對於兩岸糾紛的仲裁，以被各方所重視的《海峽兩岸投資保障和促進協議》最為周延，但其規定也在極大程度上，對於爭端解決必取決於糾紛雙方的共識，而不是依據法令得以對爭端雙方進行強制性的化解。

海基會統計近年臺商投資所引發各類糾紛如下表：

表 5-5　海基會協處臺商經貿糾紛案件處理統計表

（海基會經貿處 101.08.10 製表）

類型 年度 （民國）	人身安全類	財產法益類		合計
		臺商投訴	大陸人民及 廠商投訴	
80 年	0	13	0	13
81 年	2	23	0	25
82 年	17	57	4	78
83 年	30	40	4	74
84 年	41	43	14	98
85 年	36	25	9	70
86 年	35	22	13	70
87 年	64	48	15	127

---

[120] 〈海峽兩岸投資保障和促進協議〉，2012 年 9 月 4 日下載，《行政院大陸委員會》，http://www.mac.gov.tw/public/Attachment/28915275252.pdf。

88 年	58	35	3	96
89 年	51	31	1	83
90 年	67	36	1	104
91 年	91	43	1	135
92 年	107	32	3	142
93 年	124	27	3	154
94 年	133	54	5	192
95 年	197	85	8	290
96 年	249	42	0	291
97 年	312	221	9	542
98 年	353	428	15	796
99 年	328	368	5	701
100 年	274	328	4	606
101 年 1-7 月	171	222	7	400
合計	2740	2223	124	總計
				5087

資料來源：〈海基會協處臺商經貿糾紛案件處理統計表〉，2012 年 9 月 5 日下載，《財團法人海峽交流基金會》，http://www.sef.org.tw/public/Data/281118104271.xls。

　　因各類糾紛發生之所需，促使《海峽兩岸投資保障和促進協議》簽訂並被外界賦予糾紛仲裁的期待，此協議簽訂使兩岸仲裁機制，由過去商務糾紛仲裁僅限定於大陸的仲裁機構進行仲裁，改為引入兩岸仲裁機制，投資人可在雙方合意（事前或事後均可）下，選擇兩岸仲裁機構，由具有專業知識的仲裁人在第三地進行仲裁，提供臺商新的救濟管道。縱然我方有意納入國際仲裁制度，惟此舉嚴重抵觸中國大陸的政治思維，現階段實難以實現。[121]

　　前已述及兩岸的愈緊密交流，才愈有可能產生各類紛爭，而各類紛爭就有待公平、公正、公開的排解；法律統合，或說是兩岸糾紛的

[121] 林祖嘉、曾志超，〈「海峽兩岸投資保障和促進協議」評析與對臺商的建議〉，《展望與探索》（臺北）第 10 卷第 9 期，頁 102。

排除機制，就成為重要的統合指標，若連處理紛爭的機制都無法建立，或處理紛爭的相關法律人才都不足，當然不足以構成有效的糾紛處理機能；兩岸在經歷多次談判後，才於第八次江陳會，簽訂《海峽兩岸投資保障和促進協議》確定相關的糾紛仲裁規定，此種制度設計對於法律統合雖獲得進一步進展，但縱算紛爭排解機構可順利建立，在當前兩岸「互不承認主權、互相承認治權」的糾葛架構中，如何將仲裁機構做成的決定，排除各自國內法的干預而使兩岸政府服從執行，可能有待實際執行才能做出定論。

　　雖然，兩岸協議的質與量都不斷增加，以《海峽兩岸投資保障和促進協議》為例，就建構起過去所沒有的糾紛仲裁機制，雖然這種機制離理想中「一國」的統合制度仍然遙遠，但終究是往統合方向邁進，日久是否將促成兩岸的統合？而歐盟的進一步統合係以「歐盟三支柱」作為基礎，若將歐盟的三大支柱與兩岸簽訂協議做出盧列比較，則呈現如下景況：

表 5-5　兩岸與歐盟統合三支柱比較

EU 第一支柱	兩岸	EU 第二支柱	兩岸	EU 第三支柱	兩岸
歐洲各共同體（EC）		共同外交與安全政策（CFSP）		刑事方面的警察和司法合作（PJCC）	
● 關稅同盟和統一市場 ● 共同農業政策 ● 共同漁業政策 ● 經濟和貨幣聯盟 ● 歐盟盟籍 ● 教育和文化 ● 泛歐網路 ● 消費者保護	● 海峽兩岸包機會談紀要 ● 海峽兩岸關於大陸居民赴臺灣旅遊協議 ● 海峽兩岸空運協議 ● 海峽兩岸海運協議 ● 海峽兩岸郵政協議	外交政策： ● 人權 ● 民主 ● 援助第三國 安全政策 ● 共同安全與防務政策 ● 歐盟快速反應部隊 ● 維和		● 毒品交易和武器走私 ● 恐怖主義 ● 拐賣人口 ● 有組織犯罪 ● 賄賂和欺詐	● 海峽兩岸共同打擊犯罪及司法互助協議

• 保健 • 研究 • 環境政策 • 社會政策 • 難民政策 • 申根協定 • 移民政策	• 海峽兩岸食品安全協議 • 海峽兩岸共同打擊犯罪及司法互助協議 • 海峽兩岸空運補充協議 • 海峽兩岸金融合作協議 • 兩岸標準檢測及認驗證合作協議 • 兩岸漁船船員勞務合作協議 • 兩岸農產品檢驗檢疫協議 • 海峽兩岸經濟合作架構協議 • 海峽兩岸智慧財產權保護合作協議 • 海峽兩岸醫藥衛生合作協議 • 兩岸核電安全合作協議議 • 海峽兩岸投資保障和促進協議 • 兩岸海關合作協議				

資料來源：作者自行製作

　　依此表分析，兩岸的交流，目前僅止於經貿與事務性層面簽訂相關協議，僅是歐洲統合三大支柱中之一部分；對於兩岸間建構某種足以強制力以約制兩岸，使得以進一步統合的機構，不僅目前付之卻如，在可見的未來也難見其可能跡象，就算可以建構，其間馬上所面臨的問題，就如同國際間各跨國組織間所面臨的問題一般，將呈現維持成員國間主權與有效的解決問題形成兩難困境，[122]若成員國間為更有效解決問題，拋棄部分堅持或主權，讓成員國間所同意建構的組織更具權力，似乎難以避免，但拋棄部分權力甚或主權，卻又是成員國間所不願接受的結果。在大陸堅持臺灣是其一部份，臺灣則堅持自我是一個主權獨立國家，且臺灣內部又有國家認同問題存在的情況下，兩岸主政者要拋棄相關權力或主權，以成就跨越兩岸具有強制力的組織，就目前各種跡象來看，其可能性幾乎等於零。而諸多研究也顯示，跨境或跨國組織若能保有各成員國更多的主權，則跨國組織的合法性（legitimacy）將更穩固，對於解決問題的能力可能更強，但不可否認的是，若堅持主權，則可能損及問題解決的能力。[123]這使兩岸建構高層次具強制力跨海峽組織的難度陷入兩難且難度極大的困境中。

　　統合過程事實上包含有發動的自變項，經過無數的中介變項，最後才產生出統合與否的結果，更細緻的統合過程如下圖：

---

[122] Gary Coglianese, "Globalization and the Design of International Institutions", in Joseph S. Nye Jr. and John D. Donahue ed(s)., *Governance in A Globalizing World*(Washington D. C.: Brookings Institution, 2000), p. 298.

[123] Coglianese, "Globalization and the Design of International Institutions", pp. 312-313.

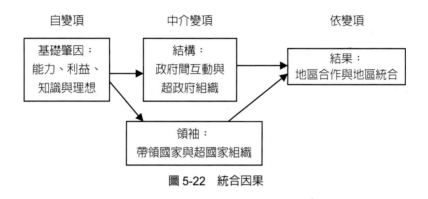

圖 5-22　統合因果

資料來源：S. D. Krasner, "Structural Causes and Regime Consequences: Regimes as Intervening Variables, "in S. Krasner ed., *International Regimes*(Ithaca: Cornel University Press, 1983), pp1-21. cited by Finn Laursen, "Regional Integration: Some Introductory Reflections", in Finn Laursen ed., *Comparative Regional Integration: Europe and Beyond*（Burlington: Ashgate Publishing Company, 2010）, p. 14.

依上圖作為基底，分析前述四個指標所呈現的兩岸統合實際狀況，可發現：

（一）自變項的檢討

「基礎肇因」中的「知識與理想」，因臺灣內部藍、綠陣營對於兩岸關係的定位鬥爭，顯然無法取得對大陸進行統合的共識與推動統合的「能力」。而兩岸實質統合所產生的「利益」，卻也無法遍及各行各業，甚至對部分行業造成傷害，自然使民眾無法全力支持統合，使兩岸統合的肇因喪失。也使統合的「能力」，受到限制無從發揮。

（二）中介變項的檢討

在民意無法凝聚，且藍、綠陣營相互堅持與鬥爭的狀態下，讓兩岸無法順利進行超政府組織的建構，臺灣的政治領袖亦無

法獲得堅實的民意支持，帶領建構國家與超國家組織，兩岸的統合當然無法順利實現。

（三）依變項的檢討

其結果，當然就無法進行統合。

前已述及，就歐洲統合的經驗看，經濟的進一步統合必須依靠政策的不斷研議。因此，若無政治力量的乘載及推動，並防止成員間的摩擦，將難以建構更深一層的經濟統合。在歐體是依靠法國、德國的聯手，在亞洲，似乎欠缺與歐體相對等的結構與必要條件。也因此，亞洲進一步的經濟統合似乎不必然會如歐體的結果。東亞地區雖有統合的進行，但成員國對東亞以外地區的經貿，不因東亞地區的統合而停滯，[124]甚至統計發現東亞地區與區外國家簽訂 FTA 的數量，竟然比區內簽訂數量高達數倍之多；[125]模仿歐盟統合並不成功的拉丁美洲國家，也意圖從中學習發展適合於本身的統合或連結模式，[126]兩岸是否也可能發展出適合於本身的連結模式，將考驗著未來的兩岸關係。但不可忘記的是，沒有經濟利益作為誘因，幾乎將無統合動力的存在。[127]

另一不可否認的事實，卻是統合的結果向來遭受到統合需求、全球化與成員國內部政情變化的相互影響，[128]依據歐體統合的經驗，雖是起於菁英的倡導，但隨著時空環境的演進，當普羅大眾對於自身利益的追求逐步增強後，對於菁英的意見則持懷疑態度，因此菁英必須

---

[124] Françoise Nicolas, "De Facto Trade Integration and Exchange Rate Political in East Asia", in Bernasette Andreosso-O'Callaghan and M. Bruna Zolin ed(s)., *Current Issues in Economic Integration: Can Asia Inspire the "West"?* (Burlington: Ashgate Publishing Company, 2010), p.82.

[125] Woosik Moon and Hwanhee Oh, "Economic and Financial Integration in East Asia: Status and Perspective", in Bernasette Andreosso-O'Callaghan and M. Bruna Zolin ed(s)., *Current Issues in Economic Integration: Can Asia Inspire the "West"?*, p. 99.

[126] Roy, "Why do Latin American Integration Systems Differ from the EU Model?", p. 164.

[127] Haller, *European Integration as an Elite Process: The Failure of a Dream?*, p. 47.

[128] Haller, *European Integration as an Elite Process: The Failure of a Dream?*, p. 52.

以各種理由喚起普羅大眾的支持,才能使統合更進一步推行,[129]兩岸政治菁英又該如何面對普羅大眾的意向轉變?更何況,目前歐盟的統合形式至今也沒有一定,[130]因此,若一味的以為統合就是兩個政治實體變成一個政治實體,而不考慮其他各式各樣的形式,則似乎太過武斷。

　　兩岸近年各領域交流日益緊密,這些接觸是否將觸發更進一步的統合?或在兩岸接觸後因瞭解對方而產生厭惡的結果,都是該有更長的時間加以觀察,但就目前所呈現的現象是,在統合的實際狀況檢查中,不僅無法顯示兩岸的當前統合程度足以稱為法理統合,甚至連未來是否將進入法理統合,都令人懷疑。

---

[129] Haller, *European Integration as an Elite Process: The Failure of a Dream?*, p. 70.

[130] Haller, *European Integration as an Elite Process: The Failure of a Dream?*, p. 207.

第陸章　結論

　　雖然有研究者認為，當前世界離全球化理想狀態下完全沒有隔離的商業環境還極為遙遠，[1]但一般卻認為包含經濟及其他領域的逐步緊密關係，尤其是經濟的緊密關係，將進一步促成其他層面的統合，最終使國界線消失，達成法理（de jure）統合的目的，那麼日益緊密的兩岸關係是否意味著兩岸終將完成法理統合？兩岸當前或許可在緊密交流中，相互獲得政治與經濟利益，但隨著時空環境的向前推移，兩岸的統合是否經由分枝理論的效應，而持續加深加廣的進行統合，這種推論，至今任何人都不敢提出保證。

　　一般認為，美國雷根總統於 1982 年與中國大陸簽訂「八一七公報」前，曾對蔣經國總統提出的「六點保證」，其中除對臺軍售問題的承諾外，更表示不壓迫臺灣與中國大陸進行談判；這個不壓迫臺灣與大陸進行談判的承諾，隨著時空環境改變，推移至今美國認為中國大陸國力漸增使美國不易介入兩岸衝突、美國綜合國家利益必須保護、談判足以化解兩岸緊張，且臺灣亟欲擺脫經濟衰退困境，[2]致使不壓迫臺灣與中國大陸進行談判政策，已逐漸被美國政府拋棄，反而極力促成兩岸的談判；[3]2001 年 911 攻擊事件後，美國對於兩岸復談的鼓勵更形明

---

[1]　Dani Rodrik, "Governance of Economic Globalization", in Joseph S. Nye Jr. and John D. Donahue ed(s)., *Governance in A Globalizing World* (Washington D. C. : Brookings Institution, 2000), p.349.

[2]　Edward I-hsin Chen, "The role of the United States in cross-strait negotiation: A Taiwanese perspective", in Jacob Bercovitch, Kwei-Bo Huang, and Chung-Chian Teng ed(s)., *Conflict Management, Security and Intervention in East Asia: Third-party mediaion in regional conflict* (New York: Routledge, 2008), pp. 210-211.

[3]　Chen, "The role of the United States in cross-strait negotiation: A Taiwanese

顯，[4]2008 年國民黨再度在臺灣執政，中國大陸意圖抓住國民黨執政機遇，建構兩岸不受主張臺獨政黨再度執政所可能帶來的緊張，也熱中於與臺北進行各類交流與談判，並意圖以緊密的交流建構厚實的兩岸關係，同時在此厚實的關係上，建立不易隨意更動的兩岸往統一方向進行的框架。兩岸緊密交流與談判的結果，是否會促成法理上的統合，讓外界充滿想像空間，也因此引發諸多討論。

中國大陸自 1979 年新一代領導人鄧小平提倡改革開放，後經歷1989 年天安門事件，在 1990 年代前半段逐步穩定，到 1990 年代後半段，其崛起的態勢逐漸被國際社會所接受。[5]面對中國大陸崛起，國際社會關心的是，中國大陸國力逐漸興起後，將帶給國際社會好或壞的影響？[6]因此，對於中國大陸該採用圍堵或融入的戰略方式爭論，再度被國際社會所關注。但隨著國際化力量的加深、加廣，以及中國大陸對於國際社會影響力的日深，討論是否圍堵中國大陸問題，早已成昨日黃花。不論願意與否，中國大陸不僅融入國際社會，更意圖以中國大陸的思維與軸心，改變國際社會的運作模式，使國際社會現有以西方國際思維與利益為核心的秩序，逐漸轉變成對中國大陸有利的國際秩序安排。雖然如此，中國大陸的未來發展仍不明確，[7]但可確定的是，當前中國大陸已積極影響了國際社會的現有行事作為。其目標當然是讓中國大陸因此在國際社會中獲取更多的利益，而兩岸關係亦在此架構中發展。

---

perspective", p.208.

[4] Su Changhe, "The Role of the United States in cross-strait negotiation: A mainland Chinese perspective" in Jacob Bercovitch, Kwei-Bo Huang, and Chung-Chian Teng ed(s)., *Conflict Management, Security and Intervention in East Asia: Third-party mediation in regional conflict*, p. 223.

[5] David M. Lampton, *The Three Faces of Chinese Power* (California: University of California Press, 2008), p. 3.

[6] Lampton, *The Three Faces of Chinese Power*, p. 2.

[7] Lampton, *The Three Faces of Chinese Power*, p. 5.

　　中國大陸對外交處置向以「和平共處五原則」為基準，對於國際
事務以不介入他國內政為宣示目標，但碰上臺灣問題卻無法如此執
行，反而是強烈要求與中國大陸建交國家與臺灣斷交，顯示其「不介
入他國內政」的說法，無法一體適用於中共對外政策的釐定上。[8]中共
對於他國的臺灣政策積極介入，並要求他國改變政策以符合中共要求
的態度，雖在中國大陸以強調他國不得干預他國內政的思維中，要求
他國不得干預臺灣問題這個中國的內政問題可以被接受，但若從臺灣
事實上是一個主權獨立的國家的觀點，則中共橫加干預他國對於臺灣
這個主權獨立國家的態度，不僅對臺灣或對他國，其正當性都有待商
榷。但國際社會大部分國家卻都支持或隱忍中共對其「臺灣政策」（如
果有的話）的干預。簡單說，國際社會的主流仍認為臺灣問題是中華
人民共和國的內政，不得隨意反對中國大陸對臺灣的相關作為。因此，
中共積極以各種方式促成兩岸合併成一個國家的作為，在短期內也被
國際社會所默認。但不可否認的是，若中國大陸以強制力量統一臺灣，
則可能引發國際社會干預，讓中國大陸「和平崛起」的安排受阻，是
否值得？是中共必須審慎思考的問題。[9]因此，採取和平手段，以維持
兩岸和平並促成兩岸因交流日益密切而統合，就成為中共對臺作為的
重要手段之一。

　　中國大陸幅員廣大，民族多元、地區差異巨大，就統合的角度觀
察，中共必須不斷在其領域內進行各種統合做為，才足以維持中國大
陸主權的完整，其中對曾長期與中華人民共和國分離的臺、港、澳三
地，更是中共必須投入最多心力的處所，若這些地區的統合工作失敗，
甚至有引發中國大陸分崩離析之可能。而以中國大陸對不同政治、經
濟制度的澳門、香港的統合，有學者研究認為其間必須包含有：一、

8　Edward Friedman, "How Economic Superpower China Could Transform
　Africa", in Sujian Guo and Baogang Guo ed(s)., *Greater China in an Era of
　Globalization* (United Kingdom: Lexington Books, 2010), p.150.

9　Cristopher R. Hughes, *Chinese Nationalism in the Global Era* (New York:
　Routledge, 2006), p. 144.

自由貿易協定（FTA）；二、關稅統一（統一的關稅政策）；三、共同市場（提供貨物與服務的自由且穩定流動）；四、經濟聯合（統一的貨幣）；五、政治聯合（共同的治理）。[10]依其過程必須循序漸進，但在前述有關香港近日自我認同不斷提高，越來越不融入中國大陸，及港民反對港府推動「德育及國民教育科」的行動看，香港與澳門在「回歸」後，要與大陸進行密切的統合，實在還有極大的差距有待克服。

若將港、澳難以與大陸完成緊密統合的現實，借用在兩岸的統合問題研究上，那麼臺灣是否因為與中國大陸簽訂 ECFA 等各種協議，造成兩岸更緊密的統合關係後，臺灣將因此受中國大陸的侷限，而無法擺脫對中國大陸的依賴，是值得深思的問題。從另一角度看待此問題，則又顯示，因為中國大陸法治、統治合法性等等先天後天條件的侷限，使得中國大陸本身維持目前的統一與統合狀況，都是依靠中央與地方不斷的協調才得以構成，[11]更遑論中國大陸對於臺灣的掌握。當前，兩岸交流與協商中國大陸也無法完全主導，必須經不斷與臺灣的協調與妥協才得以達成目標。若必須與臺灣進行不斷的協調與溝通，那就代表臺灣具有相當程度的自主性，而現行實務上臺灣也不完全依賴中國大陸而存在，若臺灣有相當程度的自主性，那麼若從兩岸緊密的交流就推論出臺灣終將完全依賴中國大陸，就不易自圓其說。縱使兩岸終將因緊密的交流而統合，甚至臺灣終將遭中國大陸「銷融」，但其過程必然漫長而複雜。兩岸由實質統合（各類交流）的「因」到法理統合的「果」之間，必然存有太多的干擾變項與中介變項必須面對，其結果是否真能完成法理統合實有待商榷。也就是兩岸最終將因不斷的交流與緊密關係，而達成密不透風的法理統合，或說臺灣就將因此讓中國大陸予取予求，似乎也難以讓人盡信。這種經濟高度統

---

[10] Baogang Guo and Sujian Guo, "Introduction: Great China in an Era of Globalization", in Sujian Guo and Baogang Guo ed(s)., *Great China in an Era of Globalization*, p. 5 cited from A. Elgraa, *The European Union : Economics and Politics* (UK: Cambridge University Press, 2007), p. 2.

[11] Lampton, *The Three Faces of Chinese Power*, p. 216.

合不一定會造成政治統合的論點，早在學術研究中不斷被提出與論證。[12]在當前國際局勢中，臺灣的戰略地位已不斷流逝，中國大陸對於臺灣問題所設定的策略是「防獨高於促統」，中國大陸雖有意於以緊密的關係逐步達成兩岸法理統合，但也絕對不願意因為過度的急躁，反而影響及中共因應國、內外局勢的全般布局，甚至影響及臺灣問題的解決，[13]也造成中國大陸不敢過於急躁壓迫臺灣進行實質與法理統合的侷限。

就歐盟的統合經驗，隨時空背景的不同，對於統合的概念與內涵認知亦不相同。冷戰後，歐盟的內涵便成：一、是歐洲的西歐化；二、必須民主國家始可加入；三、歐盟到底是聯邦或政府間組織的爭論興起。[14]以法國社會者主義政黨為例，該黨也驚覺發現，在經濟統合後，未必會造成新的共同法律與規範，足以為社會主義歐洲奠下基礎，[15]法國人民的公投更屢屢讓歐盟統合的條約被否決。究其原因，並不在於人民反對歐洲的統合，而在於人民檢驗歐洲統合對其實質利益的呈現並不足以吸引選民支持；[16]以英國工黨對於歐盟的態度，則自 1945 年至今起起伏伏，由過去的精神支持，到 1960 年代反對建構超國家組織，1966-1967 年又思考是否加入歐盟，1970 年代拒絕成為歐盟成員及發覺與其他會員國的格格不入，1979-1983 年更興起退出念頭。[17]時

---

[12] Margaret P. Karns and Karen A. Mingst, *International Organizations: The Politics and Processes of Global Governance(1)* (Colorado: Lynne Rienner Publishers, 2010), p. 152.

[13] Lampton, *The Three Faces of Chinese Power*, p. 269.

[14] Philippe Marlière, "The French Socialist Party and European Integration", in Dionyssis G. Dimitrakopoulos ed., *Social Democracy and European Integration: The politics of preference formation* (New York: Routledge, 2011), p. 54.

[15] Marlière, "The French Socialist Party and European Integration", p. 67.

[16] Marlière, "The French Socialist Party and European Integration", p. 71.

[17] Hussein Kassim, "The Labour Party and European integration: An awkward relationship", in Dionyssis G. Dimitrakopoulos ed., *Social Democracy and European Integration: The politics of preference formation*, pp.95-96.

至 2012 年歐債風波，甚至形成歐元區希臘等數個成員國是否被逼迫退出的窘境。

隨著時空環境的推移，歐盟的成員國對歐盟的態度亦因各自環境的不同而不同，甚至可分成多個態度。其中包含將歐盟視為：巨大且專制的怪獸；是必要之惡；是（政治民主與經濟成長的）支撐物；是國家自我的終結；或是可提振歐洲對全球的影響力等等不一而足。[18]而其核心卻是，歐洲的統合問題，常引起歐洲國家捫心自問：「我們要什麼樣的歐洲？」。[19]

近日的歐洲因歐債問題，更使統合問題再度興起爭論高潮，如：德國總理梅克爾認為歐洲在面臨 2012 年歐債危機時，應「更加歐洲」，「更加歐洲，是指我們必須釋出更多權力給歐洲；這次危機的教訓是，我們要更加歐洲，而非更不歐洲」。同時德國外長魏斯特威爾更認為歐洲必須：「賦予歐洲當局更大權力決定各會員國的經濟及租稅政策，即各國將『轉移主權』給歐洲中央機構」、「強化歐盟的『外交辦公室』，制定歐洲共同外交與安全政策」、「縮小歐盟執委會的規模，以加速決策過程」、「擴大歐洲議會角色，締建『更堅實的民主合法性』」、「直選歐洲元首（總統）」、「建立歐洲部隊」、使歐洲類似美利堅合眾國。相對的懷疑論者認為當前的歐洲「整合太快太深」，致使問題無法有效解決。[20]雙方爭論方興未艾，而歐盟的命運，也成未定之天。

依此，兩岸的統合問題，其關鍵在兩岸主流民意必須自問「我們要什麼樣的兩岸關係？」就歐體的統合經驗看，「統合論」的運作不見得就是使各國的居民自認為自己國家已經消亡，而變成「歐體的國民」，如 1992 年 6 月丹麥人民不同意歐盟建構的重要文件「馬斯垂克」

---

[18] Max Haller, *European Integration as an Elite Process: The Failure of a Dream?* (UK: Routledge, 2008), p. 215.

[19] Dionyssis G. Dimitrakopoulos, "Conclusions", in Dionyssis G. Dimitrakopoulos ed., *Social Democracy and European Integration: The politics of preference formation*, p.188.

[20] 王麗娟，〈更加歐洲　統合大願景　德吹衝鋒號〉，《聯合報》，2012 年 6 月 24 日，第 A2 版。

條約通過，及英國人民不全認同歐體單一貨幣的推動，就是各國人民對本國忠誠度歷久不衰的證明，[21]再以美國黑人數百年來在美國統合的經驗教訓來看，至今仍有學者研究認為，美國黑人雖與美國人相似（assimilated），但卻不融入（integrated）的現象，[22]究其原因，除黑人本身表現備受歧視又因受歧視而不易獲得各類資源的惡性循環之外，不可忽視的是美國歷史上，其北方存在二百五十年的奴隸制度，隨後又依據法律執行長達一百年的種族隔離制度，造成在美國的建國歷史中，自由時代竟比奴隸時代還短的現象，[23]這種歷史因素對於美國的黑人統合，造成極大的阻擾；[24]兩岸雖未有長時間的奴役與被奴役現象，但長時間的分治所造成的隔閡，顯然也難於短期內消弭。

　　另從東亞地區多達數十個的雙邊或多邊協定，卻欠缺超國家的強力組織，這種雜亂無章，卻又缺乏統合力量的「麵碗症候群」（noodle bowl syndrome）情況看；兩岸的交流雖有導向法理統合的可能，但兩岸也同時對外不斷加強聯繫，致使稀釋了法理統合的必然性。兩岸在主權問題無法妥善解決之前，顯然欠缺籌建超國家組織並被賦予強制力的可能，且兩岸各類協議的簽訂，是否具有釐清與解決「麵碗症候群」的超國家功效，或僅能是「在麵碗裡增加更多麵」而已？目前尚難認定，兩岸統合的預期效果，尚難預料。

　　馬總統在 2008 年第十二任中華民國總統、副總統競選期間，表示對兩岸將政策，將採「不統、不獨、不武」的策略，同時也宣示若能執政並獲連任，則其任內 8 年內，「不會跟中國大陸討論兩岸統一問

---

[21] 張亞中，《兩岸統合論》（臺北：生智，2000），頁 140。

[22] C. P. Cause, *Integration Matters: Navigation Identity, Culture, and Resistance* (New York, Peter Lang Publishing, 2008), p. 4

[23] G. Lason-Billings, "Landing on the wrong note: The prince we paid for Brown", *Educational Researcher*, 2004, 33(7), pp. 1-13，cited by C. P. Cause, *Integration Matters: Navigation Identity, Culture, and Resistance*, p. 22.

[24] Cause, *Integration Matters: Navigation Identity, Culture, and Resistance*, pp. 91-92.

題、不支持臺獨、不以非和平方式解決臺海問題」，[25]認為兩岸的關係「應該不是兩個中國，而是在海峽兩岸的雙方處於一種特別的關係」；[26]在馬英九總統積極部署競選連任時，又於 2011 年 10 月 17 日公開主張未來 10 年內，在「國家需要、民意支持、國會監督」的前提之下才會審慎推動，洽簽兩岸和平協議，引來在野的民進黨猛烈抨擊。2011 年 10 月 19 日，總統府發言人范姜泰基公開回應表示，未來若推動兩岸和平協議，一定會先交付公投；若公投未通過，絕對不會推動簽署兩岸和平協議。甚至就任第十二任總統初期，為穩定民心，再次責由總統府發言人，以總統府的立場對外宣示，馬總統的「不統、不獨、不武」立場，從來沒有改變，[27]讓兩岸以具有約束力條約或法律建構，促成高層政治領域統合的可能，因所設定的理由而更加困難。但主張臺灣獨立的民進黨，在 2011 年準備總統大選時，卻將兩岸統一列為其政黨的選項之一，[28]民進黨主席及中華民國第十三屆總統候選人蔡英文，於 2011 年 12 月 2 日突然以記者會方式拋出，若當選總統將成立跨黨派的「兩岸對話工作小組」，為兩岸正式協商鋪路，更不排除政治協商的可能議題，但仍主張以「臺灣共識」取代「九二共識」，甚至認

25　〈馬英九：當選後不統不獨不武、提倡社會和諧〉（2008 年 1 月 15 日），2011 年 3 月 17 日下載，《中國評論新聞網》，http://www.zhgpl.com/doc/1005/4/5/7/100545723.html?coluid=7&kindid=0&docid=100545723。

26　〈總統接受墨西哥『太陽』系集團董事長瓦斯蓋茲（Mario Vázquez Raña）專訪〉（2008 年 9 月 30 日），2011 年 3 月 17 日下載，《中華民國總統府》，http://www.president.gov.tw/Default.aspx?tabid=131&itemid=14151&rmid=514&sort=0&order=0。

27　〈兩岸關係　府：不統不獨不武　立場不變〉（2008 年 7 月 14 日），2011 年 3 月 17 日下載，《Sina 全球新聞》，http://news.sina.com/tw/bcc/101-102-101-101/2008-07-14/03533069496.html。

28　民進黨總統參選人蔡英文是否將「統一」列為「臺灣共識」選項，引發外界關注。2011 年 9 月 18 日，在美國訪問的蔡英文指出，她在凝聚臺灣共識過程中會打開心胸，任何選項都是開放的；無論結果如何，「最後的決定權一定是在臺灣人民手上，這就是臺灣共識的精神」，朱真楷、陳文信，〈蔡：開放任何選項　決定權在人民〉，《中國時報》，2011 年 9 月 19 日，第 A2 版。

為臺灣共識可包容九二共識，[29]使得國、民兩黨雖都有向與中國大陸洽談政治協商方向靠攏傾向，但因彼此立足點不同，而凸顯臺灣內部對大陸的共識不易達成的一貫特性。兩岸進行政治談判，建構超國家架構的困難可見一斑。

學者魯賓（Jeffrey Rubin）研究國際間足以影響兩個爭執主體行為的第三者力量，可分為六種形態：一、回饋(reward)：給聽從者好處；二、壓制（coercion）：以語言或武力威嚇不遵從者；三、專業（expertise）：給涉及爭執者建議；四、法定基礎（legitimacy）：依據合法地位對爭議者提出要求；五、信託（reference）：增進爭議雙方的信任與改善關係；六、訊息(information)：提供爭議當事者真確訊息，以利做出決定。[30]在兩岸的競逐中，最符合前述六種形態，且對兩岸影響最巨的第三者顯然是美國，且美國從來就沒有放棄介入兩岸關係的走向；而在東亞地區局勢的變異中，美國為重返亞洲，近期在亞太地區祭出「海空整體作戰構想」，挑明是針對中共的軍事戰略，臺灣在中國大陸與美國的戰略對峙中，是該接受美國的支持持續與中國大陸維持不統、不獨、不武態勢，還是與中國大陸積極統合，與中國大陸聯合對抗美國？近又有釣魚臺、東海（春曉）油田與南海諸島的主權爭議，美國、日本、中國大陸及其他周邊國家相繼糾葛其中，臺灣又該如何與這些國家折衝，以確保自身利益？這些都影響臺灣與周邊國家的關係發展。[31]更簡單說，這些錯綜複雜的關係，都使臺灣無法心

---

[29] 高有智、朱貞楷，〈蔡：不排除兩岸政治協商〉，《中國時報》，2011 年 12 月 3 日，第 A1 版。

[30] Kwei-Bo Huang, "Reflections on conflict management and third-party intervention in East Asia", in Jacob Bercovitch, Kwei-Bo Huang and Chung-Chian Teng ed(s)., *Conflict Management, Security and Intervention in East Asia: Third-party mediation in regional conflict*, p. 247 cited from Jeffrey Rubin, "Conclusion: International Mediate in Context", in J. Bercovitch and J. Z. Rubin ed(s)., *Mediation in International Relations: Multiple Approaches to Conflict Management* (New York: St. Martin's, 1992), pp. 255-256.

[31] 〈兩岸關係真挑戰在未來八年〉，《大陸情勢雙週報》（臺北），1627 期（中華民國 101 年 8 月 22 日），頁 10。

無旁鶩的與中國大陸進行法理統合。加上兩岸政治制度差異的巨大及未來南轅北轍的政治發展預判，使兩岸的法理統合充滿著變數。

就學術研究的角度，說不定，意圖建構放諸四海而皆準的統合理論架構，本身就是個錯誤。[32]如中國大陸至今未與美國簽署任何自由貿易協定，亦沒有意圖進行任何統合的過程，但中國大陸已然成為美國排名前幾名的貿易大國。[33]顯然簽訂自由貿易區才能創造經濟繁榮，或說緊密各類交流終將出現法理統合的說法，似乎也難具說服力；若再由經濟事務的接觸並日漸緊密，最終將發展出法理統合的說法，但卻發現具有緊密關係的兩國，如美國與日本，美國與臺灣，尼伯爾與西藏，尼伯爾與印度等等，似乎也未見兩國法理統合的可能。更反證出意圖建構放諸四海而皆準的統合理論，果然過於樂觀。

東亞國家在經濟快速發展過程中，經常受到外在環境變化的衝擊，而認為進一步的統合或有助於共同應對問題。[34]但近年的金融風暴或金融海嘯，讓統合愈深的國家所受傷害愈大，促使東亞地區最完整的跨境組織——東南亞國協對於是否進一步經濟統合都表現出疑慮。[35]這種經驗，是否衝擊兩岸領導人與一般民眾對於兩岸統合的期待？是否暗示將因兩岸融為一體，最終無法避免一方的損害波及另一方接連損害？因而對於兩岸進一步統合抱持戒慎恐懼心態。若雙方都有可能設立「防火牆」以防止傷害的情況下，那麼兩岸的緊密關係，又怎能推論出必然會因緊密關係而逐漸統合？更何況在歐體因希臘債

---

[32] Alex Warleigh-Lack, "The EU Comparative Perspective: Comparing the EU and NAFTA", in Finn Laursen ed., *Comparative Regional Integration: Europe and Beyond* (Burlington: Ashgate, 2010), p. 57.

[33] Isidro Morales, "The Present and Future of North American Integration: Similarities and Differences with the European Experience", in Finn Laursen ed., *Comparative Regional Integration: Europe and Beyond*, p. 86.

[34] Dai Bingran, "China and the East Asian Regional Process", in Finn Laursen ed., *Comparative Regional Integration: Europe and Beyond*, p. 230.

[35] Yeo Lay Hwee, "From AFTA to ASEAN Economic Community—Is Asean Moving Towards EU-style Economic Integration? ", in Finn Laursen ed., *Comparative Regional Integration: Europe and Beyond*, p. 225.

務問題而牽累歐元區的同時，位於倫敦的「經濟和商業研究中心」（CEBR）竟也認為不僅希臘有可能被逐出歐元區，而歐元區也可能於近期內解體，[36]使歐元區充滿可以建構亦可以因為某些不可抗拒的原因而解體的可能；若再往前推，則蘇聯的建立本身就是以政治力量將十五個共和國法理統合在一起，在蘇聯時代，各國不僅政治統合在一起，經濟生活也在蘇聯統治下依計劃活動，連偏遠最的山區，如烏茲別克的傳統陶藝生計都受其衝擊而紛紛瓦解，在蘇聯解體後，傳統陶藝的生計才又逐漸恢復，[37]這些分分合合的例子向來不缺。

　　不論是最成熟的歐盟統合，或仍在不斷摸索中的兩岸統合，統合到最後的前景為何，至今無人能理解，也無人能掌握，致使兩岸對於統合充滿著疑懼，因疑懼，致使統合自然躊躇不前。更進一步說，兩岸縱使統合為一體，又為何不可因某些不可抗拒的原因而分離？

　　在全球化的壓力下，地區縱使統合也不能限制成員對外進行交往，而形成地區統合具有高度滲透性或多孔性組織（porous），甚至逐步取代傳統封閉的區域主義。[38]因此，兩岸統合將無法排除臺灣更加與中國大陸以外的其他成員發展更加緊密關係，那麼臺灣在兩岸統合過程中，可能也並不如一般人的想像終將被中國大陸吞沒，反而可能是因與中國大陸的和平發展，造就出臺灣過去所沒有的世界聯繫網絡，讓臺灣更免於被中國大陸吞沒的可能。

---

[36] 江靜玲，〈專家警告：歐元區五年內解體〉，《中國時報》，2011 年 6 月 21 日，第 A11 版。

[37] Haruka Kikuta, "A Master is Greater Than a Father: Rearrangement of Traditions Among Muslim Artuisan in Soviet and Post-Soviet Uzbekistan, in Donald C. Wood ed., *Economic Development, Integration, and Morality in Asia and the Americas*（UK: JAI Press, 2009）, pp.63-88.

[38] Laura Macdonald, "Canada and the Poliyics of Regional Economic Integration in the Americas", in Diego Sánchez-Ancochea and Kenneth C. Shadlen ed(s)., *The Political Economy of Hemispheric Integration*(New York: Palgrave Macmillan, 2008), p. 225.

　　日益緊密的各類關係是否意味著兩岸終將走上法理統合？若依據本書的研究，尤其是依據本書所提出的四項檢驗指標檢視結果，除非可以轉變雙方的「意識形態或理想」，尤其是其轉變足以引發臺灣主流民意對統合的支持；持續供給兩岸人民實質利益與實質利益的期待，尤其是讓臺灣主流民意體認這種利益；所建構的兩岸統合制度可被兩岸主流民意接受，尤其是可被臺灣主流民意認為其既得的民主、自由、法治生活方式不會因為了兩岸法理統合而受損，致迫使藍、綠陣營放棄各自意識形態的堅持，共同依法通過接受兩岸法理統合的制度設定；在此情況下，才能讓兩岸的實際統合作為不斷精進，最終完成兩岸法理統合而無法分離，否則依當前的現況，兩岸法理統合顯然是「幾乎沒有機會達成」，但不可否認的是當前的實質統合確有機會帶來兩岸的和平，對兩岸都有難以取代的益處。在臺灣藍綠陣營激烈爭鬥，及中國大陸以各類實質統合推動法理統合的此時，各方都應對此現實有所理解，如此則兩岸關係必然更加務實，也因為務實，而使兩岸關係的發展更加健康。

參考書目

一、網路資料

1. "ASEAN Economic Community", last visited 2012/7/26, *Association of South East Nations*, http://www.aseansec.org/18757.htm.

2. "ASEAN Political-Security Community", last visited 2012/7/26, *Association of South East Nations*, http://www.aseansec.org/18741.htm.

3. "ASEAN-CHINA DIALOGUE RELATIONS" (As of October 2011), last visited 2012/1/13, *Association of Southeast Asian Nations*, http://www.aseansec.org/5874.htm.

4. "China/ Freedom in the world 2012", last visited 2012/6/18, *Freedom House,* http://www.freedomhouse.org/report/freedom-world/2012/china-0。 "China/Freedom in the World 2005", last visited 2012/6/21, *Freedom House*, http://www.freedomhouse.org/report/freedom-world/2005/china.

5. "China/Freedom in the World 2007", last visited 2011/6/16, *Freedom House,* http://www.freedomhouse.org/template.cfm?page=22&year=2007&country=7155。"China/Freedom in the World 2008", last visited 2012/6/21, *Freedom House,* http://www.freedomhouse.org/template.cfm? page=22&year=2008&country=7372.

6. "Freedom in the World 2009 Survey Release" (2009/1/12), last visited 2012/6/21, *beSpacific*, http://www.bespacific.com/mt/archives/020288.html.

7. "Freedom in the World 2010: Global Erosion of Freedom" (2010/1/12), last visited 2012/6/18, *Freedom House,* http://www.freedomhouse.org/template.cfm?page=70&release=1120. "Map of Freedom in the World 2007", last visited 2012/6/21, *Freedom House*, http://www.freedomhouse.org/template.cfm?page=363&year=2007.

8. 〈展開歷史的新頁海峽兩岸簽署共同打擊犯罪及司法互助協議〉法務部新聞稿」，2011 年 7 月 20 日下載，《法務部》，http://www.moj.gov.tw/public/data/9426154419878.pdf。

9. 〈100 年國家建設計畫執行檢討〉，2012 年 10 月 23 日下載，《行政院經濟建設委員會》，www.cepd.gov.tw/dn.aspx?uid=11442。

10. 〈2008 年中華民國總統選舉〉，2011 年 2 月 21 日下載，《維基百科》，http://zh.wikipedia.org/zh/2008%E5%B9%B4%E4%B8%AD%E8%8F%AF%E6%B0%91%E5%9C%8B%E7%B8%BD%E7%B5%B1%E9%81%B8%E8%88%89#.E5.85.B6.E4.BB.96.E6.94.BF.E8.A6.8B_2。

11. 〈2011 年中華民國對外貿易發展概況〉（2012 年 5 月 15 日），2012 年 8 月 9 日下載，《經濟部國際貿易局經貿資訊網》，http://www.trade.gov.tw/Pages/Detail.aspx?nodeID=289&pid=350569。

12. 〈ECFA／陸委會民調：62.6%認有助於與其他國家簽自貿協定〉（2010 年 7 月 6 日），2011 年 3 月 18 日下載，《NOWnews》，http://www.nownews.com/2010/07/06/10844-2622897.htm。

13. 〈一個中國的原則與臺灣問題〉（2000 年 2 月 1 日），2012 年 3 月 6 日下載，《國務院臺灣事務辦公室》，http://www.gwytb.gov.cn/zt/baipishu/201101/t20110118_1700148.htm。

14. 〈十一屆人大四次會議舉行全體會議 吳邦國作報告〉（2011 年 3 月 10 日），2012 年 6 月 20 日下載，《2011 年全國『兩會』》，http://www.gov.cn/2011lh/content_1821675_2.htm。

15. 〈中國－東盟自由貿易區〉，2012 年 8 月 16 日下載，《新華網》，http://big5.xinhuanet.com/gate/big5/news.xinhuanet.com/ziliao/2007-01/15/content_5607479.htm。

16. 〈中華民國第 12 任總統馬英九先生就職演說〉（2008 年 5 月 20 日），2011 年 2 月 17 日下載，《中華民國總統府》，http://www.president.gov.tw/Default.aspx?tabid=131&itemid=13752&rmid=514&sd=2008/05/20&ed=2008/05/20。

17. 〈中華民國第 13 任總統、副總統宣誓就職典禮〉（2012 年 5 月 20 日），2012 年 6 月 11 日下載，《中華民國總統府》，http://www.president.gov.tw/Default.aspx?tabid=131&itemid=27200&rmid=514&sd=2008/05/20&ed=2012/05/20。

18. 〈文化白皮書 馬承諾：年文化預算 200 億〉，2011 年 2 月 21 日下載，《臺灣向前行》，http://www.wretch.cc/blog/ma192008/20852257。

19. 〈台灣政大歐盟暨兩岸統合研究中心揭牌〉（2010 年 3 月 27 日），2012 年 10 月 25 日下載，《中國評論新聞網》，http://www.chinareviewnews.com/doc/1012/7/1/2/101271286.html?coluid=7&kindid=0&docid=101271286。

20. 〈打擊犯罪　兩岸警方將可直接談〉，2011 年 5 月 2 日下載，《海峽資訊網》，http://61.67.242.102/60892.html。

21. 〈同意大陸地方媒體深圳報業集團來臺駐點採訪〉（2010 年 5 月 18 日），2011 年 4 月 1 日下載，《中華民國行政院新聞局》，http://info.gio.gov.tw/ct.asp?xItem=64651&ctNode=3763。

22. 〈行政院大陸委員會新聞稿〉（2012 年 4 月 12 日），2012 年 7 月 6 日下載，《行政院大陸委員會》，http://www.mac.gov.tw/public/Attachment/24121133586.pdf。

23. 〈兩岸關係府：不統不獨不武　立場不變〉（2008 年 7 月 14 日），2011 年 3 月 17 日下載，《Sina 全球新聞》，http://news.sina.com/tw/bcc/101-102-101-101/2008-07-14/03533069496.html。

24. 〈和平兩岸　友善國際〉（2011 年 10 月 18 日），2012 年 8 月 13 日下載，《中華民國總統府》，http://www.president.gov.tw/Default.aspx?tabid=1103&itemid=25593&rmid=2780。

25. 〈和平紅利〉，2012 年 8 月 7 日下載，《互動百科》，http://www.hudong.com/wiki/%E5%92%8C%E5%B9%B3%E7%BA%A2%E5%88%A9。

26. 〈放寬大陸投資金額上限及審查便捷化（97.7.17 提報行政院、97.8.1 實施）〉（2008 年 12 月），2011 年 4 月 1 日下載，《行政院大陸委員會》，2010 年 6 月 2 日下載，http://www.mac.gov.tw/ct.asp?xItem=44263&ctNode=5613&mp=1。

27. 〈社會主義民主〉，2010 年 6 月 2 日下載，《維基百科》，http://zh.wikipedia.org/zh/%E7%A4%BE%E6%9C%83%E6%B0%91%E4%B8%BB%E4%B8%BB%E7%BE%A9#.E7.8F.BE.E4.BB.A3.E7.A4.BE.E6.9C.83.E6.B0.91.E4.B8.BB.E4.B8.BB.E7.BE.A9.E7.9A.84.E4.B8.BB.E5.BC.B5。

28. 〈俞可平：民主是個好東西〉（2006 年 12 月 28 日）2012 年 9 月 10 日下載，《人民網》，http://theory.people.com.cn/GB/41038/5224259.html。

29. 〈背景資料：《里斯本條約》及其主要內容〉（2009 年 11 月 4 日），2012 年 6 月 29 日下載，《新華網》，http://big5.xinhuanet.com/gate/big5/news.xinhuanet.com/world/2009-11/04/content_12386158.htm。

30. 〈胡錦濤在 APEC 峰會演講：深化互聯互通　實現持續發展〉（2012年 09 月 08 日），2012 年 9 月 10 日下載，《中國新聞網》，http://finance. chinanews.com/cj/2012/09-08/4168462.shtml。

31. 〈胡錦濤在黨的十七大上的報告〉，2010 年 6 月 2 日下載，《新華網特專題：中國共產黨第十七次全國代表大會》，http://news. xinhuanet. com/newscenter/2007-10/24/content_6938568_5.htm。

32. 〈香港數萬人示威　抗議『愛國主義教育』〉（2012 年 9 月 5 日），2012年 9 月 6 日下載，《美國之音》，http://www.voafanti.com/gate/big5/www. voachinese.com/content/hong-kong-protest-20120729/1448765.html。

33. 〈海峽兩岸犯罪情資交換作業要點（民國 100 年 1 月 3 日發布／函頒）〉，2011 年 5 月 2 日下載，《法務部》，http://mojlaw.moj.gov.tw/ LawContentDetails.aspx?id=FL057597。

34. 〈海峽兩岸投資保障和促進協議〉，2012 年 9 月 4 日下載，行政院大陸委員會，http://www.mac.gov.tw/public/Attachment/28915275252.pdf。

35. 〈海峽兩岸送達文書作業要點（民國 100 年 1 月 3 日發布／函頒）〉，2011 年 5 月 2 日下載，《法務部》，http://mojlaw.moj.gov.tw/LawContent Details.aspx?id=FL057598。

36. 〈海峽兩岸罪犯接返作業要點（民國 100 年 1 月 3 日發布／函頒）〉，2011 年 5 月 2 日下載，《法務部》，http://mojlaw.moj.gov.tw/LawContent Details.aspx?id=FL057599。

37. 〈海峽兩岸緝捕遣返刑事犯或刑事嫌疑犯作業要點（民國 100 年 1 月 3 日發布／函頒）〉，2011 年 5 月 2 日，《法務部》，http://mojlaw.moj.gov. tw/LawContentDetails.aspx?id=FL057600。

38. 〈海峽兩岸調查取證及罪贓移交作業要點（民國 100 年 1 月 3 日發布／函頒）〉，2011 年 5 月 2 日下載，《法務部》，http://mojlaw.moj.gov.tw/ LawContentDetails.aspx?id=FL057601。

39. 〈馬英九：當選後不統不獨不武、提倡社會和諧〉（2008 年 1 月 15 日），2011 年 3 月 17 日下載，《中國評論新聞網》，http://www.zhgpl.com/ doc/1005/4/5/7/100545723.html?coluid=7&kindid=0&docid=100545723。

40. 〈國民所得統計常用資料〉，2012 年 6 月 20 日下載，《行政院主計處》，http://www.dgbas.gov.tw/public/Attachment/2525163102.xls。

41. 〈國民黨「邦聯」說帖〉（2005 年 12 月 27 日），2012 年 3 月 6 日下載，《你好臺灣》，http://www.hellotw.com/wx/mcjd/200706/t20070621_8358. htm。

42. 〈國家隨著階級的完全消滅而消亡〉，2010 年 10 月 1 日下載，《馬克思主義研究網》，http://myy.cass.cn/file/200512082666.html。

43. 〈張亞中主張以一中三憲為兩岸定位〉，（2010 年 6 月 7 日），2011 年 11 月 11 日下載，《中國評論新聞網》，http://www.chinareviewnews.com/doc/1013/4/5/8/101345856.html?coluid=7&kindid=0&docid=101345856&mdate=0607094909。

44. 〈第二波陸資入臺　賴士葆：項目還是太少〉（2011 年 3 月 3 日），2011 年 3 月 28 日下載，《中國評論新聞網》，http://www.chinareviewnews.com/doc/1016/1/6/3/101616361.html?coluid=10&kindid=254&docid=101616361&mdate=0303112025。

45. 〈陸委會公布數據：陸客來臺　帶來 2023 億外匯收入〉（2012 年 8 月 13 日），2012 年 8 月 13 日下載，《鉅亨網》，http://news.cnyes.com/Content/20120813/KFM4JFD5UZ7FI.shtml?c=TWCN。

46. 〈最高人民法院關於人民法院辦理海峽兩岸送達文書和調查取證司法互助案件的規定〉，2011 年 6 月 28 日下載，《中國臺灣網》，http://big51.chinataiwan.org/flfg/dt/201106/t20110617_1891991.htm。

47. 〈港大民研發放最新香港市民身分認同調查結果〉（2012 年 6 月 26 日），2012 年 6 月 27 日下載，《香港大學民意研究計劃》，http://hkupop.hku.hk/chinese/release/release937.html。

48. 〈港立法會地區直選席位泛民得多數〉（2012 年 9 月 10 日），2012 年 9 月 10 日下載，《BBC 中文網》，http://www.bbc.co.uk/zhongwen/trad/chinese_news/2012/09/120910_hk_legco.shtml。

49. 〈黃金十年國家遠景〉，2012 年 7 月 6 日下載，《行政院大陸委員會》，http://www.mac.gov.tw/public/Data/1101716392271.pdf。

50. 〈黃嘉樹：求同存異、與時俱進——從解決『兩府爭端』的角度看『一國兩制』的發展〉，2012 年 8 月 21 日下載，《華夏經緯網》，http://big5.huaxia.com/zt/2002-07/83794.html。

51. 〈溫家寶：社會主義民主歸根結底是讓人民當家作主〉，2010 年 6 月 2 日下載，《新華網》，http://news.xinhuanet.com/misc/2007-03/16/content_5855588.htm。

52. 〈溫家寶：政經改革停滯倒退是死路一條〉，2010 年 11 月 12 日下載，《鳳凰網》，http://big5.ifeng.com/gate/big5/news.ifeng.com/mainland/detail_2010_08/22/2049123_0.shtml。

53. 〈溫家寶代表國務院向大會作政府工作報告〉（2012 年 3 月 5 日），2012 年 3 月 6 日下載，《全國兩會特別報導》，http://sp.wenweipo.com/lh2012/?action-viewnews-itemid-647-page-3。

54. 〈賈慶林《求是》撰文：把人民政協事業不斷推向前進〉，2009 年 1 月 19 日下載，《中國共產黨新聞網》，http://theory.people.com.cn/GB/49169/49171/8687469.html。

55. 〈賈慶林在海協會成立 20 周年紀念大會講話全文〉（2011 年 12 月 16 日），2012 年 3 月 7 日下載，《星島環球網》，http://news.stnn.cc/china/201112/t20111217_1680650.html。

56. 〈實施募兵制對替代役制度之影響評估〉（2010 年 10 月 13 日），2011 年 3 月 28 日下載，《我的 E 政府》，http://blog.www.gov.tw/blog/2e896527-4194-4859-9682-06bb6aec7934/post.aspx?id=cb049908-995f-490b-8609-85e61fac8ba4。

57. 〈臺灣 ECFA 早收 539 項　大陸 267 項〉，2010 年 6 月 29 日下載，《中時電子報》，http://news.chinatimes.com/focus/0,5243,50105750x132010062401117,00.html。

58. 〈臺灣成立「兩岸統合學會」　張亞中談相關情況〉（2009 年 2 月 9 日），2011 年 10 月 14 日下載，《中國評論新聞網》，http://www.chinareviewnews.com/doc/1008/8/1/4/100881400.html?coluid=7&kindid=0&docid=100881400&mdate=0209171201　。 及 http://www.chinareviewnews.com/doc/1008/8/1/4/100881400_2.html?coluid=7&kindid=0&docid=100881400&mdate=0209171201。

59. 〈臺灣問題與中國統一〉（1993 年 9 月 1 日），2012 年 3 月 6 日下載，《國務院臺灣事務辦公室》，http://www.gwytb.gov.cn/zt/baipishu/201101/t20110118_1700018.htm。

60. 〈臺灣對大陸貿易出口依賴度升逾四成〉（2008 年 01 月 10 日），2009 年 9 月 17 日下載，《新華網》，http://news.xinhuanet.com/tw/2008-01/10/content_7398801.htm。

61. 〈與中國大陸談判協定的競賽從此開展〉（2012 年 5 月 4 日），2012 年 8 月 7 日下載，《行政院經濟建設委員會》，http://www.cepd.gov.tw/m1.aspx?sNo=0016909。

62. 〈領袖人物資料庫〉，2012 年 9 月 11 日下載，《人民網》，http://zg.people.com.cn/GB/33839/34943/34944/34946/2617368.html。

63. 〈鄭立中：接觸鐵桿臺獨　限民間、個人〉，2006 年 3 月 11 日下載，《中國評論新聞網》，http://www.chinareviewnews.com/doc/1001/0/8/5/100108582.html?coluid=18&kindid=151&docid=100108582。

64. 〈總統主持「黃金十年」系列第五場記者會〉（2011 年 10 月 17 日），2012 年 6 月 11 日下載，《中華民國總統府》，http://www.president.gov.tw/Default.aspx?tabid=131&itemid=25592&rmid=514&word1=%e9%bb%83%e9%87%91%e5%8d%81%e5%b9%b4。

65. 〈總統主持中華民國 100 年開國紀念典禮暨元旦團拜〉（2011 年 1 月 1 日），2012 年 6 月 11 日下載，《中華民國總統府》，http://www.president.gov.tw/Default.aspx?tabid=131&itemid=23185&rmid=514&sd=2011/01/01&ed=2011/01/01。

66. 〈總統主持中華民國 99 年開國紀念典禮暨元旦團拜〉（2010 年 1 月 1 日），2012 年 6 月 11 日下載，《中華民國總統府》，http://www.president.gov.tw/Default.aspx?tabid=131&itemid=19510&rmid=514&sd=2010/01/01&ed=2010/01/01。

67. 〈總統出席「海基會成立 20 週年慶祝大會」〉（2011 年 3 月 9 日），2011 年 3 月 29 日下載，《中華民國總統府》，http://www.president.gov. tw/Default.aspx?tabid=131&itemid=23717&rmid=514。

68. 〈總統接受墨西哥「太陽報」系集團董事長瓦斯蓋茲（Mario Vázquez Raña）專訪〉（2008 年 9 月 30 日），2011 年 3 月 17 日下載，《中華民國總統府》，http://www.president.gov.tw/Default.aspx?tabid=131&itemid=14151&rmid=514&sort=0&order=0。

69. 〈鬆綁大陸投資上限，奠定全球發展利基〉（2008 年 7 月 17 日），2011 年 4 月 1 日下載，《行政院》，http://www.ey.gov.tw/ct.asp?xItem=43509&ctNode=2313&mp=1。

70. 〈攜手推動兩岸關係和平發展　同心實現中華民族偉大復興〉（2009 年 01 月 01 日），2012 年 8 月 21 日下載，《人民網》，http://politics.people.com.cn/GB/1024/8611414.html。

71. Arch Puddington, "Freedom in the World 2009: Setbacks and Resilience", last visited 2012/6/21, *Freedom House*, http://sup.kathimerini.gr/xtra/media/files/kathimerini/pdf/politic130109.pdf.

72. Bonnie S. Glaser, "China's Coercive Economic Diplomacy: A New and Worrying Trend", (2012/8/6), last visited 2012/8/8, *Center for Strategic &*

International Study, http://csis.org/publication/chinas-coercive-economic-diplomacy-new-and-worrying-trend.

73. Robert Zoellick，"United States Urges China To Be Responsible World Citizen"，(22 September 2005), last visited 2011/3/17, *America.gov*, http://usinfo.state.gov/eap/Archive/2005/Sep/22-290478.html.

74. 林祖嘉、譚瑾瑜，〈ECFA 效益迅速顯現〉，2011 年 11 月 21 日下載，《財團法人國家政策研究基金會：國政評論》，http://www.npf.org.tw/post/1/9205。

75. 邱垂正，〈臺海兩岸和平整合模式之建構〉；國立臺灣師範大學政治學研究所 2006 年博士論文，2012 年 5 月 1 日下載，《臺灣博碩士論文知識加值系統》，http://ndltd.ncl.edu.tw/cgi-bin/gs32/gsweb.cgi/ccd=eXmmjp/record?r1=1&h1=1。

76. 邱燕玲，〈國安會：兩岸金流物流人流　新國安問題〉（2011 年 5 月 15 日），2011 年 5 月 24 日下載，《自由電子報》，http://www.libertytimes.com.tw/2011/new/may/15/today-fo2.htm。

77. 張亞中，〈論兩岸統合的路徑〉（2009 年 4 月），2011 年 10 月 14 日下載，《中國學術評論出版社》，http://mag.chinareviewnews.com/crn-webapp/cbspub/secDetail.jsp?bookid=38721&secid=38729。

78. 張惠玲，〈歐盟「共同外交暨安全政策」之整合談判過程與臺海兩岸協商經驗之比較〉，國立中山大學大陸研究所博士 2012 論文，2012 年 5 月 1 日下載，《臺灣博碩士論文知識加值系統》，http://ndltd.ncl.edu.tw/cgi-bin/gs32/gsweb.cgi/ccd=eXmmjp/record?r1=1&h1=2。

79. 陳家剛，〈全球化時代的新制度主義〉，（2007 年 7 月 6 日），2012 年 9 月 13 日下載，《中國選舉與治理》http://www.chinainnovations.org/read.asp?type01=1&type02=3&type03=1&articleid=1169。

80. 陳鍵興，〈2012 年對臺工作會議在京舉行　賈慶林出席并作重要講話〉（2012 年 3 月 1 日），2012 年 3 月 2 日下載，《新華網》，http://news.xinhuanet.com/politics/2012-03/01/c_111591488.htm。

81. 曾志超，〈搭橋專案成果豐碩〉（2010 年 2 月 1 日），2011 年 3 月 29 日下載，《財團法人國家政策研究基金會》，http://www.npf.org.tw/post/3/7017。

82. 童慧鈴，〈臺海兩岸統合關係研究──以歐洲聯盟經驗為例〉，國立臺灣師範大學政治學研究所 2003 年博士論文，2012 年 4 月 30 日下載，

《臺灣博碩士論文知識加值系統》，http://ndltd.ncl.edu.tw/cgi-bin/gs32/gsweb.cgi/ccd=eXmmjp/record?r1=1&h1=4。

83. 溫家寶，〈政府工作報告〉（2012 年 3 月 5 日），2012 年 8 月 21 日下載，《中國人大網》，http://www.npc.gov.cn/npc/xinwen/2012-03/16/content_1714307.htm。

84. 蔡宏明，〈兩岸經濟自由化不盡是福音〉，2011 年 3 月 14 日下載，《財團法人國家政策研究基金會》，http://www.npf.org.tw/post/3/8858。

85. 鄧岱賢，〈馬蕭配的兩岸經貿政策分析〉（2007 年 10 月 4 日），2011 年 2 月 17 日下載，《財團法人國家政策基金會》，http://www.npf.org.tw/post/1/3066。

86. 薛少林，〈海峽兩岸跨境毒品犯罪的刑事司法協助問題(6)〉，2011 年 5 月 5 日下載，《論文下載網》，http://www.lunwenda.com/faxue201102/135940-6/。

87. 蘇詔勤，〈兩岸法治整合策略的研擬及其在營造業的應用〉，國立臺灣科技大學營建工程系 2010 年博士論文，2012 年 5 月 1 日下載，《臺灣博碩士論文知識加值系統》，http://ndltd.ncl.edu.tw/cgi-bin/gs32/gsweb.cgi/ccd=eXmmjp/record?r1=1&h1=3。

88. 〈馬斯垂克條約〉，2011 年 5 月 24 日下載，《維基百科》，http://zh.wikipedia.org/wiki/%E6%AD%90%E6%B4%B2%E8%81%AF%E7%9B%9F%E6%A2%9D%E7%B4%84。

89. 〈歐盟三支柱〉，2011 年 11 月 7 日下載，《維基百科》，http://zh.wikipedia.org/wiki/%E6%AC%A7%E7%9B%9F%E4%B8%89%E6%94%AF%E6%9F%B1。

90. 〈全球區域經濟整合現況——國家一覽表〉（2011 年 12 月 22 日），2012 年 6 月 21 日下載，《經濟部國貿局經貿資訊網》，http://www.trade.gov.tw/Pages/Detail.aspx?nodeID=255&pid=328301。

91. 〈表 6　兩岸貿易金額之估算〉，2010 年 9 月 7 日下載，《行政院大陸委員會》，http://www.mac.gov.tw/public/Attachment/0810946458.pdf。

92. 〈101 年 6 月份兩岸交流統計比較摘要〉（2012 年 7 月），2012 年 8 月 17 日下載，《行政院大陸委員會》，http://www.mac.gov.tw/public/Data/281015383971.pdf。

93. 〈臺灣民眾政黨偏好分布（1992～2012.06）〉，2012 年 8 月 17 日下載，《政治大學選舉研究中心》，http://esc.nccu.edu.tw/modules/tinyd2/content/partyID.htm。

94. 〈港大民研發放最新香港市民身分認同調查結果〉（2012 年 6 月 26 日），2012 年 6 月 27 日下載，《香港大學民意研究計劃》，http://hkupop. hku.hk/chinese/popexpress/ethnic/eidentity/poll/chart/chibroad.gif。

95. 〈表 C-2　我國對主要貿易地區出口〉，2012 年 10 月 23 日下載，《經濟部統計處》，http://2k3dmz2.moea.gov.tw/gnweb/Indicator/wFrmIndicator. aspx#B。

96. 〈表 C-4　我國對主要貿易地區進口〉，2012 年 10 月 23 日下載，《經濟部統計處》，http://2k3dmz2.moea.gov.tw/gnweb/Indicator/wFrmIndicator. aspx#B。

97. 〈表 C-6　我國對主要地區之貿易出入超〉，2012 年 10 月 23 日下載，《經濟部統計處》，http://2k3dmz2.moea.gov.tw/gnweb/Indicator/wFrmIndicator. aspx#B。

98. 〈海基會協處臺商經貿糾紛案件處理統計表〉，2012 年 9 月 5 日下載，《財團法人海峽交流基金會》，http://www.sef.org.tw/public/Data/ 281118104271.xls。

二、報紙資料

1. 〈ECFA 附件一　「貨品貿易早期收穫產品清單及降稅安排（摘要說明）」〉，《聯合報》，2010 年 6 月 30 日，第 A14 版。

2. 〈李明博登獨島　日召回大使〉，《聯合報》，2012 年 8 月 11 日，第 A1 版。

3. 〈胡錦濤送給連戰的大禮〉，《聯合報》，2012 年 9 月 15 日，第 A2 版。

4. 〈陳揆領軍　推動 FTA　目標加入 TPP〉，《聯合報》，2012 年 8 月 12 日，第 A12 版。

5. 〈蕭萬長：打造臺灣加值島〉，《聯合報》，2012 年 6 月 26 日，第 A2 版。

6. 仇佩芬，〈兩岸和平基礎　互不承認主權　互不否認治權〉，《中國時報》，2011 年 3 月 10 日，第 A12 版。

7. 仇佩芬，〈府：公投過　才推兩岸和平協議〉，《中國時報》，2011 年 10 月 20 日，第 A11 版。

8. 仇佩芬，〈推動和平協議　馬提 10 大保證〉，《中國時報》，2011 年 10 月 25 日，第 A2 版。

9. 仇佩芬，〈臺美證實將重起 TIFA 協商〉，《中國時報》，2012 年 9 月 11 日，第 A1 版。

10. 仇佩芬、劉正慶，〈府重申三不一中式中華民國〉，《中國時報》，2012 年 3 月 23 日，第 A4 版。

11. 王光慈，〈美國民主化理論大師：大陸越富有　民主化壓力越大〉，《聯合報》，2011 年 8 月 25 日，第 A4 版。

12. 王麗娟，〈更加歐洲……統合大願景　德吹衝鋒號〉，《聯合報》，2012 年 6 月 24 日，第 A2 版。

13. 亓樂義，〈平潭實驗區　延攬臺籍副主任　福建省長宣示今年起跑　借鑒臺灣社會管理模式　推動兩岸共治　考慮臺灣媒體與書籍在平潭落地〉，《中國時報》，2012 年 2 月 15 日，第 A13 版。

14. 朱真楷、陳文信，〈蔡：開放任何選項　決定權在人民〉，《中國時報》，2011 年 9 月 19 日，第 A2 版。

15. 江靜玲，〈專家警告：歐元區五年內解體〉，《中國時報》，2011 年 6 月 21 日，第 A11 版。

16. 何明國，〈蔡：推臺灣入險境〉，《中國時報》，2011 年 10 月 20 日，第 A2 版。

17. 呂雪彗、潘羿菁，〈陸資來臺開放 30 項〉，《工商時報》，2011 年 3 月 2 日，第 A1 版。

18. 李明賢，〈大陸部署飛彈馬提三道防線〉，《中國時報》，2011 年 6 月 16 日，第 A17 版。

19. 李春，〈反國教抗爭港府讓步〉，《聯合報》，2012 年 9 月 9 日，第 A1 版。

20. 李春，〈溫家寶談政改　高層共識：限權入手〉，《聯合報》，2010 年 10 月 1 日，第 A23 版。

21. 汪莉絹，〈促兩岸實驗區升格臺盟提案平潭享獨立法權〉，《聯合報》，2012 年 3 月 5 日，第 A13 版。

22. 汪莉絹，〈對臺工作 10 年　王毅列 5 成就、6 創新〉，《聯合報》，2012 年 10 月 17 日，第 A13 版。

23. 汪莉絹，〈福建平潭　要聘臺灣人出任「領導」〉，《聯合報》，2012 年 2 月 15 日，第 A13 版。

24. 汪莉絹、錢震宇，〈會胡　吳提「一國兩區」〉，《聯合報》，2012 年 3 月 23 日，第 A1 版。

25. 林安妮，〈臺日今簽投資協議　邁向 FT〉，《經濟日報》，2011 年 9 月 22 日，第 A2 版。

26. 林克倫，〈兩岸民眾利益綁一起北京更務實〉，《中國時報》，2011 年 6 月 13 日，第 A2 版。

27. 林河名，〈今日我足跡，未來後人路　謝長廷今登陸　引詩強調平常心〉，《聯合報》，2012 年 10 月 4 日，第 A17 版。

28. 林河名，〈蔡英文：須在互動中了解中國〉，《聯合報》，2012 年 2 月 23 日，第 A1 版。

29. 林河名、鄭宏斌，〈蔡「要更了解中國」　綠響起掌聲〉，《聯合報》，2012 年 2 月 23 日，第 A2 版。

30. 林政忠，〈兩岸論述　藍綠交火　民進黨：概括承受 ECFA　不會公投〉，《聯合報》，2011 年 8 月 23 日，第 A3 版。

31. 林政忠，〈臺灣出口衰退　連 5 壞〉，《聯合報》，2012 年 8 月 8 日，第 A2 版。

32. 林政忠、王光慈，〈簽 FTA 快追上　馬：落後韓國　不是普通的遠〉，《聯合報》，2012 年 6 月 26 日，第 A2 版。

33. 林政忠、王茂臻、姜兆宇、汪莉絹，〈願景工程臺灣快轉 7 大宣言經濟開路〉，《聯合報》，2012 年 6 月 26 日，第 A1 版。

34. 林庭瑤，〈賴打民意牌　因應對岸政治牌〉，《聯合報》，2012 年 8 月 10 日，第 A21 版。

35. 林庭瑤，〈瀾滄江最大水壩發電　東協國憂〉，《聯合報》，2012 年 9 月 7 日，第 A21 版。

36. 洪智坤，〈民進黨中國政策……葉公好龍？〉，《聯合報》，2012 年 8 月 21 日，第 A15 版。

37. 洪敬浤、陳秋雲、喻文玟，〈保二破功馬新 16 字箴言拼經濟〉，《聯合報》，2012 年 8 月 19 日，第 A1 版。

38. 秦蕙媛、吳明杰，〈104 年募兵　吳魁：有困難〉，《中國時報》，2011 年 3 月 29 日，第 A4 版。

39. 高有智、朱貞楷，〈蔡：不排除兩岸政治協商〉，《中國時報》，2011 年 12 月 3 日，第 A1 版。

40. 陳世昌，〈小布希：對臺政策戰略的曖昧〉，《聯合報》，2011 年 4 月 28 日，第 A15 版。

41. 陳洛薇，〈中華語文知識庫　兩岸同步上線〉，《聯合報》，2012 年 2 月 8 日，第 A13 版。

42. 陳洛薇，〈馬政見臺灣書院在美受阻〉，《聯合報》，2011 年 4 月 5 日，第 A1 版。

43. 陳洛薇、李明賢，〈劉兆玄銜命登陸　兩岸雲端見……共建華文資料庫〉，《聯合報》，2010 年 5 月 21 日，第 A19 版。

44. 陳洛薇、劉永祥，〈兩岸政治對話吳拋三要件〉，《聯合報》，2012 年 4 月 3 日，第 A13 版。

45. 陳智華、薛荷玉，〈41 校學歷 9 月起採認〉，《聯合報》，2010 年 8 月 20 日，第 A2 版。

46. 傅依傑，〈在聯大‧破天荒溫家寶倡中國要政改〉，《聯合報》，2010 年 9 月 25 日，第 A1 版。

47. 黃驛淵，〈陸生納健保？　綠委擬提案　黨內論戰〉，《聯合報》，2012 年 8 月 13 日，第 A8 版。

48. 雷光涵、姜兆宇，〈陳揆領軍　推動 FTA　目標加入 TPP〉，《聯合報》，2012 年 8 月 12 日，第 A12 版。

49. 劉大年，〈調整　FTA：結盟新興國家　建構臺灣品牌〉，《聯合報》，2012 年 8 月 13 日，第 A15 版。

50. 劉永祥、王光慈、何定照，〈只要不營利美方無意見〉，《聯合報》，2011 年 4 月 5 日，第 A2 版。

51. 劉俐珊，〈連：和平協議欲速不達〉，《聯合報》，2012 年 9 月 8 日，第 A2 版。

52. 鄭閔聲，〈瞭解中國加強交流　綠中生代支持　獨派保留〉，《中國時報》，2012 年 2 月 24 日，第 A4 版。

53. 賴錦宏，〈兩岸經貿文化論壇賈慶林：鞏固一中框架吳伯雄：堅持九二共識〉，《聯合報》，2012 年 7 月 29 日，第 A13 版。

54. 賴錦宏，〈臺灣選後　大陸確定新對臺 3 方向〉，《聯合報》，2012 年 2 月 24 日，第 A23 版。

55. 聯合報系民意調查中心，〈38%認兩岸經貿趨向競爭〉，《聯合報》，2012 年 9 月 23 日，第 A1 版。

56. 聯合報系民意調查中心，〈專制霸道　像暴發戶　對大陸觀感　負面印象仍居多〉，《聯合報》，2012 年 9 月 23 日，第 A4 版。

57. 簡威瑟，〈歷史經驗，大陸兩會結束後，政策利多發酵……中概內需通路　蓄勢強彈〉，《經濟日報》，2011 年 3 月 11 日，第 B2 版。

58. 魏碧洲、曹健、賴錦宏，〈沒政治改革　經改成果會得而復失〉，《聯合報》，2010 年 9 月 24 日，第 A2 版。

三、中文期刊資料

1. 〈「九二共識、一中各表」是和平發展基礎〉,《大陸情勢雙週報》(臺北),1626 期(中華民國 101 年 8 月 8 日),頁 9-10。

2. 〈大陸外資動向與政策變化〉,《大陸情勢雙週報》(臺北),1626 期(中華民國 101 年 8 月 8 日),頁 1-4。

3. 〈大陸面臨政治改革巨大壓力〉,《大陸情勢雙週報》(臺北),1617 期(中華民國 101 年 3 月 28 日),頁 7-9。

4. 〈大陸推動自由貿易區戰略〉,《大陸情勢雙週報》,第 1624 期,(中華民國 101 年 7 月 11 日),頁 18-21。

5. 〈中共十八大路線與對臺政策〉,《大陸情勢雙週報》(臺北),1627 期(中華民國 101 年 8 月 22 日),頁 11-13。

6. 〈日本自由貿易政策與進程〉,《大陸情勢雙週報》(臺北),1617 期(中華民國 101 年 3 月 28 日),頁 19-22。

7. 〈兩岸關係真挑戰在未來八年〉,《大陸情勢雙週報》(臺北),1627 期(中華民國 101 年 8 月 22 日),頁 9-10。

8. 〈華美關係發展回顧(下)〉,《大陸情勢雙週報》(臺北),1626 期(中華民國 101 年 8 月 8 日),頁 21-24。

9. 〈當前大陸經濟情勢與挑戰〉,《大陸情勢雙週報》(臺北),1626 期(中華民國 101 年 8 月 8 日),頁 5-8。

10. 〈譯粹:美智庫對我國二○一二年總統大選觀察〉,《大陸情勢雙週報》,第 1594 期(中華民國 100 年 3 月 16 日),頁 21-22。

11. 朱景鵬,〈區域主義、區域整合與兩岸和問題之研究〉,《中國大陸研究》(民國 88 年 8 月),第 42 卷第 8 期,頁 71-94。

12. 林祖嘉,曾志超,〈「海峽兩岸投資保障和促進協議」評析與對臺商的建議〉,《展望與探索》(臺北)第 10 卷第 9 期,頁 97-104。

13. 高孔廉,〈ECFA 簽署兩年有感〉,《兩岸經貿》(臺北),第 247 期,2012 年 7 月,頁 6-8。

14. 黃鎮台,〈建構「黃金三角」,再創臺灣奇蹟〉,《國家政策論壇》(臺北),第一卷第二期,(民國 90 年 4 月),頁 56~58。

15. 劉馥瑜,〈ECFA 前菜　已省下 1.22 億美元關稅〉,《兩岸經貿》(臺北),243 期(民國 101 年 3 月),頁 10-12。

四、研討會論文

1. 江桂馨，〈法務部調查局執行「海峽兩岸共同打擊犯罪」實務報告——刑事犯、刑事嫌疑犯緝捕遣返與犯罪情資交換〉，發表於「100 年度海峽兩岸及國際司法互助實務研習會」（臺北：法務部，2011 年 5 月 11 日）。

2. 林彥良，〈兩岸司法互助實務——以請求調查取證為中心〉，發表於「100 年度海峽兩岸及國際司法互助實務研習會」（臺北：法務部，2011 年 5 月 11 日）。

3. 劉文斌，〈從戰略三角評析國、民、共三黨競逐關係〉，發表於「『續與變：2008-2010 兩岸關係』學術研討會」（國立臺北大學：國立臺北大學、中共研究雜誌社、《展望與探索》雜誌社，2010 年 10 月 2 日），頁 177-199。

五、中文資料

1. 〈1-6　按區域分的國民經濟和社會發展主要指標（2010 年）〉，中華人民共和國國家統計局編。《2011 中國統計年鑑》。北京：中國統計出版社，2011 年 9 月，頁 18-21。

2. 毛澤東。〈論人民民主專政〉，《毛澤東選集》第四卷。北京：人民出版社，1966 年。

3. 孟德聲。《中國民族主義之理論與實際（上冊）》臺北：海峽出版社，2002。

4. 法務部調查局《展望與探索》雜誌社編印。中國大陸綜覽（97 年版）。臺北：法務部調查局《展望與探索》雜誌社，2008 年。

5. 胡祖慶譯，Lucian Pye 著。《中國政治的變與常》。臺北：五南，1989。

6. 孫哲。《獨裁政治學》。臺北：揚智文化，1995。

7. 徐偉傑譯，Malcolm Waters。《全球化》。臺北：弘智，2000。

8. 馬克思。〈共產黨宣言〉。王君、蔡銳華編，《馬列著作選編》。北京：中共中央黨校，2011。

9. 馬克思。〈哥達綱領批判〉。《馬克思恩格斯選集》（第三卷）。北京：人民出版社，1975 年 4 刷。

10. 高輝。《社會主義再認識──中共〈初階論〉之研究》。臺北：永業出版社，1991。

11. 高曉。《習近平　中國新領導人》。臺北：高寶國際出版，2011。

12. 張亞中。《兩岸統合論》。臺北：生智，2000。

13. 張亞中。《統合方略》。臺北：生智，2010。

14. 連戰。《新藍圖新動力》。臺北：天下文化，2001。

15. 陳家剛。〈前言：全球化時代的新制度主義〉。薛曉源、陳家剛主編，《全球化與新制度主義》。北京：社會科學文獻出版社，2004 年 11 月 1 刷。

16. 彭懷恩。《臺灣政治發展與民主化》。臺北：風雲論壇，2005。

17. 馮克利、閻克文譯，薩拖利（G. Sartori）著。《民主新論》。北京：東風出版社，1998 年 12 月第 2 版。

18. 楊日青等譯，Andrew Heywood 著。《政治學新論》。臺北：韋伯文化，2002 年 3 月。

19. 楊鳳春。《圖解當代中國政治》。香港：中華書局，2011。

20. 趙建民。《當代中共政治分析》。臺北：五南，1997。

21. 劉文斌。《為人民服務：兩岸制度競爭的核心》。臺北：秀威，2011。

22. 劉文斌。《臺灣國家認同變遷下的兩岸關係》。臺北：問津堂，2005。

23. 劉軍寧譯，Samuel P. Huntington 著。《第三波》（The Third Wave: Democratization in the Last Twentieth Century）。臺北：五南，1994。

24. 鄭力軒譯，荊子馨著。《成為日本人》臺北：麥田，2006。

25. 鄭永年。《政治漸進主義》。臺北：吉虹文化，2000。

26. 蕭功秦、朱偉。〈痛苦的兩難抉擇〉。齊墨編，《新權威主義》。臺北：唐山，1991 年 10 月 30 日初版 1 刷。

六、英文資料

1. Abugattas, Luis and Eva Paus. "Policy Space for a Capability-Centered Development Strategy for Latin America", in Diego Sánchez-Ancochea and Kenneth C. Shadlen ed(s)., *The Political Economy of Hemispheric Integration*. New York: Palgrave Macmillan, 2008. pp. 83-112.

2. Alagappa, Muthiah. "Systemic Change, Security, and Governance in the Asia-Pacific", in Chan Heng Chee ed., *The New Asia-Pacific Order*. Singapore: Institution of Southeast Asian Studies, 1997. pp. 29-89.

3. Alagappa, Muthiah. "The Anatomy of the Legitimacy", in Muthiah Alagappa ed., *Political Legitimacy in Southeast Asia*. California: Stanford University Press, 1995. p. 1-30.

4. Alagappa, Muthiah. "The Bases of Legitimacy", in Muthiah Alagappa ed.. *Political Legitimacy in Southeast Asia*. California: Stanford University Press, 1995. pp. 31-53.

5. Baldwin, Richard E.. "The East Asian Noodle Bowl", in Daisuke Hiratsuka and Fukunari Kimura ed(s)..*East Asia's Economic Integration*. Hampshire: Palgrave Macmillan, 2008. pp. 45-81.

6. Barker, Rodney. *Political Legitimacy and the State*. New York: Oxford University Press, 1990.

7. Bart, Los and Jan Oosterhaven. "Structure Change in Intermediate, Consumption and Capital Goods Trade During Economic Integration: the EU Experience". in Daisuke Hiratsuka and Fukunari Kimura ed(s).. *East Asia's Economic Integration*. New York: Palgrave, 2008. pp. 184-222.

8. Baum, Richard and Alexei Shevchenko, "Bring China in: A Cautionary Note", in Richard Rosecrance ed., *The New Great Power Coalition: Toward a World Concert of Nations.*. Marylangd: Rowman and littlefield Publishers, 2001. pp. 311-326.

9. Bergsten, C. Fred and Bates Gill and Nicholas R. Lardy and Derek Mitchell, *China: The Balance Sheet*. New York: PublicAffairs, 2006.

10. Bingran, Dai. "China and the East Asian Regional Process", in Finn Laursen ed.. *Comparative Regional Integration: Europe and Beyond.* Burlington: Ashgate Publishing Company, 2010. pp. 237-238.

11. Birch, Anthony H.. *Nationalism and National Integration.* Boston: Unwin Hyman, 1989.

12. Bush, Richard C.. *Untying the Knot.* Washington D.C.: The Brookings Institution Press, 2005.

13. Calhour, Craig. *Nationalism.* Minneapolis: University of Minnesota Press,1997.

14. Cause, C. P.. *Integration Matters: Navigation Identity, Culture, and Resistance.* New York, Peter Lang Publishing, 2008.

15. Chang, Parris. "Beijing's Policy Toward Taiwan: an Elite Conflict Model" , in Chi Huang, Tun-Jen Cheng & Samuel S. G. Wu, eds.. *Inherited Rivalry: Conflict Across the Taiwan Straits* . Colorado: Lynne Rienner, 1995. pp. 65-79.

16. Changhe, Su. "The Role of the United States in cross-strait negotiation: A mainland Chinese perspective" in Jacob Bercovitch, Kwei-Bo Huang, and Chung-Chian Teng ed(s).. *Conflict Management, Security and Intervention in East Asia: Third-party mediator in regional conflict.* . New York: Routledge, 2008. pp. 217-231.

17. Chen, Chunlai. "Characteristics of FDI firms in China after WTO accession", in Chunlai Chen ed., China's Integration with the Global Economy. Massachusetts: Edward Elgar Publishing Limited, 2009. pp. 101-125.

18. Chen, Chunlai. "China's economy after WTO accession: an overview", in Chunlai Chen ed., *China's Integration with the Global Economy.* Massachusetts: Edward Elgar Publishing Limited, 2009. pp. 19-36.

19. Chen, Edward I-Hsin. "The role of the United States in cross-strait negotiation: A Taiwanese perspective", in Jacob Bercovitch, Kwei-Bo Huang and Chung-Chain Teng ed(s).. *Conflict Management, Security and Intervention in East Asia: Third-party mediation in regional conflict.* New York: Routledge, 2008. pp. 193-216.

20. Chen, Tain-Jy and Ying-Hua Ku. "Taiwan and East Asian integration ", in Peter C.Y. Chow ed., *Economic Integration, Democratization and*

National Security in East Asia. Massachusetts: Edward Eglar Publishing, 2007. pp. 172-190.

21. Cheng, Tun-Jen and Yung-Ming Hsu. "Taiwan's party system, coalition politics and cross-Strait relations", in Peter C.Y. Chow ed.. *Economic Integration, Democratization and National Security in East Asia*. Massachusetts: Edward Eglar Publishing, 2007. pp. 56-82.

22. Chow, Peter C. Y.. "The shifting paradigm in US, China and Taiwan relations: causes and implications for US economic, security and strategic interests", in Peter C.Y. Chow ed.. *Economic Integration, Democratization and National Security in East Asia*. Cheltenham: Edward Elgar Publishing Limited, 2007. pp. 3-28.

23. Cieslik, Thomas. "The Role of Greater China in Latin America", in Sujian Guo and Baogang Guo ed(s).. *Greater China in an Era of Globalization*. United Kingdom: Lexington Books, 2010. pp. 161-184.

24. Ciuriak, Dan. "Growing East Asian trade and economic integration: implications for economic relations across the Taiwan Strait", in Peter C.Y. Chow ed.. *Economic Integration, Democratization and National Security in East Asia*. Massachusetts: Edward Elgar Publishing, 2007. pp. 153-171.

25. Cliff, Roger and David A. Shlapak. *U.S.- China Relations After Resolution of Taiwan's Status*. Santa Monica: RAND, 2007.

26. Coglianese, Gary. "Globalization and the Design of International Institutions", in Joseph S. Nye Jr. and John D. Donahue ed(s).. *Governance in A Globalizing World*. Washington D. C.: Brookings Institution, 2000. pp. 297-318.

27. Daniel, Jean. "Democracy and the Nation", in Marc F. Plattner and João Carlos Espada ed(s).. *The Democratic Invention*. Maryland: Johns Hopkins University press, 2000. pp. 79-88.

28. Das, Arvind N.. "The End of Geography: Nationalism in the Era of Globalization " in Roy Starrs ed.. *Nations Under Siege: Globalization and Nationalism in Asia*. New York: Palgrave, 2002. pp. 31-62.

29. Day, Dong-Ching. "China's multilateralism and its impact on cross-strait relations", in Guoguang Wu and Helen Lansdowne ed(s)..*China Turns to*

Multilateralism: Foreign policy and regional security. New York: Routledge, 2008. pp. 241-253.

30. deLisle, Jacques.. "Legislating the cross-Strait status quo? China's Anti-Secession Law, Taiwan's constitutional reform and referenda, and the United Stated", in Peter C.Y. Chow ed.. *Economic Integration, Democratization and National Security in East Asia.* Massachusetts: Edward Eglar Publishing, 2007. pp. 101-128.

31. Devadason, Evelyn S.. "ASEAN−China Trade Flows: moving forward with ACFTA", in Suisheng Zhao ed.. *China and East Asian Regionalism: Economic and Security Cooperation and Institution-Building.* New York: Roultedge, 2012. pp. 105-126.

32. Diamond, Larry. "The End of the Third Wave and the Start of the fourth", in Marc F. Plattner and João Carlos Espada ed(s)., *The Democratic Invention.* Maryland: Johns Hopkins University press, 2000. pp. 13-33.

33. Dimitrakopoulos, Dionyssis G.. "Conclusions", in Dionyssis G. Dimitrakopoulos ed.. *Social Democracy and European Integration: The politics of preference formation.* New York: Routledge, 2011. pp. 189-204.

34. Dimitrakopoulos, Dionyssis G.. "Introduction" in Dionyssis G. Dimitrakopoulos ed.. *Social Democracy and European Integration : The political of preference formation.* New York: Routledge, 2011. pp. 1-22.

35. Dittmer, Lowell. "The Strategic Triangle: A Critical Review", in Ilpyong J. Kim ed., *The Strategic Triangle: China, the United States and the Soviet Union.* New York: Paragon House, 1987. pp. 29-47.

36. Dobson, Wendy. "East Asian Integration: Synergies Between Firm Strategies and Government Policies", in Wendy Dobson and Chia Siow Tue ed(s).. *Multinationals and East Asian Integration.* Singapore: Institution of Southeast Asian Studies, 1997. pp. 3-27.

37. Egle, Christoph. "The SPD's preferences on European integration: Always one step behind?", in Dionyssis G. Dimitrakopoulos ed.. *Social Democracy and European Integration: The politics of preference formation.* New York: Routledge, 2011. pp.23-50.

38. Francois, Joseph and Ganeshan Wignaraja. "Pan-Asian Integration: Economic Implication of Integration Acenarios", in Joseph Francois,

Pradumna B. Rana and Ganeshan Wignaraja ed(s).. *Pan-Asian Integration*. New York: Palgrave Macmillan, 2009. pp. 487-536.

39. Frankel, Jeffery. "Globalization of the Economy", in Joseph S. Nye Jr. and John D. Donahue ed(s).. *Governance in A Globalizing World*. Washington D. C.: Brookings Institution, 2000. pp. 45-71.

40. Friedman, Edward. "How Economic Superpower China Could Transform Africa", in Sujian Guo and Baogang Guo ed(s).. *Greater China in an Era of Globalization*. United Kingdom: Lexington Books, 2010. pp. 139-160.

41. Fujita, Masahisa and Satoru Kumagai and Koji Nishikimi, "Introduction", in Masahisa Fujita, Satoru Kumagai and Koji Nishikimi ed(s).. *Economic Integration in East Asia: Perspective from Spatial and Neoclassical Economics*. Massachusetts: Edward Elgar Publishing, 2008. pp. 1-12.

42. Fukuyama, Francis. *State Building*. London: Profile Books LTD, 2004.

43. Giang, Bui Truong. "ASEAN and China Relations: Seeking for Economic Cooperation", in Zhang Yunling ed.. *Making New Partnership: A Rising China and its Neighbors*. 社會科學文獻出版社，2011.pp. 153-176.

44. Gilley, Bruce. *China Democratic Future*. New York: Columbia University Press, 2004.

45. Guo, Baogan and Sujiian Guo. "Introduction: Great China in an Era of Globalization", in Baogan Guo and Sujiian Guo ed.. *Great China in an Era of Globalization*. United Kingdom: Lexington Books, 2010. pp. 1-16.

46. Guo, Baogang. "China's Peaceful Development, Regime Stability and Political Legitimacy", in Sujian Guo ed.. China's "Peaceful Rise" in 21st Century. Burlington: Ashgate, 2006. pp. 39-60.

47. Haller, Max. European Integration as an Elite Process: The Failure of a Dream?. UK: Routledge, 2008.

48. Han, Sukhee. "The Rise of China and Korea's Strategic Choice", in Zhang Yunling ed., *Making New Partnership: A Rising China and its Neighbors*. 社會科學文獻出版社，2011. pp. 83-100.

49. Hiratsuka, Daisuke and Fukunari Kimura, "From De Facto to De Jure Economic Integration in East Asia: Past, Present and Future", in Daisuke Hiratsuka and Fukunari Kimura ed(s).. *East Asia's Economic Integration*. New York: Palgrave Macmillan, 2008. pp. 1-26.

50. Hsiao, Frank S.T. and Mei-Chu W. Hsiao. "Prospect of a US-Taiwan free trade agreement: The China factor and critical assessments", in Peter C.Y. Chow ed.. *Economic Integration, Democratization and National Security in East Asi.* Massachusetts: Edward Eglar Publishing, 2007. pp. 191-239.

51. Hsiung, James C.. "The Age of Geoeconomics, China's Global Role, and Prospects of Cross-Strait Integration", in Sujian Guo and Baogang Guo ed(s).. *Greater China in an Era of Globalization.* United Kingdom: Lexington Books, 2010.pp. 27-50.

52. Huang, Kei-Bo. "The transformation of ASEAN as third-party mediator in intra-regional disputes of Southeast Asia" in Bercovitch, Huang and Teng ed(s)., *Conflict Management, Security and Intervention in East Asia: Third-party mediation in regional conflic*t. . New York: Routledge, 2008. pp.147-164.

53. Hughes, Cristopher R.. *Chinese Nationalism in the Global Era.* New York: Routledge, 2006.

54. Huntington, Samuel P.. "The Future of the Third Wave", in Marc F. Plattner and João Carlos Espada ed(s).. *The Democratic Invention.* Maryland: Johns Hopkins University press, 2000. pp. 3-12.

55. Hwee, Yeo Lay. "From AFTA to ASEAN Economic Community—Is Asean Moving Towards EU-style Economic Integration? ", in Finn Laursen ed.. *Comparative Regional Integration: Europe and Beyond.* Burlington: Ashgate, 2010. pp. 215-226.

56. Jia, Wenshan. "Chiglobalization? A Cultural Argument", in Sujian Guo and Bangang Guo ed(s).. *Greater China in an Era of Globalization,* United Kingdom: Lexington Books, 2010. pp. 17-25.

57. Jiang, Tingsong and Warwick Mckibbin. "What does a Free Trade Area of the Asia-Pacific mean to China?", in Chunlai Chen ed.. *China's Integration with the Global Economy.* Massachusetts: Edward Elgar Publishing Limited, 2009. pp.71-100.

58. Jianyi, Piao. "Building Security Regime in Northeast Asia", in Zhang Yunling ed.. *Making New Partnership: A Rising China and Its Neighbors.* 社會科學文獻出版社，2011. pp. 101-114.

59. Johansson, Karl Kaguns and Göran von Sydow. "Swedish social democracy and European integration : enduring divisions" in Dionyssis G.

Dimitrakopoulos ed.. *Social Democracy and European Integration : The political of preference formation.* New York: Routledge, 2011. pp. 157-187

60. Karagiannis, Nathalie. "European Solidarity with 'the Rest of the World'", in Nathalie Karagiannis ed.. *European Solidarity.* Cambridge: Liverpool University, 2007. pp. 214-230.

61. Karagiannis, Nathalie. "Introduction: Solidarity in Europe—Politics, Religion, Knowledge" in Nathalie Karagianni ed.. *European Solidarity.* Liverpool: Liverpool Unversity, 2007. pp. 1-14.

62. Karns, Margaret P. and Karen A. Mingst. *International Organizations: The Politics and Processes of Global Governance（2）*.Colorado: Reinner Publishers, 2010.

63. Karns, Margaret P. and Karen A. Mingst. *International Organization: The Politics and Processes of Global Governance（1）*. Colorado: Lynne Rienner Publishers, 2010 second edition.

64. Kassim, Hussein.. "The Labour Party and European integration: An awkward relationship", in Dionyssis G. Dimitrakopoulos ed.. *Social Democracy and European Integration: The politics of preference formation.* New York: Routledge, 2011. pp. 83-116.

65. Kastner, Scott L.. Political Conflict and Economic Interdependence Across the Taiwan Strait and Beyond. California: Standford University Press, 2009.

66. Keohane, Robert O. and Joseph S. Nye Jr. "Introduction", in Joseph S. Nye Jr. and John D. Donahue ed(s).. *Governance in A Globalizing World.* Washington D. C.: Brookings Institution, 2000. pp. 1-44.

67. Kikuta, Haruka.. "A Master is Greater Than a Father: Rearrangement of Traditions Among Muslim Artuisan in Soviet and Post-Soviet Uzbekistan, in Donald C. Wood ed.. *Economic Development, Integration, and Morality in Asia and the Americas.* UK: JAI Press, 2009. pp. 89-121.

68. Krapohl, Sebastian and Benjamin Faude and Julia Dinkel. "Judical Integration in the Americas? A Comparsion of Dipute Settlement in NAFTA and MERCOSUR" in Finn Laursen ed., *Comparative Regional Integration: Europe and Beyond.* Burlington: Ashgate, 2010. pp. 169-192.

69. Kurlantzick, Joshua. *Charm Offensive.* New Haven: Yale University, 2007.

70. Lampton, David M.. *The Three Faces of Chinese Power.* California: University of California Press, 2008.

71. Lauesen, Finn. "Requirements for Regional Integration: A Comparative Perspective on the EU, the Americas and East Asia", in Finn Laursen ed.. *Comparative Regional Integration: Europe and Beyond.* Burlington: Ashgate Publishing Company, 2010. pp. 239-270.

72. Laursen, Finn. "Regional Integration: Some Introductory Reflections", in Finn Laursen ed.. *Comparative Regional Integration: Europe and Beyond.* Burlington: Ashgate Publishing Company, 2010. pp. 3-20.

73. Lee, Jong-Wha. "Forward", in Joseph Francois, Pradumna B. Rana and Ganeshan Wignaraja ed(s).. *Pan-Asian Integration.* New York: Palgrave Macmillan, 2009. pp. iii-iv

74. Legro, Jeffrey W.. "Purpose Transitions: China's Rise and the American Response", in Robert S. Ross and Zhu Feng ed(s).. *China's Ascent.* Ithaca: Cornell University: 2008. pp. 191-217.

75. LI, Cheng. "Introduction: Assessing China's Political Development", in Cheng LI ed.. *China's Changing Political Landscape: Prospects for Democracy.* Washington D. C.: Brookings Institution Press, 2008. pp. 1-24.

76. Li, Cheng. "Political Localism Versus Institutional Restraints: Elite Recruitment in the Jiang Era", in Barry J. Naughton and Dali L. Yang ed.. *Holding China Together: Diversity and National Integration in the Post-Deng Era.* Cambridge: Cambridge University Press, 2004. pp. 29-69.

77. Li, Kunwang and Xiaosong Wang. "China's foreign trade: trends and issues after WTO accession", in Chunlai Chen ed., *China's Integration with the Global Economy.* Massachusetts: Edward Elgar Publishing Limited, 2009. pp. 19-36.

78. Liping, Zhang. "A Rising China and a Lonely Superpower America", in Zhang Yunling ed.. *Making New Partnership: A Rising China and its Neighbors.* Beijing: 社會科學文獻出版社，2011. pp. 324-355.

79. Liu, Guoli. "The Dialectic Relationship between Peaceful Development and China's Deep Reform", in Sujian Guo ed.. *China's "Peaceful Rise" in the 21st Century*. Burlington: Ashgate, 2006. pp. 17-38.

80. Lombaerde, Philippe De and Fredrik Söderbaum, Luk Van Langenhove and Francis Baert. "Problems and Divides in Comparative Regionalism", in Finn Laursen ed.. *Comparative Regional Integration: Europe and Beyond*. Burlington: Ashgate, 2010. pp. 21-42.

81. Macdonald, Laura. "Canada and the Poliyics of Regional Economic Integration in the Americas", in Diego Sánchez-Ancochea and Kenneth C. Shadlen ed(s)., *The Political Economy of Hemispheric Integration*. New York: Palgrave Macmillan, 2008. pp.219-238.

82. Mann, James. *The China Fantasy*. New York: Penguin Group, 2007.

83. Marlière, Philippe. "The French Socialist Party and European Integration", in Dionyssis G. Dimitrakopoulos ed.. *Social Democracy and European Integration: The politics of preference formation*. New York: Routledge, 2011. pp. 51-82.

84. Mau, Steffen. "Forms and Prospects of European Solidarity", in Nathalie Karagianni ed., *European Solidarity*. Liverpool. Liverpool University press, 2007. pp. 129-146.

85. Meissner, Werner. "New Intellectual Currents in the People's Republic of China", in David C. B. Theater and David C. B. Teather and Herbert S. Yee ed(s).. *China in Transition*. New York: ST. Martin's Press, 1999. pp. 3-24.

86. Men, Jing. "Globalization and Cross-Strait Relations", in Sujian Guo and Baogang Guo ed(s). *Great China in an Era of Globalization*. United Kingdom: Lexington Books, 2010. pp. 75-96.

87. Mignolo, Walter D.. "Globalization Civilization processes, and the Relation of Languages and Cultures", in Fredric Jameson and Masao Miyoshi ed(s).. *The Cultures of Globalization*. North Carolina: Duke University Press, 1999. pp. 32-53.

88. Moon, Woosik and Hwanhee Oh. "Economic and Financial Integration in East Asia: Status and Perspective", in Bernadette Andreosso-o' Callaghan and M. Bruna Zolin ed(s).. *Current Issues in Economic Integration: Can*

Asia Inspire the "West"?. Burlington: Ashgate Publishing Company, 2010. pp. 95-112.

89. Moore, Thomas G.. "Racing to integrate, or cooperating to complete?: Liberal and relist interpretation of China's new multilateralism", in Guoguang Wu and Helen Lansdowne ed(s).. *China turns to Multilateralism: Foreign policy and regional security.* New York: Routledge, 2008. pp. 35-50.

90. Morales, Isidro.. "The Present and Future of North American Integration: Similarities and Differences with the European Experience", in Finn Laursen ed.. *Comparative Regional Integration: Europe and Beyond.* Burlington: Ashgate Publishing Company, 2010. pp. 83-100.

91. Moxon-Browne, Edward. "MERCOSUR and the European Union: politues in the Making?", in Finn Laursen ed.. *Comparative Regional Integration: Europe and Beyond.* Burlington: Ashgate Publishing Company, 2010. pp. 131-146.

92. Nathan, Andrew J. and Tianjian Shi. "Culture Requisites for Democracy in China: Finding from a Survey", in Tue Wei-ming ed.. *China in Transformation.* Massachusetts: Harvard University Press, 1996 second printing. Pp. 95-124.

93. Naughton, Barry J. and Dali L. Yang. "Holding China Tagether: Introduction", in Barry J. Naughton and Dali L. Yang ed(s).. *Holding China Together: Diversity and National Integration in the Post-Deng Era.* Cambridge: Cambridge University Press, 2004. pp. 1-28.

94. Naughton, Barry. "China's Left Tilt: Pendulum Swing or Midcourse Correction?" in Chen Li ed.. *China's Changing Political Landscape.* Washington D. C.: Brookings Institution Press, 2008. pp. 142-160.

95. Nicolas, Françoise.. "De Facto Trade Integration and Exchange Rate Political in East Asia", in Bernasette Andreosso-O'Callaghan and M. Bruna Zolin ed(s).. *Current Issues in Economic Integration: Can Asia Inspire the "West" ?*. Burlington: Ashgate Publishing Company, 2010. pp. 75-94.

96. Nishikimi, Koji. "Specialization and agglomeration force of economic integration", in Masahisa Fujita, Satoru Kumagai and Koji Nishikimi ed(s)., *Economic Integration in East Asia*: Perspectives from Spatial and

Neoclassical Economic. Massachusetts: Edward Elgar Publishing, 2008. pp. 43-76.

97. Norris, Pippa. "Global Governance and Cosmopolitan Citizens", in Joseph S. Nye Jr. and Joho D. Donahue ed(s).. *Governance in A Globalizing World.* Washington D. C. : Brookings Institution, 2000. pp. 155-177.

98. Odgaard, Liselotte. *China and Coexistence.* Maryland: The Johns Hopkins University Press, 2012.

99. Offe, Claus. "Obligations Versus Costs: Types and Contexts of Solidarity Action" in Nathalie Karagiannis ed., *European Solidarity.* Liverpool. Liverpool University press, 2007. pp. 113-128.

100. Otusji, Yoshihiro and Kunihiko Shinoda. "Evolution of institution and policies foe economic integration in East Asia: history and prospects" in Masahisa Fujita, Satoru Kumagai and Koji Nishikimi ed(s)., Economic Integration in East Asia: Perspectives from Spatial and Neoclassical Economic. Massachusetts: Edward Elgar Publishing, 2008. pp. 106-142.

101. Outhwaite, William. "Who Needs Solidarity?", in Nathalie Karagiannis ed., European Solidarity. Liverpool. Liverpool University press, 2007. pp. 75-93.

102. Payne, Anthony and Andrew Gamble. "Introduction: The Political Economy of Regionalism and World Order", in Andrew Gamble and Andrew Payne ed(s).. *Regionalism and World order.* London: Macmillan Press, 1996. pp. 1-20.

103. Phillips, Nicola. "The Political of Trade and the Limits to U.S. Power in the Americas", in Diego Sánchez-Ancochea and Kenneth C. Shadlen ed(s).. *The Poltical Economy of Hemispheric Integration.* New York: Palagrave Macmillan, 2008. pp.147-170.

104. Plummer, Michael and Ganeshan Wignaraja. "Integration Strategies for ASEAN: Alone, Together, or Together with Neighbors" in Joseph Francois, Pradumna B. Rana and Ganeshan Wignaraja ed(s).. *Pan-Asian Integration.* New York: Palgrave Macmillan, 2009. pp. 163-206.

105. Rana, Pradumna B. and J. Malcolm Dowling, "Economic Integration in South Asia and Lessons From East Asia of Trade and Investment", in Joseph Francois, Pradumna B. Rana and Ganeshan Wignaraja ed(s)..

Pan-Asian Integration. New York: Palgrave Macmillan, 2009. pp. 207-244.

106. Rasmussen, Greg.. "Great Power Concerts in Historical Perspective", in Richard Rosecrance ed.. *The New Great Power Coalition: Toward a World Concert of Nations.* Marylangd: Rowman and littlefield Publishers, 2001. pp. 203-220.

107. Reisinger, William M.. "Choice Facing the Builders of a Liberal Democracy", in Robert D. Grey ed.. *Democratic Theory and Post-Communist Change.* New Jersey: Prentice Hall, 1997. pp. 24-51.

108. Reisinger, William R.. "Establishing and Strengthening Democracy", in Robert D. Grey ed.. *Democratic Theory and Post-Communist Change.* New Jersey: Prentice Hall, 1997. pp. 52-78.

109. Rodrik, Dani. "Governance of Economic Globalization", in Joseph S. Nye Jr. and John D. Donahue ed(s).. *Governance in A Globalizing World.* Washington D. C. : Brookings Institution, 2000. pp. 347-366.

110. Rosendorf, Neal M.. "Social and Cultural Globalization: Concept, History, and America's Role?" in Joseph S. Nye Jr. and Joho D. Donahue ed(s).. *Governance in A Globalizing World.* Washington D. C. : Brookings Institution, 2000. pp. 109-134.

111. Roy, Joaquín. "Why do Latin American Integration Systems Differ from the EU Model?" in Finn Laursen ed.. *Comparative Regional Integration: Europe and Beyond.* Burlington: Ashgate, 2010. pp. 147-168.

112. Rozman,Gilbert.. "Post Cold War Evolution of Chinese Thinking on Regional Institutions in Northeast Asia", in Suisheng Zhao ed.. *China and East Asian Regionalism: Economic and Security Cooperation and Institution-Building.* New York: Roultedge, 2012. pp.17-32.

113. Rubin, Jeffrey. "Conclusion: International Mediate in Context", in J. Bercovitch and J. Z. Rubin ed(s)., *Mediation in International Relations: Multiple Approaches to Conflict Management.* New York: St. Martin's, 1992. pp. 249-272.

114. Rumi, Aoyama and Kokubun Ryosei. "Sino-Japanese Relations: Dynamics of Interdependence and Frictions", in Zhang Yunling ed.. *Making New Partnership: A Rising China and its Neighbors.* 社會科學文獻出版社，2011. pp. 54-82.

115. Saich, Tony. *Governance and Politics of China.* New York: Palgrave Macmillan, 2011.

116. Sánchez-Ancochea, Diego and Kenneth C. Shadlen. "Introduction: Globalization, Integration, and Economic Development in the Americas", in Diego Sánchez-Ancochea and Kenneth C. Shadlen ed(s).. *The Political Economy of Hemispheric Integration.* New York: Palgrave Macmillan, 2008. pp. 1-26.

117. Sánchez-Ancochea, Diego. "State and Society: The Political Economy of RR-CAFTA in Costa Rica, the Dominican Republic, and El Salvador", in Diego Sánchez-Ancochea and Kenneth C. Shadlen ed(s).. *The Political Economy of Hemispheric Integration.* New York: Palgrave Macmillan, 2008.pp. 171-200.

118. Sasuga, Katsuhiro.. *Microregionalism and Governance in East Asia.* New York: Routledge, 2004.

119. Siow Yue, Chia and Wendy Dobson. "Harnessing Diversity", in Wendy Dobson and Chia Siow Yue ed(s)., Wendy Dobson and Chia Siow Tue ed(s).. *Multinationals and East Asian Integration.* Singapore: Institution of Southeast Asian Studies, 1997. pp. 248-265.

120. Spiegel, Steven L.. and Jennifer Kibbe. "Emulation in the Middle East", in Richard Rosecrance ed., *The New Great Power Coalition: Toward a World Concert of Nations..* Marylangd: Rowman and littlefield Publishers, 2001. pp. 183-292.

121. Starrs, Roy. "Introduction", in Roy Starrs ed.. *Nations Under Siege :Globalization and Nationalism in Asia.* New York: Palgrave, 2002. pp. 1-30.

122. Stein, Arthur A.. "Introduction", in Richard Rosecrance ed., T*he New Great Power Coalition: Toward a World Concert of Nations.* Maryland: Rowman and Littlefield Publishers, 2001. pp.1-20.

123. Sudarsono, Juwono. "China as an Economic Power: A Regional View", in Chan Heng Chee ed., *The New Asia- Pacific Order.* Singapore: Institute of Southeast Asian Studies, 1997. pp. 90-107.

124. Sung, Yun-Wing. The emergence of greater China : the economic integration of Mainland China, Taiwan and Hong Kong. N.Y. : Palgrave Macmillan, 2005.

125. Sutcliffe, John B.. "Critical Interpretations of Integration in North America and the European Union: A Comparative Evaluation", in Finn Laursen ed.. *Comparative Regional Integration: Europe and Beyond.* Burlington: Ashgate, 2010. pp. 63-82.

126. Sutter, Robert. "Dealing with a Rising China: US Strategy and Policy", in Zhang Yunling ed.. *Making New Partnership: A Rising China and Its Neighbors.* 社會科學文獻出版社，2011. pp. 356-388.

127. Teng, Chung-Chian. "Introduction: security, conflict management and resolution in East Asea", in Jacob Bercovitch, Kei-Bo Huang and Chung-Chian Teng ed(s).. *Conflict Management, Security and Intervention in East Asea: Third-party mediation in regional conflict.* New York: Routledge, 2008. pp. 1-16.

128. Thornton, John L.. "Long Time Coming: The Prospects for Democracy in China", *Foreign Affairs*(U.S.),Vol. 87 No. 1 (Jun./ Feb., 2008). pp. 2-22.

129. Venable, Anthony J., L. Alan Winters and Linda Yueh, "Economic integration in Asia: European perspectives", in Masahisa Fujita, Satoru Kumagai and Koji Nishikimi ed(s).. *Economic Integration in East Asia: perspectives from Spatial Neoclassical Economics.* Massachusetts: Edward Elgar Publishing, 2008. pp. 143-172.

130. Wang, Kaocheng. "The Rise of China and East Asian Security", Tai Wan-chin ed., *New Development in Asia Pacific and the World.* 臺北：時英，2006. pp. 279-298.

131. Warleigh-Lack, Alex."The EU Comparative Perspective: Comparaing the EU and NAFTA", in Finn Laursen ed.. *Comparative Regional Integration: Europe and Beyond.* Burlington: Ashgate, 2010. pp. 43-62.

132. Weber, Katja. "Great China and It's Neighbors in Comparative perspective: Lessons from Europe?", in Sujian Guo and Baogang Guo ed(s)., *Greater China in an Era of Globalization.* United Kingdom: Lexington Books, 2010. pp. 185-204.

133. Wedeman, Andrew. "Strategic Repression and Regime Stability in China's Peaceful Development", in Sujian Guo ed.. *China's "Peaceful Rise" in the 21st Century.* Burlington: Ashgate, 2006. pp. 89-116.

134. Weissmann, Mikael. "Peacebuilding in East Asia: The role of track 2 diplomacy, informal network, an economic, social, and cultural

regionalization", in Jacob Bercovitch, Kwei-Bo Huang, and Chung-Chian Teng ed(s).. *Conflict Management, Security and Intervention in East Asia: Third-party mediation in regional conflict.* New York: Routledge, 2008. pp. 67-82.

135. Williams, Kristen. "The Influence of the European Union", in Richard Rosecrance ed., *The New Great Power Coalition: Toward a World Concert of Nations.* Maryland: Rowman and Littlefield Publishers, 2001. pp.159-180.

136. Winckler, Edwin A.. "Cultural Policy on Postwar Taiwan", in Steven Harrell and Huang Chün-chieh ed(s).. *Cultural Change in Postwar Taiwan.* Colorado: Westview Press, 1994. pp. 22-46.

137. Wu, Guoguang and Helen Lansdowne, "International multilateralism with Chinese characteristics: Attitude changes, policy imperatives, and regional imperatives ", in Guoguang Wu and Helen Lansdowne ed(s).. *China Turns to Multilateralism : Foreign policy and regional security.* New York: Routledge, 2008. pp. 3-18.

138. Xiao, Ren. "Between Adapting and Shaping China's role in Asian regional cooperation", in Suisheng Zhao ed.. *China and East Asian Regionalism: Economic and Security Cooperation and Institution-Building.* New York: Roultedge, 2012. pp. 33-50.

139. Xiaoguang, Kan and Han Heng, "Graduated Controls: The State-Society Relationship in Contemporary China", *Modern China*, vol. 34, No.4 (Jan., 2008）. pp. 36-55.

140. Xide, Jin. "China-Japan Relations: How to Manage a Complex Relationship?", in Zhang Yunling ed.. *Making New Partnership: A Rising China and its Neighbors.* Beijing: 社會科學文獻出版社，2008. pp. 19-53.

141. Yahuda, Michal. "China's multilateralism and regional order", in Guoguang Wu and Helen Lansdowne ed(s).. *China Turns to Multilateralism: Foreign policy and regional security.* New York: Routledge, 2008. pp.75-89.

142. Yoshimatsu, Hidetaka.. "The Rise of China and the Vision for an East Asian Community", in Suisheng Zhao ed.. *China and East Asian Regionalism:*

Economic and Security Cooperation and Institution-Building. New York: Roultedge, 2012. pp. 51-72.

143. Yu, Zheng. "The Evolution of China-Russia-US Tringular Relationship", in Zhang Yunling ed.. *Making New Partnership: A Rising China and its Neighbors.* Beijing: 社會科學文獻出版社，2011. pp. 244-261.

144. Yuan, Jing-dong. "The new player in the game: China, arms control, and multilateralism", in Guoguang Wu and Helen Lansdowne ed(s)., *China Turns to Multilateralism : Foreign policy and regional security.* New York: Routledge, 2008. pp. 51-72.

145. Yung, Wei. "USA - ROC Relations and the Partition of China Parameters and Variables",in Marie-Luise Näth ed.. *The Republic of China on Taiwan in International Politics.* Germany：Peter Lane, 1998. pp.71-86.

146. Yunling, Zhang. "China and its Neighbors: Relations in a New Context", in Zhang Yunling ed.. *Making New Partnership: A Rising China and its Neighbors.* Beijing: 社會科學文獻出版社，2011. pp.1-18.

147. Zeng, Ka. "Multilateral versus Bilateral and Regional Trade Liberalization: explaining China's pursuit of free trade agreement (FTAs）", in Suisheng Zhao ed., *China and East Asian Regionalism: Economic and Security Cooperation and Institution-Building.* New York: Roultedge, 2012. pp.87-104.

148. Zhao, Suisheng. "China's Approaches toward Regional Cooperation in East Asia: motivations and calculations", in Suisheng Zhao ed.. *China and East Asian Regionalism: Economic and Security Cooperation and Institution-Building.* New York: Roultedge, 2012. pp.1-16.

149. Zheng, Yongnian and Sow Keat Tok. "Intentions on trial: 'Peaceful Rise' and Sino-ASEAN relations", in Guoguang Wu and Helen Lansdowne ed(s).. *China Turns to Multilateralism: Foreign policy and regional security.* New York: Routledge, 2008. pp.175-197.

ViewPoint 16　社會科學類　PF0115

想像統獨
——兩岸統合研究

作　　者 / 劉文斌
責任編輯 / 鄭伊庭
圖文排版 / 王思敏
封面設計 / 陳佩蓉

發 行 人 / 宋政坤
法律顧問 / 毛國樑　律師
出版發行 / 秀威資訊科技股份有限公司
　　　　　114 台北市內湖區瑞光路 76 巷 65 號 1 樓
　　　　　電話：+886-2-2796-3638　傳真：+886-2-2796-1377
　　　　　http://www.showwe.com.tw
劃撥帳號 / 19563868　戶名：秀威資訊科技股份有限公司
　　　　　讀者服務信箱：service@showwe.com.tw
展售門市 / 國家書店（松江門市）
　　　　　104 台北市中山區松江路 209 號 1 樓
　　　　　電話：+886-2-2518-0207　傳真：+886-2-2518-0778
網路訂購 / 秀威網路書店：http://www.bodbooks.com.tw
　　　　　國家網路書店：http://www.govbooks.com.tw

2013 年 4 月 BOD 一版
定價：360 元

國家圖書館出版品預行編目

想像統獨：兩岸統合研究 / 劉文斌著. -- 一版. -- 臺北
市 : 秀威資訊科技, 2013.04
　面 ；　公分. -- (社會科學類)
BOD 版
ISBN 978-986-326-088-2(平裝)

1. 兩岸關係　2. 兩岸政策

573.09　　　　　　　　　　　　　　102003833

讀 者 回 函 卡

感謝您購買本書，為提升服務品質，請填妥以下資料，將讀者回函卡直接寄回或傳真本公司，收到您的寶貴意見後，我們會收藏記錄及檢討，謝謝！
如您需要了解本公司最新出版書目、購書優惠或企劃活動，歡迎您上網查詢或下載相關資料：http:// www.showwe.com.tw

您購買的書名：＿＿＿＿＿＿＿＿＿＿＿＿＿＿＿＿＿＿＿＿＿＿＿＿＿

出生日期：＿＿＿＿＿年＿＿＿＿＿月＿＿＿＿＿日

學歷：□高中 (含) 以下　　□大專　　□研究所 (含) 以上

職業：□製造業　□金融業　□資訊業　□軍警　□傳播業　□自由業
　　　□服務業　□公務員　□教職　　□學生　□家管　　□其它＿＿＿

購書地點：□網路書店　□實體書店　□書展　□郵購　□贈閱　□其他

您從何得知本書的消息？

　□網路書店　□實體書店　□網路搜尋　□電子報　□書訊　□雜誌
　□傳播媒體　□親友推薦　□網站推薦　□部落格　□其他＿＿＿＿＿

您對本書的評價：(請填代號　1.非常滿意　2.滿意　3.尚可　4.再改進)

　封面設計＿＿＿　版面編排＿＿＿　內容＿＿＿　文／譯筆＿＿＿　價格＿＿＿

讀完書後您覺得：

　□很有收穫　□有收穫　□收穫不多　□沒收穫

對我們的建議：＿＿＿＿＿＿＿＿＿＿＿＿＿＿＿＿＿＿＿＿＿＿＿＿＿

＿＿＿＿＿＿＿＿＿＿＿＿＿＿＿＿＿＿＿＿＿＿＿＿＿＿＿＿＿＿＿＿＿

＿＿＿＿＿＿＿＿＿＿＿＿＿＿＿＿＿＿＿＿＿＿＿＿＿＿＿＿＿＿＿＿＿

＿＿＿＿＿＿＿＿＿＿＿＿＿＿＿＿＿＿＿＿＿＿＿＿＿＿＿＿＿＿＿＿＿

姓　　名：＿＿＿＿＿＿＿＿＿＿　年齡：＿＿＿＿　性別：□女　□男

郵遞區號：□□□□□

地　　址：＿＿＿＿＿＿＿＿＿＿＿＿＿＿＿＿＿＿＿＿＿＿

聯絡電話：(日)＿＿＿＿＿＿＿＿＿＿　(夜)＿＿＿＿＿＿＿＿＿＿

E-mail：＿＿＿＿＿＿＿＿＿＿＿＿＿＿＿＿＿＿＿＿＿＿＿